高顿教育
GOLDEN EDUCATION

姓名 ________ 准考证号 ________

2021年上半年国家教师资格考试
综合素质（中学）真题卷及参考答案

（科目代码：301/301A）

附2016上半年至2021上半年考点及关键点汇总

2016 上半年至 2021 上半年考点及关键点汇总

2021 年上

题型	考点	关键点
单项选择题	1. 素质教育的实质	素质教育是以培养学生的创新精神和实践能力为重点的教育
	2. 教师的专业发展	教师专业发展的阶段
	3.“以人为本”的学生观	学生是具有独立意义的人、学生是独特的人
	4. 新课程改革背景下的教师观	教师职业角色和职业行为的转变
	5.《中华人民共和国教师法》	第八条“教师的义务”
	6. 学生作为受教育者享有的权利	参加教育教学权
	7.《中华人民共和国未成年人保护法（2012 年修订）》	第五十六条“通知未成年人法定代理人到场”
	8.《中华人民共和国预防未成年人犯罪法（2012 年修订）》	第二十一条“父母教育子女的义务”
	9. 学生的公民权	隐私权
	10.《中华人民共和国宪法》	第九十八条“任免期限”
	11.《中华人民共和国预防未成年人犯罪法（2012 年修订）》	第五十五条“营业性歌舞厅以及其他未成年人不适宜进入的场所、营业性电子游戏场所的法律责任”
	12.《中华人民共和国未成年人保护法》（2012 年修订）	第三十七条“烟酒经营者的法律责任”
	13.《中小学教师职业道德规范（2008 年修订）》	关爱学生
	14.《关于加强和改进新时代师德师风建设的意见》	全面加强教师队伍思想政治工作
	15.《中小学教师职业道德规范（2008 年修订）》	终身学习
	16. 教师职业行为规范解读	教师仪表行为规范
	17. 历史常识	中国古代史
	18. 科技常识	中国古代科技成就
	19. 科技常识	生活中的科学
	20. 文化常识	世界地理
	21. 文学常识	外国文学
	22. 文化常识	古代称谓
	23. 艺术常识	美术常识
	24. 文化常识	体育图标
	25. 科技常识	生活中的科学
	26. 信息处理能力	Excel 的应用
	27. 信息处理能力	计算机基础知识
	28. 概念	概念间的逻辑关系
	29. 经典逻辑推理	图形推理
材料分析题	30.“以人为本”的学生观	学生是发展的人，学生是独特的人，学生是具有独立意义的人
	31.《中小学教师职业道德规范（2008 年修订）》	爱岗敬业、关爱学生、为人师表、教书育人
	32. 阅读理解能力	概括文章中心思想、筛选并整合主要信息及重要细节、分析观点
写作题	33. 写作方法	审题立意、结构布局

2020年下

题型	考点	关键点
单项选择题	1. 素质教育的实质	素质教育是促进学生全面发展的教育
	2. 教师的专业发展	教师专业发展的阶段
	3. 素质教育的实质	素质教育是面向全体学生的教育
	4. 新课程改革背景下的教师观	教师教学行为的转变
	5.《中华人民共和国宪法》	第二章“公民的基本权利”
	6.《中华人民共和国教育法》	第八十条“考试行为问题的法律责任”
	7.《中华人民共和国义务教育法》	第二十四条“从事义务教育工作人员的条件”
	8.《中华人民共和国教师法》	第三十七条“教师不当作的法律责任”
	9.《学生伤害事故处理办法》	第九条及第十条“学校及监护人的法律责任”
	10.《中华人民共和国教师法》	第七条“教师的权利”
	11.《中华人民共和国未成年人保护法（2012年修订）》	第四十三条“对孤儿等特殊群体的保护”
	12.《中华人民共和国未成年人保护法（2012年修订）》	第五十七条“解除羁押、服刑期满的未成年人的复学、升学、就业不受歧视”
	13.《中小学教师职业道德规范（2008年修订）》	关爱学生和教书育人
	14.《中小学教师职业道德规范（2008年修订）》	教书育人
	15. 教师在教育活动中要处理好的几大关系	教师与同事的关系、教师与教育管理者的关系
	16.《中小学教师职业道德规范（2008年修订）》	关爱学生
	17. 科技常识	生活中的科学
	18. 科技常识	生活中的科学
	19. 历史常识	世界古代史
	20. 文化常识	中国古代文学
	21. 文学常识	中国古代文学
	22. 艺术常识	音乐常识
	23. 文学常识	古代神话
	24. 科技常识	生活中的科学
	25. 科技常识	生活中的科学
	26. 信息处理能力	Word的应用
	27. 信息处理能力	Excel的应用
	28. 概念	概念间的逻辑关系
	29. 经典逻辑推理	数字推理
材料分析题	30. 教师职业理念的教育观	素质教育是面向全体的学生，素质教育是促进学生个性发展的教育，素质教育促进学生的全面发展
	31.《中小学教师职业道德规范（2008年修订）》	关爱学生、教书育人、爱岗敬业、为人师表
	32. 阅读理解能力	概括文章中心思想、筛选并整合主要信息及重要细节、分析观点
写作题	33. 写作方法	审题立意、结构布局

2019 年下

题型	考点	关键点
单项选择题	1. 素质教育的实质	素质教育以提高国民素质为根本宗旨
	2. 教师职业的劳动特征	教师劳动的复杂性
	3. 教师专业发展	教师专业发展的方法
	4.《中华人民共和国义务教育法》	第二十二条“均衡发展”
	5.《中华人民共和国宪法》	第一百二十五条“监察委员会”
	6.《中华人民共和国教育法》	第二十九条“学校权利”
	7.《中华人民共和国预防未成年人犯罪法（2012 年修订）》	第四十五条“不公开审理”
	8.《中华人民共和国未成年人保护法（2012 年修订）》	第二十五条“专门学校的管理”
	9. 学生作为受教育者的权利	参加教育教学权
	10.《学生伤害事故处理办法》	第二十八条“学生及监护人的责任”
	11.《中华人民共和国未成年人保护法（2012 年修订）》	第五十八条“未成年人隐私权的保护”
	12.《中华人民共和国预防未成年人犯罪法（2012 年修订）》	第三十四条“严重不良行为”
	13.《中小学教师职业道德规范（2008 年修订）》	教书育人
	14.《中小学教师职业道德规范（2008 年修订）》	终身学习
	15.《中小学教师职业道德规范（2008 年修订）》	关爱学生
	16. 教师在教育活动中要处理好的几大关系	教师与同事的关系
	17. 科技常识	生活中的科学
	18. 科技常识	新中国科技成就
	19. 历史常识	世界近代史
	20. 文学常识	外国文学
	21. 文学常识	中国古代文学
	22. 文化常识	世界地理
	23. 历史常识	中国古代史
	24. 历史常识	世界古代史
	25. 科技常识	生活中的科学
	26. 信息处理能力	Word 的应用
	27. 信息处理能力	Excel 的应用
	28. 概念	概念间的逻辑关系
	29. 经典逻辑推理	数字推理
材料分析题	30. 新课程改革背景下的教师观	教师应该是学生学习和发展的促进者、课程的建设者和开发者、教学的研究者、反思的实践者
	31.《中小学教师职业道德规范（2008 年修订）》	爱岗敬业、关爱学生、教书育人、为人师表
	32. 阅读理解能力	概括文章中心思想、筛选并整合主要信息及重要细节、分析观点
写作题	33. 写作方法	审题立意、结构布局

2019 年上

题型	考点	关键点
单项选择题	1. 素质教育的实质	素质教育是促进学生全面发展的教育
	2. 素质教育的实质	素质教育是面向全体学生的教育
	3. “全面发展”与“教育公正”	“全面发展”的学生观
	4. 教师专业发展	教师专业发展的阶段
	5.《中华人民共和国宪法》	第一条“根本制度”
	6.《中华人民共和国教育法》	第三十条“学校义务”
	7.《中华人民共和国教师法》	第八条“教师义务”
	8.《中华人民共和国教师法》	第十四条“丧失教师资格”
	9.《中华人民共和国预防未成年人犯罪法（2012 年修订）》	第三十五条“工读学校”
	10.《中华人民共和国预防未成年人犯罪法（2012 年修订）》	第四十四条“取消学籍”
	11.《学生伤害事故处理办法》	第九条“学校承担责任”
	12.《中华人民共和国教育法》	第三十一条“校长负责制”
	13. 新课程改革背景下的教师观	教师职业的劳动特征
	14.《中小学教师职业道德规范（2008 年修订）》	为人师表
	15. 教师在教育活动中要处理好的几大关系	教师与家长的关系
	16.《中小学教师职业道德规范（2008 年修订）》	终身学习
	17. 科技常识	生活中的科学
	18. 科技常识	世界科技常识
	19. 历史常识	中国近代史
	20. 历史常识	世界近代史
	21. 文化常识	古代称谓
	22. 文学常识	中国现当代文学
	23. 历史常识	中国近代史
	24. 艺术常识	音乐常识
	25. 科技常识	生活中的科学
	26. 信息处理能力	Word 的应用
	27. 信息处理能力	Excel 的应用
	28. 经典逻辑推理	数字推理
	29. 命题	命题推理
材料分析题	30. 新课程改革背景下的教师观	教师应该是学生学习和发展的促进者；新课程强调教师帮助、引导、尊重和赞赏学生；在对待自我上，新课程强调反思
	31.《中小学教师职业道德规范（2008 年修订）》	爱岗敬业、关爱学生、教书育人、为人师表
	32. 阅读理解能力	概括文章中心思想、筛选并整合主要信息及重要细节、分析观点
写作题	33. 写作方法	审题立意、结构布局

2018 年下

题型	考点	关键点
单项选择题	1.“以人为本”的学生观	学生是具有独立意义的人
	2. 素质教育的实质	素质教育是促进学生全面发展的教育
	3. 新课程改革背景下的教师观	教师职业角色的转变
	4. 教师的专业发展	教师专业发展的内容和方法
	5.《中华人民共和国教育法》	第七十六条“招收学生问题的法律责任”
	6.《中华人民共和国教师法》	第七条“教师权利”
	7.《中华人民共和国义务教育法》	第十四条“专业训练学校的义务教育”
	8.《中华人民共和国未成年人保护法（2012 年修订）》	第三十九条“保护未成年人的隐私权”
	9.《中华人民共和国预防未成年人犯罪法（2012 年修订）》	第四十五条“不公开审理”
	10.《学生伤害事故处理办法》	第九条“学校承担责任”
	11.《中华人民共和国教育法》	第三十六条“员工制度”
	12.《中华人民共和国宪法》	第一百三十四条“检察院的地位”
	13.《中小学教师职业道德规范（2008 年修订）》	为人师表
	14.《中小学教师职业道德规范（2008 年修订）》	教书育人
	15. 教师劳动的创造性	教师需要“教育机智”
	16. 教师在教育活动中要处理好的几大关系	教师与学生的关系
	17. 文化常识	民族风俗
	18. 科技常识	世界科技常识
	19. 历史常识	世界现代史
	20. 历史常识	中国古代史
	21. 文化常识	天文历法
	22. 艺术常识	墓葬文化
	23. 文学常识	外国文学
	24. 艺术常识	美术常识
	25. 科技常识	生活中的科学
	26. 信息处理能力	Word 的应用
	27. 信息处理能力	Excel 的应用
	28. 经典逻辑推理	数字推理
	29. 命题	命题推理
材料分析题	30.“以人为本”的学生观	学生是发展的人，学生是独特的人，学生是具有独立意义的人
	31.《中小学教师职业道德规范（2008 年修订）》	爱岗敬业、关爱学生、教书育人
	32. 阅读理解能力	概括文章中心思想、筛选并整合主要信息及重要细节、分析观点
写作题	33. 写作方法	审题立意、结构布局

2018 年上

题型	考点	关键点
单项选择题	1. 素质教育的实质	素质教育是促进学生全面发展的教育
	2. 素质教育的实质	素质教育是促进学生全面发展的教育
	3. 新课程改革背景下的教师观	教师职业角色的转变
	4. 素质教育的实质	素质教育是面向全体学生的教育
	5.《国家中长期教育改革和发展规划纲要（2010—2020 年）》	第三条“战略目标”
	6.《中华人民共和国教育法》	第七十八条“收取受教育者费用问题的法律责任”
	7.《中华人民共和国教师法》	第三十九条“教师申诉”
	8.《中华人民共和国义务教育法》	第五十六条“非法获利的法律责任”
	9.《中华人民共和国未成年人保护法（2012 年修订）》	第五十七条“对羁押、服刑的未成年人进行义务教育”
	10.《中华人民共和国预防未成年人犯罪法（2012 年修订）》	第四十九条“未成年人的父母或者其他监护人不履行监护职责的法律责任”
	11.《中华人民共和国义务教育法》	第二十二条“均衡发展”
	12.《学生伤害事故处理办法》	第三十六条“受伤害学生的监护人扰乱学校正常教育教学秩序”
	13.《中小学教师职业道德规范（2008 年修订）》	关爱学生
	14. 教师在教育活动中要处理好的几大关系	教师与同事的关系
	15.《中小学教师职业道德规范（2008 年修订）》	终身学习
	16.《中小学教师职业道德规范（2008 年修订）》	关爱学生
	17. 科技常识	世界科技常识
	18. 科技常识	世界科技常识
	19. 历史常识	世界近代史
	20. 历史常识	中国古代史
	21. 艺术常识	墓葬文化
	22. 文学常识	中国古代文学
	23. 文学常识	中国现当代文学
	24. 艺术常识	美术常识
	25. 文化常识	成语典故
	26. 信息处理能力	Word 的应用
	27. 信息处理能力	Excel 的应用
	28. 概念	概念间的逻辑关系
	29. 经典逻辑推理	图形推理
材料分析题	30.“以人为本”的学生观	学生是发展的人、学生是独特的人、学生是具有独立意义的人
	31.《中小学教师职业道德规范（2008 年修订）》	爱岗敬业、关爱学生、教书育人
	32. 阅读理解能力	概括文章中心思想、筛选并整合主要信息及重要细节、分析观点
写作题	33. 写作方法	审题立意、结构布局

2017 年下

题型	考点	关键点
单项选择题	1. 开展素质教育的途径和方法	新课程改革的教学观
	2.“以人为本”的学生观	学生是具有独立意义的人
	3.“以人为本”的学生观	学生是发展的人
	4. 开展素质教育的途径和方法	新课程改革的推进
	5.《国家中长期教育改革和发展规划纲要（2010—2020 年）》	第二条“工作方针“
	6. 学生的公民权	财产权
	7.《中华人民共和国义务教育法》	第五十三条“教育行政部门的法律责任”
	8.《中华人民共和国教师法》	第二十二条“考核内容”
	9.《学生伤害事故处理办法》	第八条“因果关系”
	10.《中华人民共和国未成年人保护法（2012 年修订）》	第五十三条“监护人的监护资格”
	11.《学生伤害事故处理办法》	第七条“监护职责”
	12.《学生伤害事故处理办法》	第九条“学校承担责任”
	13.《中小学教师职业道德规范（2008 年修订）》	关爱学生
	14.《中小学教师职业道德规范（2008 年修订）》	终身学习
	15.《中小学教师职业道德规范（2008 年修订）》	关爱学生
	16.《中小学教师职业道德规范（2008 年修订）》	关爱学生、为人师表
	17. 科技常识	生活中的科学
	18. 科技常识	世界科技常识
	19. 历史常识	世界历史
	20. 文化常识	世界地理
	21. 文化常识	世界地理
	22. 文学常识	外国文学
	23. 文学常识	中国古代文学
	24. 艺术常识	音乐常识
	25. 文化常识	民族风俗
	26. 信息处理能力	Word 的应用
	27. 信息处理能力	PowerPoint 的应用
	28. 概念	概念间的逻辑关系
	29. 经典逻辑推理	图形推理
材料分析题	30.“以人为本”的学生观	学生是发展的人，学生是独特的人，学生是具有独立意义的人
	31.《中小学教师职业道德规范（2008 年修订）》	爱岗敬业、教书育人、为人师表
	32. 阅读理解能力	概括文章中心思想、筛选并整合主要信息及重要细节、分析观点
写作题	33. 写作方法	审题立意、结构布局

2017 年上

题型	考点	关键点
单项选择题	1. 素质教育的实质	素质教育是面向全体学生的教育
	2. 素质教育的实质	素质教育是以培养学生的创新精神和实践能力为重点的教育
	3. 素质教育的实质	素质教育是促进学生全面发展的教育
	4. 新课程改革背景下的教师观	教师教学行为的转变
	5.《国家中长期教育改革和发展规划纲要（2010—2020 年）》	第九条“加快缩小城乡差距”
	6.《中华人民共和国教育法》	第七十八条“学校违规收费的法律责任”
	7.《中华人民共和国教师法》	第三十七条“教师不当行为的法律责任”
	8.《中华人民共和国预防未成年人犯罪法（2012 年修订）》	第十九条“不满 16 周岁不得单独居住”
	9.《中华人民共和国教育法》	第四十三条“学生权利”
	10.《中华人民共和国预防未成年人犯罪法（2012 年修订）》	第四十九条“父母的法律责任”
	11.《学生伤害事故处理办法》	第二十八条“监护人的法律责任”
	12.《中华人民共和国教师法》	第七条“教师权利”
	13. 教师在教育活动中要处理好的几大关系	教师与同事的关系
	14.《中小学教师职业道德规范（2008 年修订）》	关爱学生
	15.《中小学教师职业道德规范（2008 年修订）》	终身学习
	16.《中小学教师职业道德规范（2008 年修订）》	关爱学生
	17. 文化常识	成语典故
	18. 历史常识	世界近代史
	19. 科技常识	生活中的科学
	20. 科技常识	生活中的科学
	21. 文学常识	中国古代文学
	22. 文学常识	中国古代文学
	23. 文化常识	古代称谓
	24. 文化常识	古代称谓
	25. 艺术常识	音乐常识
	26. 信息处理能力	Excel 的应用
	27. 信息处理能力	PowerPoint 的应用
	28. 概念	概念间的逻辑关系
	29. 经典逻辑推理	数字推理
材料分析题	30. 素质教育的实质	素质教育是促进学生全面发展的教育，素质教育是促进学生个性发展的教育，素质教育是以培养学生的创新精神和实践能力为重点的教育
	31.《中小学教师职业道德规范（2008 年修订）》	关爱学生、教书育人、为人师表
	32. 阅读理解能力	概括文章中心思想、筛选并整合主要信息及重要细节、分析观点
写作题	33. 写作方法	审题立意、结构布局

2016年下

题型	考点	关键点
单项选择题	1. 素质教育的实质	素质教育是促进学生全面发展的教育
	2.“以人为本”的学生观	学生是独特的人
	3.“以人为本”的学生观	学生是独特的人
	4. 新课程改革背景下的教师观	教师教学行为的转变
	5. 学生的公民权	财产权
	6.《中华人民共和国教师法》	第三十七条“教师不当行为的法律责任”
	7.《学生伤害事故处理办法》	第九条“学校承担责任”
	8. 学生的公民权	人格尊严权
	9.《中华人民共和国预防未成年人犯罪法(2012年修订)》	第三十五条“具有严重不良行为的学生送工读学校”
	10. 学生的公民权	隐私权
	11. 学生的公民权	人格权
	12.《国家中长期教育改革和发展规划纲要(2010—2020年)》	第二条“工作方针”
	13.《中小学教师职业道德规范(2008年修订)》	爱岗敬业
	14. 教师在教育活动中要处理好的几大关系	教师与同事的关系
	15. 教师观	教师职业的劳动特点
	16.《中小学教师职业道德规范(2008年修订)》	为人师表
	17. 文化常识	成语典故
	18. 历史常识	世界近代史
	19. 科技常识	世界科技常识
	20. 科技常识	生活中的科学
	21. 文学常识	外国文学
	22. 文学常识	中国古代文学
	23. 文化常识	古代称谓
	24. 文学常识	中国古代文学
	25. 艺术常识	美术常识
	26. 信息处理能力	Excel 的应用
	27. 信息处理能力	Word 的应用
	28. 概念	概念间的逻辑关系
	29. 经典逻辑推理	数字推理
材料分析题	30.“以人为本”的学生观	学生是发展的人，学生是独特的人，学生是具有独立意义的人
	31.《中小学教师职业道德规范(2008年修订)》	关爱学生、教书育人、终身学习
	32. 阅读理解能力	概括文章中心思想、筛选并整合主要信息及重要细节、分析观点
写作题	33. 写作方法	审题立意、结构布局

2016 年上

题型	考点	关键点
单项选择题	1. 新课程改革背景下的教师观	教师职业角色的转变
	2. 素质教育的实质	素质教育是以培养学生的创新精神和实践能力为重点的教育
	3. 素质教育的实质	素质教育是促进学生全面发展的教育
	4. 教师的终身学习	教师终身学习的内涵
	5.《中华人民共和国教育法》	第二十七条“办学条件”
	6.《中华人民共和国义务教育法》	第十二条“就近入学”
	7.《中华人民共和国义务教育法》	第二十二条“均衡发展”
	8. 学生的权利	学生的教育教学权
	9.《中华人民共和国教师法》	第七条“教师权利”
	10.《中华人民共和国未成年人保护法（2012 年修订）》	第十二条“父母履行监护职责”、第三十三条“预防未成年人沉迷网络”、第三十七条“任何人不得在中小学校教室吸烟”、第四十一条“禁止拐卖、绑架、虐待未成年人”
	11.《学生伤害事故处理办法》	第十三条“学校无责情况”
	12.《国家中长期教育改革和发展规划纲要（2010—2020 年）》	第三十三条“改革教育质量评价和人才评价制度”
	13.《中小学教师职业道德规范（2008 年修订）》	关爱学生
	14.《中小学教师职业道德规范（2008 年修订）》	教书育人
	15. 教师在教育活动中要处理好的几大关系	教师与同事的关系
	16.《中小学教师职业道德规范（2008 年修订）》	为人师表
	17. 科技常识	世界科技常识
	18. 科技常识	世界科技常识
	19. 历史常识	中国古代史
	20. 文化常识	成语典故
	21. 文学常识	民族风俗
	22. 文学常识	中国古代文学
	23. 文学常识	中国古代文学
	24. 文学常识	中国古代文学
	25. 文化常识	民族风俗
	26. 信息处理能力	Word 的应用
	27. 信息处理能力	PowerPoint 的应用
	28. 概念	概念间的逻辑关系
	29. 命题	命题推理
材料分析题	30. 新课程改革背景下的教师观	教师应该是教育教学的研究者，教师在对待自我上不断反思，教师在对待与其他教育者的关系上强调要合作
	31.《中小学教师职业道德规范（2008 年修订）》	关爱学生、教书育人、为人师表、终身学习
	32. 阅读理解能力	概括文章中心思想、筛选并整合主要信息及重要细节、分析观点
写作题	33. 写作方法	审题立意、结构布局

2021年上半年国家教师资格考试

综合素质（中学）真题卷

注意事项：

1. 考试时间为120分钟，满分为150分。

2. 请按规定在答题卡上填涂、作答。在试卷上作答无效，不予评分。

一、单项选择题（在每小题列出的四个备选项中只有一个是符合题目要求的，请用2B铅笔把答题卡上对应题目的答案字母按要求涂黑。错选、多选或未选均无分。本大题共29小题，每小题2分，共58分）

1. 素质教育注重对学生创新精神的培养。下列方法不适合培养学生创新精神的是（　）。

A. 继承与开拓　B. 学习与创造　C. 思考与想象　D. 熟练与传承

2. 工作多年的张老师有较高水平的教学能力和技巧，班级管理井井有条，还注重激发自我潜能。张老师所处的教师发展阶段是（　）。

A. 专家生涯阶段　B. 退缩生涯阶段　C. 更新生涯阶段　D. 预备生涯阶段

3. 陶行知说："活的人才教育不是灌输知识，而是将开发文化宝库的钥匙，尽我们知道的交给学生。"这句话隐含的学生观不包括的是（　）。

A. 教师要重视学生的完整性　B. 教师要重视学生的主体性

C. 教师要重视学生的发展性　D. 教师要重视学生的独立性

4. 张老师选择用诗歌《我用残损的手掌》的教学开展课例研究，并写成课例研究报告提供给青年教师学习。张老师的角色是（　）。

A. 教学过程的管理者　B. 同舟共济的合作者

C. 学生成长的示范者　D. 校本课程的开发者

5. 李丁的妈妈情绪一直不好，经常拿李丁撒气，李丁身上总是青一块紫一块。马老师为此多次找李丁妈妈谈话，李丁妈妈就找校长撒泼。了解真相后，校长批评马老师"多管闲事"，校长的做法（　）。

A. 正确，管教孩子是家长的权力，与学校无关

B. 正确，马老师只要管好学校里的事情就行了

C. 不正确，学校应当量大限度地为教师提供条件保障

D. 不正确，学校应当支持教师制止有害于学生的行为

6. 某中学将操场租借给当地一个企业主为其女儿办婚事，体育课改在教室上自习。学校的行为（　）。

A. 合法，学校有自由安排教学场地的权利

B. 合法，学校有创收增加教育经费的义务

C. 不合法，学校侵犯了学生的受教育权

D. 不合法，学校侵犯了学生的财产权

7. 派出所的两位警察来到一所中学，要求找该中学 12 岁的小华了解情况。得知警察没有联系小华的父母，班主任拒绝了他们当面询问小华的要求。该班主任的做法（　）。

A. 正确，依法履行了保护未成年人的职责

B. 正确，依法保护了小华的人格尊严权利

C. 不正确，公民有配合公安机关办案的义务

D. 不正确，干扰了公安机关的行政执法

8. 父母离异，法院判决小刚随母亲一起生活。小刚学习不太好，母亲多次要求小刚的父亲关心小刚的学习，小刚的父亲却认为自己只负担小刚的生活费用，教育问题应由小刚母亲全部负责。下列说法正确的是（　）。

A. 小刚母亲应该全权承担监护职责

B. 小刚父亲已尽到法律规定的责任

C. 离异父母对子女都有教育的义务

D. 小刚的学习应该由学校全权负责

9. 班主任李某怀疑班里学生张某早恋，为掌握张某的思想动向，多次翻看张某的书包。李某的做法（　）。

A. 正确，教师有管理学生的责任　　B. 正确，教师有教育学生的权利

C. 不正确，侵犯了学生的财产权　　D. 不正确，侵犯了学生的隐私权

10. 依据《中华人民共和国宪法》的规定，地方各级人民代表大会每届任期（　）。

A. 6 年　　B. 5 年　　C. 4 年　　D. 3 年

11. 李某开设的营业性电子游戏厅，没有在显著位置设立未成年人禁入标志。责令其改正的管理机关是（　）。

A. 检察机关　　B. 公安机关

C. 文化行政部门　　D. 教育行政部门

12. 14 岁的初中生崔某借爸爸的名义买烟，扫码支付后，烟酒店老板王某给了崔某一包烟。王某的行为（　）。

A. 合法，因为王某有经营自主权

B. 合法，因为崔某说是替父亲买的

C. 不合法，任何经营场所不得向未成年人出售烟酒

D. 不合法，如果是高中生购买就可以向其出售烟酒

13. 姜老师在担任班主任期间，经常资助家庭困难的学生，并有针对性地对学生在学习中出现的心理压力进行疏导。姜老师的教育行为选择是（　）。

A. 基于关怀　B. 基于直觉　C. 基于原则　D. 基于关注

14.《关于加强和改进新时代师德师风建设的意见》提出，要定期开展教师思想政治轮训，增进对中国特色社会主义的（　）。

A. 政治认同、思想认同、理论认同、知识认同

B. 政治认同、思想认同、理论认同、情感认同

C. 政治认同、思想认同、理论认同、意志认同

D. 政治认同、思想认同、理论认同、行为认同

15. 暑假来临，王老师找到主管校长说：“我教了几十年书，虽说已经有了比较丰富的经验，也获得过不少奖励，而且过几年就退休了，但学无止境，我还是希望和几位年轻老师一起外出参加培训。”这表明王老师（　）。

A. 重视教师道德荣誉　B. 善于核算教育行为利益

C. 关注教师集体利益　D. 注重公平分配教育资源

16. 某中学规定：教师在课堂上不能穿超短裙、破洞牛仔裤等服装。这一规定是（　）。

A. 对教师着装个性的规范　B. 对教师教学行为的规范

C. 对教师仪表得当的规范　D. 对教师举止文明的规范

17. 随着佛教在中国的发展，人们对佛经译文的质量要求日益提高。有一位僧人有感于中国经律残缺，西行求法，前后历时十四年游历三十余国，带回大量梵本佛经并进行翻译，又将其旅行见闻撰成《佛国记》。这位僧人是（　）。

A. 法显　B. 玄奘　C. 朱士行　D. 竺法护

18. 指南针是中国古代四大发明之一。中国人很早就认识到磁石指南的特性，先后发明了磁针和罗盘。指南针经阿拉伯传到欧洲，大大促进了世界远洋航海技术的发展。下列选项中，中国最早使用指南针航海的朝代是（　）。

A. 唐朝　B. 北宋　C. 元朝　D. 明朝

19. 信息系统的安全关系到国家机关的运行、企业的经营和人们的日常生活。如果对信息系统安全掉以轻心，对安全风险置之不理，就可能给个人、企业、国家带来难以估量的损失甚至灾难。下列操作中，可能泄露个人信息的是（　）。

A. 在公共区域中关闭免费 Wi-Fi 的自动连接

B. 将包含个人信息或隐私内容的文件加密发送

C. 在电子邮件客户端直接打开附件文件查看

D. 不轻易更改防火墙的入站规则和出站规则

20. “地理标志”是在具有特定地理来源并因该来源而拥有某些品质或声誉的产品上使用的一种标志。地理标志可为原产地生产者提升商品的质量和信誉，也使消费者免受假冒伪劣坑害。下列选项中，地理标志产品与原产地所在地区不对应的是（　）。

A. 香槟——比利时　　B. 帕尔玛火腿——意大利

C. 杜奥——葡萄牙　　D. 蒙切哥乳酪——西班牙

21. 法国作家司汤达的长篇小说《红与黑》塑造了一个野心勃勃、个人奋斗的经典形象，这一人物形象是（　）。

A. 于连　　B. 杜洛瓦　　C. 莫罗　　D. 拉斯蒂涅

22. 古人在交际或著述中，谈及年龄，除了直接用数量词，还常使用隐喻、转喻和借助诗词、典故来代称。下列选项中，代称与所表示的年龄对应不正确的是（　）。

A. 豆蔻年华——13 岁　　B. 桃李年华——30 岁

C. 知天命——50 岁　　D. 古稀——70 岁

23. 彩塑是中国民间手工艺品之一，以黏土加上纤维物、河沙、水，揉合成胶泥，多在木制骨架上进行形体塑造，阴干后填缝、打磨，再着色描绘。我国的彩塑发展到盛唐达到了顶峰，这一时期的代表作品是（　）。

A. 云冈石窟像　　B. 山西晋祠像

C. 麦积山石窟像　　D. 甘肃敦煌塑像

24. 第 24 届冬季奥林匹克运动会将于 2022 年在中国北京和张家口举办，共设 7 个大项、15 个分项、109 个小项的比赛。下列体育图标中，标识“高山滑雪”的是（　）。

A. 　　B. 　　C. 　　D. 

25. 在一次测试中，高分组通过某试题的百分比为 85%，低分组通过该试题的百分比为 25%，则该试题的区分度是（　）。

A.0.25　　B.0.55　　C.0.60　　D.0.85

26. 如图 1 所示，在 Excel 中单击单元格 E2，欲求出甲班 20 名学生成绩的标准差，应输入的公式是（　）。

	A	B	C	D	E	F
1	甲班	乙班			标准差	
2	78	76		甲班		
3	79	77		乙班		
4	80	80				
5	65	79				
6	82	80				

图 1

A.=SUM(A2:A21)　　B.=STDEVP(A2:A21)

C.=MODE(A2:A21)　　D.=AVERAGE(A2:A21)

27. 下列选项中，属于商业机构网址后缀名的是（　　）。

A.gov　　B.edu　　C.org　　D.com

28. 下列选项中，与“大学生—志愿者”的逻辑关系不一致的是（　　）。

A.“英文书”和“教材”　　B.“铅笔”和“画笔”

C.“老年人”和“科学家”　　D.“医生”和“护士”

29. 根据所给图形的逻辑特点，下列选项中，填入空白处最恰当的是（　　）。

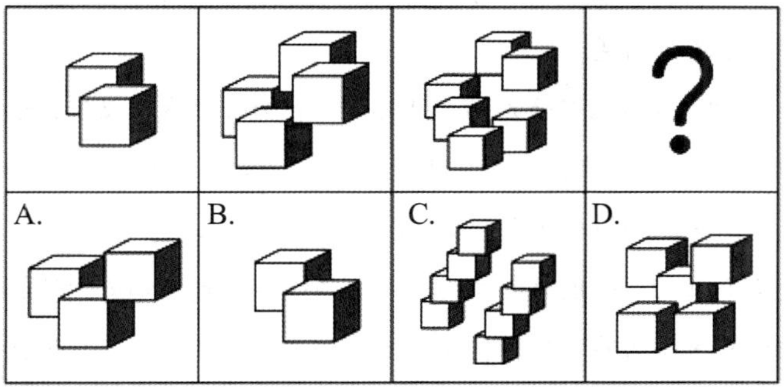

二、材料分析题（本大题共 3 小题，每小题 14 分，共 42 分）

30. 材料：

有一天，李老师在多媒体教室上英语公开课，听课的一位教研员发现坐在教室最后一排的学生无精打采，也不跟着课堂的节奏走。趁学生做练习的时候教研员悄声问坐在最后一排的那几个学生怎么回事，那几个学生不好意思地说明了缘由，原来那几个学生都是班上的英语“差生”，上课之前，李老师特意让那几个学生坐在最后面，以免影响公开课的效果。下课之后，在与李老师交谈中，教研员说：“既然那几个学生英语学习跟不上，为什么不给那几个学生另外布置适合他们的学习任务呢？哪怕让他们记住几个单词也比干坐一节课好啊！”李老师一脸茫然，并不认可这个建议，只是勉强点点头。

问题：请结合材料，以学生观的角度分析李老师的行为并提出另一种对“差生”的正确处理方式。（14分）

31. 材料：

刚毕业的邹老师被安排担任我们这个“难管”班级的班主任。我们可高兴了，因为从年龄、性格上来看，他是我们这些“顽皮生”不难对付的，我们决定给他来点“下马威”。于是我们不断制造各种无聊的“难题”。出乎意料的是，他并不生气，还总是不厌其烦地解决这些“难题”。他不仅在课堂上对我们难懂的问题一遍又一遍地解释，直到我们弄懂为止，还利用课余时间跟我们聊生活、学习，甚至还带我们到校外参观、郊游。我们平时有什么意见和要求，他总能站在我们的角度去理解，或进行解释，或尽量满足。

我曾悄悄问邹老师：“您为什么不像别的老师那样呢？为什么我们犯了错误，您也不严厉地惩罚我们？”他说;“你觉得是我惩罚你们管用，还是现在这样更好呢？你们犯了错误，我帮你们指出来，你们改正了，我就高兴。老师和学生也是可以成为朋友的吧？”

其实我们也不是冷血动物。一段时间过去，邹老师终于把我们都感动了。慢慢地，我们真把他当成了好朋友，不好意思再“为难”他，甚至为了表达对他的“哥们”情谊，在他生日的时候，我们这些“顽皮”学生还凑钱买了一条名牌领带送给他。可是，这回他不乐意了，执意不要，坚持和我们一起到商场把领带退了。

问题：从教师职业道德角度分析材料教师的行为。（14分）

32. 材料：

殖民征服伴随传染病传播

在漫长的历史进程中非洲社会大体上与自然环境保持着良好关系，疟疾和昏睡病的发病率较低。15世纪起，葡萄牙等欧洲国家开始向非洲进行殖民扩张，非洲与外部世界的联系日益密切，使得外来寄生虫和疾病开始传播至非洲。在长达数世纪的奴隶贸易期间，欧洲、北非、南亚的殖民者和商人将麻疹、水痘、肺结核和梅毒等传染病带到非洲各地。随着奴隶贸易从东、西两个方向逐渐深入非洲中部地区，这些传染病也从沿海渗透到内陆地区。不过，与欧洲殖民征服导致天花和麻疹传入美洲的情况不同，疟疾和黄热病在数个世纪里使得非洲内陆并未遭受欧洲殖民者的直接征服。直至19世纪中叶，热带非洲一直被称作“白人坟墓”。随着西方医学和科学技术的发展，尤其是奎宁被用于疟疾防治，19世纪中叶起，欧洲殖民者得以深入非洲内陆地区。19世纪末，帝国主义国家掀起了瓜分世界狂潮，非洲被欧洲列强瓜分殆尽，殖民征服加剧了传染病在非洲的传播。1881年，意大利人将牛瘟传入非洲之角，导致非洲东部和南部90%以上的牲畜死亡。牛畜在当地社会中是财富与社会地位的象征，因此，这场牛瘟不仅加剧了一系列传染病的蔓延，而且破坏了非洲东部和南部的社会经济结构。19世纪20年代，英国军队和军舰将霍乱从印度带到东非；60年代以后，霍乱又对塞内加尔等西非殖民地造成了严重冲击。

19世纪90年代，欧洲列强基本上完成了对非洲的殖民瓜分。此后直到20世纪60年代，非洲的生态、社会与经济变动发生了前所未有的变化。为了攫取最大经济利益，殖民地政府极力推动经济作物生产，导致非洲很多地区的自然面貌发生了巨大变化。殖民政府强加的税收以及种植经济作物的要求，迫使民众在萃萃蝇地带开垦土地，这也加剧了昏睡病的传播。在大规模种植园农业地区，非洲人更容易遭受蚊虫传染疾病的侵扰。殖民政府鼓励种植经济作物而非粮食作物，大量土地被用于种植棉花、烟草和咖啡等，导致了当生态问题或者经济灾难发生时，非洲居民很容易陷入饥饿之中，饥荒与传染病结合，造成了极大的破坏。

殖民者还在非洲开采矿山、采集橡胶、修筑公路和铁路以及招募军事，这些都需要大量的非洲劳动力。殖民地政府通过征税、工资以及强制劳动等手段，迫使非洲人离开农村外出务工，强制劳动以及公路和铁路交通的便利使得非洲民众的流动更为频繁，在客观上加剧了传染病在不同地区之间的传播。

在资本主义的驱使下，非洲南部和东部地区实现了城镇化进程，大量人口涌入城镇。由于殖民地政府在非洲城镇发展方面投入的资金较少，也导致了疟疾、鼠疫、霍乱、痢疾、肺结核、流感、天花、梅毒等传染病的蔓延。

理解当代非洲面临的传染病问题，离不开对传染病历史维度的认知。当前非洲所面临的很多传染病，早在19世纪和20世纪之交就已经存在于非洲。一百多年来，非洲传染病的传播过程与非洲生态变迁和社会历史进程密切相关。殖民主义导致很多外来传染病在非洲的传播，殖民主义还打破了非洲社会与自然环境之间长期的平衡关系，从而引发了昏睡病等疾病的蔓延。通过研究殖民主义对于非洲传染病传播所造成的影响，有助于我们深入理解当前非洲所面临的传染病状况。例如，艾滋病作为非洲国家独立后才出现的传染病，由于其严重的社会破坏性而受到国际社会高度关注。近年来非洲学家的研究表明，当前艾滋病在非洲的传播模式，与殖民时代梅毒等性病的传播模式之间，有着很大相似性，是“旧危机，新病毒”。更严重的是，欧洲殖民者对于非洲疾病的偏见根深蒂固。殖民者认为，非洲面临的传染病主要是由于非洲自身的“愚昧”“落后”造成的，他们将非洲标签化为“疾病横生的”“黑暗的”大陆，只有欧洲“文明使命”才能将非洲社会从这一状态中“拯救”出来。殖民时代的这种错误观念至今仍然影响着一些欧美国家对非洲的认知。

（摘编自李鹏涛《殖民统治加剧非洲传染病传播》）

问题：

（1）文章认为当代非洲传染病有哪两个来源？请简要概括。（4分）

（2）总体来看，造成一个地区传染病传播加剧的原因是什么，请结合文本简要分析。（10分）

三、写作题（本大题1小题，50分）

33. 阅读下面的材料，按要求作文。

材料一：湖南留守女孩小钟高考成绩优秀，考取北京大学冷门的考古专业，引发热议，女孩发微博称从小就喜欢历史和文物，把“敦煌的女儿”樊锦诗当作自己的“偶像”所以才考取北大考古专业。樊锦诗得知后，特意把自己的《我心归处是敦煌：樊锦诗自述》赠送给她。

材料二：樊锦诗自1963年北大毕业后在敦煌坚持工作40余年，被评为“感动中国2019年度人物”，现为敦煌研究院名誉院长。

综合上述材料所引发的思考和感悟，写一篇论说文。

要求：用规范的现代汉语写作；角度自选，立意自定，标题自拟，不少于1000字。

2021年上半年国家教师资格考试
综合素质（中学）真题卷参考答案

一、单项选择题

1. **【答案】**D

【解析】本题考查素质教育是以培养学生的创新精神和实践能力为重点的教育。素质教育强调要以培养学生的创新精神和实践能力为重点。选项中，思考、想象、开拓、创造等都有利于培养创新精神，熟练和传承主要是学习已有的知识，属于传统文化的学习方式。因此答案选D。

【考点定位】职业理念——教育观——素质教育的实质——素质教育是以培养学生的创新精神和实践能力为重点的教育

【难度系数】★

2. **【答案】**A

【解析】本题考查教师专业发展的阶段。司德菲将教师的发展分为五个阶段：预备生涯阶段、专家生涯阶段、退缩生涯阶段、更新生涯阶段、退出生涯阶段。其中，专家生涯阶段的教师已具有较高水平的教学能力与技巧，同时拥有多方面的信息来源。这些教师们都能进行有效的班级经营和时间管理，对学生都抱有高度的期望，也能在自己的工作中激发自我潜能，达成自我实现的目的。题干中，张老师有较高水平的教学能力和技巧，注重学生自我潜能的激发，符合专家阶段的特征。因此答案选A。

选项B：退缩生涯阶段，处于这一阶段的教师往往表现出倦怠感，很少致力教学革新，防范心理严重，需要得到帮助。这一阶段按退缩的程度又可分为初期的退缩、持续的退缩、深度的退缩三个层次。

选项C：更新生涯阶段，部分教师之所以能进入更新生涯阶段，关键在于他们在一开始出现退缩生涯阶段的征兆时，就采取了较为积极的应对措施，如参加研讨会、进修课程等，因而这一阶段的教师又会呈现出预备生涯阶段朝气蓬勃的状态，如有活力、肯吸收新知识、进取向上。需要指出的是，这一阶段的教师仍需要外在的支持。

选项D：预备生涯阶段，处于这一阶段的是新上岗的教师，他们通常需要三年时间才能度过这一阶段，理想主义、有活力、富有创意、善于接纳新观念、积极进取、努力向上是这一阶段教师的特征。

【考点定位】职业理念——教师观——教师的专业发展——教师专业发展的阶段

【难度系数】★★★

3. 【答案】A

【解析】本题考查学生是具有独立意义的人、学生是独特的人。学生观包括学生是发展的人，是独特的人，具有独立意义的人。题干中，“活的人才教育”体现出每一个人都是不一样的，有自己的思想，表现出学生的独立性。“不是灌输知识”体现了以学生为主体。最后，“开发文化宝库的钥匙”给学生，体现了教师帮助学生发展，要重视学生的发展性。题干中未体现促进学生的完整性发展。因此答案选 A。

【考点定位】职业理念——学生观——“以人为本”的学生观——学生是具有独立意义的人、学生是独特的人

【难度系数】★★

4. 【答案】B

【解析】本题考查教师职业角色和职业行为的转变。教师职业角色转变强调：教师是学生的促进者，课程的建设者和开发者，教育教学的研究者，社区型开放教师。教师职业行为的转变强调：在对待师生关系上，新课程强调尊重、赞赏；在对待教学上，新课程强调帮助、引导；在对待自我上，新课程强调反思；在对待与其他教育者的关系上，新课程强调合作。题干中，张老师用诗歌的教学开展课例研究，并提供给青年教师学习，体现了其对青年教师的帮助，符合合作者的身份。因此答案选 B。

【考点定位】职业理念——教师观——新课程改革背景下的教师观——教师职业角色和职业行为的转变

【难度系数】★

5. 【答案】D

【解析】本题考查《中华人民共和国教师法》第八条“教师的义务”。根据《中华人民共和国教师法》第八条规定，教师应当履行下列义务：（一）遵守宪法、法律和职业道德，为人师表；（二）贯彻国家的教育方针，遵守规章制度，执行学校的教学计划，履行教师聘约，完成教育教学工作任务；（三）对学生进行宪法所确定的基本原则的教育和爱国主义、民族团结的教育，法制教育以及思想品德、文化、科学技术教育，组织、带领学生开展有益的社会活动；（四）关心、爱护全体学生，尊重学生人格，促进学生在品德、智力、体质等方面全面发展；（五）制止有害于学生的行为或者其他侵犯学生合法权益的行为，批评和抵制有害于学生健康成长的现象；（六）不断提高思想政治觉悟和教育教学业务水平。教师应该制止有害于学生的行为或者其他侵犯学生合法权益的行为，批评和抵制有害于学生健康成长的现象；题干中，马老师的做法是在履行教师的义务，而校长的做法是不对的。因此答案选 D。

【考点定位】教育法律法规——有关的教育法律法规——《中华人民共和国教师法》——第八条“教师的义务”

【难度系数】★★

6. 【答案】C

【解析】本题考查参加教育教学权。学生作为受教育者享有受教育的权利。题干中，学校将学生的体育课占用，侵犯了学生的受教育权，是不合法的行为，所以排除选项 AB。选项 D 的财产权在题干中未体现。因此答案选 C。

【考点定位】教育法律法规——学生权利保护——学生作为受教育者享有的权利——参加教育教学权

【难度系数】★

7. 【答案】A

【解析】本题考查《中华人民共和国未成年人保护法（2012 年修订）》第五十六条“通知未成年人法定代理人到场”。《中华人民共和国未成年人保护法（2012 年修订）》第五十六条规定：讯问、审判未成年犯罪嫌疑人、被告人，询问未成年证人、被害人，应当依照刑事诉讼法的规定通知其法定代理人或者其他人员到场。公安机关、人民检察院、人民法院办理未成年人遭受性侵害的刑事案件，应当保护被害人的名誉。题干中，警察找 12 岁的小华了解情况。得知警察没有联系小华的父母时，班主任拒绝了他们当面询问小华的要求的做法，依法保护了学生的合法权益。因此答案选 A。

【考点定位】教育法律法规——有关教育的法律法规——《中华人民共和国未成年人保护法（2012 年修订）》——第五十六条“通知未成年人法定代理人到场”

【难度系数】★★

8. 【答案】C

【解析】本题考查《中华人民共和国预防未成年人犯罪法（2012 年修订）》第二十一条“父母教育子女的义务”。《中华人民共和国预防未成年人犯罪法（2012 年修订）》第二十一条规定：未成年人的父母离异的，离异双方对子女都有教育的义务，任何一方都不得因离异而不履行教育子女的义务。因此答案选 C。

【考点定位】教育法律法规——有关的教育法律法规——《中华人民共和国预防未成年人犯罪法（2012 年修订）》——第二十一条“父母教育子女的义务”

【难度系数】★★

9. 【答案】D

【解析】本题考查隐私权。学生享有隐私权，隐私权是指学生享有的私人生活安宁与私人信息秘密依法受到保护，不被他人非法侵扰、知悉、收集、利用和公开的一种人格权。题干中，班主任李某翻看学生张某的书包，侵犯了张某的隐私权。因此答案选 D。

【考点定位】教育法律法规——学生权利保护——学生的公民权——隐私权

【难度系数】★★

10. **【答案】**B

【解析】本题考查《中华人民共和国宪法》第九十八条“任免期限”。《中华人民共和国宪法》第九十八条规定：地方各级人民代表大会每届任期 5 年。因此答案选 B。

【考点定位】教育法律法规——有关的教育法律法规——《中华人民共和国宪法》——第九十八条“任免期限”

【难度系数】★★

11. **【答案】**C

【解析】本题考查《中华人民共和国预防未成年人犯罪法（2012 年修订）》第五十五条“营业性歌舞厅以及其他未成年人不适宜进入的场所、营业性电子游戏场所的法律责任”。《中华人民共和国预防未成年人犯罪法（2012 年修订）》第五十五条规定：营业性歌舞厅以及其他未成年人不适宜进入的场所、营业性电子游戏场所，违反本法第三十三条的规定，不设置明显的未成年人禁止进入标志，或者允许未成年人进入的，由文化行政部门责令改正、给予警告、责令停业整顿、没收违法所得，处以罚款，并对直接负责的主管人员和其他直接责任人员处以罚款；情节严重的，由工商行政部门吊销营业执照。因此答案选 C。

【考点定位】教育法律法规——有关的教育法律法规——《中华人民共和国预防未成年人犯罪法（2012 年修订）》——第五十五条“营业性歌舞厅以及其他未成年人不适宜进入的场所、营业性电子游戏场所的法律责任”

【难度系数】★★

12. **【答案】**C

【解析】本题考查《中华人民共和国未成年人保护法（2012 年修订）》第三十七条“烟酒经营者的法律责任”。《中华人民共和国未成年人保护法（2012 年修订）》第三十七条规定：禁止向未成年人出售烟酒，经营者应当在显著位置设置不向未成年人出售烟酒的标志；对难以判明是否已成年的，应当要求其出示身份证件。任何人不得在中小学校、幼儿园、托儿所的教室、寝室、活动室和其他未成年人集中活动的场所吸烟、饮酒。因此答案选 C。

【考点定位】教育法律法规——有关的教育法律法规——《中华人民共和国未成年人保护法（2012 年修订）》——第三十七条“烟酒经营者的法律责任”

【难度系数】★★

13. **【答案】**A

【解析】本题考查关爱学生。关爱学生是指关心爱护全体学生，尊重学生人格，平等公正对待学生。对学生严慈相济，做学生良师益友。保护学生安全，关心学生健康，维护学生权益。不讽刺、挖苦、歧视学生，不体罚或变相体罚学生。题干中，姜老师资助家庭困难的学生，针对学生在学习中出现的心理压力进行疏导，是基于关怀出发的，体现了姜老师关爱学生。因此答案选 A。

【考点定位】教师职业道德——教师职业道德规范——《中小学教师职业道德规范（2008 年修订）》——关爱学生

【难度系数】★

14. **【答案】**B

【解析】本题考查全面加强教师队伍思想政治工作。坚持思想铸魂，用新时代中国特色社会主义思想武装教师头脑。健全教师理论学习制度，开展新时代中国特色社会主义思想系统化、常态化学习，使广大教师学懂弄通、入脑入心，自觉用“四个意识”导航，用“四个自信”强基，用“两个维护”铸魂。依托高水平高校建设一批教育基地，同时统筹党校（行政学院）资源，定期开展教师思想政治轮训，使广大教师更好掌握马克思主义立场观点方法，认清中国和世界发展大势，增进对中国特色社会主义的政治认同、思想认同、理论认同、情感认同。因此答案选 B。

【考点定位】教师职业道德——教师职业道德规范——《关于加强和改进新时代师德师风建设的意见》——全面加强教师队伍思想政治工作

【难度系数】★

15. **【答案】**A

【解析】本题考查终身学习。终身学习要求教师崇尚科学精神，树立终身学习理念，拓宽知识视野，更新知识结构。潜心钻研业务，勇于探索创新，不断提高专业素养和教育教学水平。题干中，王老师与主管校长的对话里的“学无止境”体现了终身学习的职业道德规范。因此答案选 A。

【考点定位】教师职业道德——教师职业道德规范——《中小学教师职业道德规范（2008 年修订）》——终身学习

【难度系数】★

16. **【答案】**C

【解析】本题考查教师仪表行为规范。教师的仪表行为要与课堂教学的情调相适应。教师仪表行为的总体要求是持重、安谧、沉稳、协调，不分散学生的注意力。所以教师在课堂上不能穿超短裙、破洞牛仔裤等。因此答案选 C。

【考点定位】教师职业道德——教师职业行为——教师职业行为规范解读——教师仪表行为规范

【难度系数】★

17.【答案】A

【解析】本题考查中国古代史。法显是中国佛教史上的一位名僧。法显从长安（今汉长安城遗址）出发，经西域至天竺寻求戒律，游历30余国，收集了大批梵文经典。法显还将自己西行取经的见闻写成了一部不朽的世界名著——《佛国记》。《佛国记》全文九千五百多字，别名有《法显行传》《法显传》《历游天竺记传》《佛游天竺记》等。因此答案选A。

选项B：玄奘，唐代高僧，我国汉传佛教四大佛经翻译家之一，中国汉传佛教唯识宗创始人。

选项C：朱士行，中国佛教史上西行求法的第一人。

选项D：竺法护，又称昙摩罗刹，月氏国人，礼印度高僧为师，随师姓“竺”，具有过目不忘的能力，读经能日诵万言。当时中原地区虽然礼拜寺庙、佛像，然而大乘经典未备，法护立志西行，不辞辛劳，万里寻师，不但精通六经，且涉猎百家之说，遍通西域三十六国语文。

【考点定位】文化素养——历史常识——中国古代史

【难度系数】★★

18.【答案】B

【解析】本题考查中国古代科技成就。指南针是从北宋开始被用于航海事业的。因此答案选B。

【考点定位】文化素养——科技常识——中国古代科技成就

【难度系数】★

19.【答案】C

【解析】本题考查生活中的科学。直接打开附件查看容易泄露个人信息。因此答案选C。

选项ABD：关闭免费Wi-Fi的自动连接、加密发送文件和不轻易更改防火墙规则都是防止个人信息泄露的措施。

【考点定位】文化素养——科技常识——生活中的科学

【难度系数】★

20.【答案】A

【解析】本题考查世界地理。香槟是指生产法国香槟区的符合一系列特殊标准的葡萄酒，是法国最具有代表性的地理标志产品之一，而不是比利时。因此答案选A。

【考点定位】文化素养——文化常识——世界地理

【难度系数】★

21.【答案】A

【解析】本题考查外国文学。《红与黑》讲述的是：主人公于连，是一个木匠的儿子，长着少女似的清秀面孔，天资聪颖，记忆超群，有着非凡的意志力。他受父兄虐待，也深以微贱的出身为耻。他凭借熟记拉丁文圣经的资本在维立叶尔市长德·瑞那尔夫人家里当上了家庭教师，并悄悄和德·瑞那尔夫人恋爱。他们的秘密恋情被市长知道后，于连不得不远走贝尚松神学院，一心希望能凭借自己的聪明才智在此出人头地。因此答案选 A。

【考点定位】文化素养——文学常识——外国文学

【难度系数】★★

22.【答案】B

【解析】本题考查古代称谓。桃李年华是 20 岁女子的代称，不是 30 岁。因此答案选 B。

【考点定位】文化素养——文化常识——古代称谓

【难度系数】★

23.【答案】D

【解析】本题考查美术常识。我国的彩塑在盛唐时达到了顶峰，这一时期的代表作品是敦煌塑像。因此答案选 D。

选项 A：云冈石窟，被称为“东方的伟大奇迹”。云冈石窟雕刻在我国三大石窟中，以造像气魄雄伟、内容丰富多彩见称，多为神态各异的宗教人物形象。石窟有形制多样的仿木构建筑物，有主题突出的佛传浮雕，有精雕细刻的装饰纹样，还有栩栩如生的乐舞雕刻，生动活泼，琳琅满目。其雕刻艺术继承并发展了秦汉雕刻艺术传统，吸收和融合了佛教艺术的精华，具有独特的艺术风格。

选项 B：晋祠位于山西太原市西南悬瓮山麓，是集中国古代祭祀建筑、园林、雕塑、壁画、碑刻艺术为一体的唯一而珍贵的历史文化遗产，也是世界建筑、园林、雕刻艺术中心。晋祠是具有几十座古建筑的中国古典园林游览胜地，素以雄伟的建筑群、高超的塑像艺术闻名于世。自古就有“不到晋祠，枉到太原”之说。

选项 C：麦积山石窟，存有 221 座洞窟、10632 身泥塑石雕、1300 余平方米壁画，以其精美的泥塑艺术闻名世界，被誉为东方雕塑艺术陈列馆。

【考点定位】文化素养——艺术常识——美术常识

【难度系数】★★

24.【答案】C

【解析】本题考查体育图标。选项 A 是跳台滑雪，选项 B 是冬季两项，选项 C 是高山滑雪，选项 D 是越野滑雪。因此答案选 C。

【考点定位】文化素养——文化常识——体育图标

【难度系数】★

25.【答案】C

【解析】本题考查生活中的科学。区分度指数（D）的具体公式为：D=PH−PL，PH 为高分组的项目难度，PL 为低分组的项目难度，所以该试题的区分度为：85%−25%=60%=0.60。因此答案选 C。

【考点定位】文化素养——科技常识——生活中的科学

【难度系数】★★★

26.【答案】B

【解析】本题考查 Excel 的应用。选项 A 是求和公式，选项 B 是标准差计算公式，选项 C 是众数公式，选项 D 是平均数的公式。因此答案选 B。

【考点定位】基本能力——信息处理能力——Excel 的应用

【难度系数】★

27.【答案】D

【解析】本题考查计算机基础知识。com 是商业域名，gov 是政府机构的专用域名，edu 是教育系统各机构的域名，org 是组织团体网址的域名。因此答案选 D。

【考点定位】基本能力——信息处理能力———计算机基础知识

【难度系数】★

28.【答案】D

【解析】本题考查概念间的逻辑关系。题干中的“大学生和志愿者”之间是交叉关系，选项 ABC 均是交叉关系，选项 D 的“医生和护士”是全异关系。因此答案选 D。

【考点定位】基本能力——逻辑思维能力——概念——概念间的逻辑关系

【难度系数】★★

29.【答案】C

【解析】本题考查图形推理。题干中的立方体的数量是 2、4、6，推测下一个是 8。因此答案选 C。

【考点定位】基本能力——逻辑思维能力——经典逻辑推理——图形推理

【难度系数】★★

二、材料分析题

30.【参考答案】

李老师的行为是不正确的，违背了“以人为本”的学生观理念。

（1）学生是发展的人，作为老师应该看到学生具有巨大的发展潜能。题干中，英语学习不好的学生虽然现在学习跟不上，但以后经过努力和老师的耐心教育，也会取得进步，李老师没有看到学生未来成长的可能性，没有把学生当作发展的人来对待。

（2）学生是独特的人，作为老师应该因材施教。题干中，李老师对待所谓“差生”，没有布置适合他们的学习任务，而是简单粗暴地都放在最后一排，没有把学生当作独特的人来对待。

（3）学生是具有独立意义的人，作为老师应该调动学生的主动性。题干中，李老师把“差生”安排在最后面，让学生干坐着，没有调动发挥学生的积极性和创造性，没有把学生当作独立的人来对待。

总之，李老师的行为不符合“以人为本”的学生观的要求。对待“差生”，我们应该：首先，看到他们的发展性，发挥他们的潜能，鼓励他们扬长避短；其次，看到他们的独特性，采用最适合他们的方法进行教育教学；最后，看到他们的独立性，给予人文关怀，学生才能取得进步。

【考点定位】教师职业理念——学生观———“以人为本”的学生观———学生是发展的人，学生是独特的人，学生是具有独立意义的人

【难度系数】★★★★

31.**【参考答案】**

材料中老师的行为是正确的，践行了教师职业道德的要求，值得我们学习。

（1）邹老师的行为体现了爱岗敬业。爱岗敬业要求教师要忠诚于人民教育事业，志存高远，勤恳敬业，甘为人梯，乐于奉献。对工作高度负责，认真备课上课，认真批改作业，认真辅导学生。题干中，邹老师不厌其烦地帮学生解决难题，帮助学生指出错误，跟学生聊学习、生活等，体现了他对工作高度负责、勤恳敬业的精神。

（2）邹老师的行为体现了关爱学生。关爱学生要求教师要关心爱护全体学生，尊重学生人格，平等公正对待学生。对学生严慈相济，做学生的良师益友。保护学生安全，关心学生健康，维护学生权益。题干中，邹老师把学生当作朋友，解决难题，站在学生的角度理解学生，体现了他对学生的关心和爱护。

（3）邹老师的行为体现了为人师表。为人师表要求教师要作风正派，廉洁奉公。自觉抵制有偿家教，不利用职务之便谋取私利。题干中，邹老师言行举止规范，同时执意不收学生的礼物，廉洁奉公，给学生树立了良好的榜样，体现了为人师表的要求。

（4）邹老师的行为体现了教书育人。教育育人要求教师遵循教育规律，实施素质教育。循循善诱，诲人不倦，因材施教。培养学生良好品行，激发学生创新精神，促进学生全面发展。不以分数作为评价学生的唯一标准。题干中，对于学生难懂的问题，邹老师一遍遍地解释，对学生没有采用严厉惩罚的方式，而是耐心地进行教育，端正学生思想认识，体现了教书育人的要求。

总之，邹老师的行为符合教师职业道德规范的理念，值得大家学习。

【考点定位】职业道德——教师职业道德规范———《中小学教师职业道德规范（2008 年修订）》——爱岗敬业、关爱学生、为人师表、教书育人

【难度系数】★★★★

32.**【参考答案】**

（1）两个来源：① 15 世纪起，葡萄牙等欧洲国家开始向非洲进行殖民扩张，非洲与外部世界的联系日益密切，使得外来寄生虫和疾病开始传播至非洲；② 19 世纪中叶起，欧洲殖民者得以深入非洲内陆地区，殖民征服进一步加剧了传染病在非洲的传播。

（2）主要因素：①殖民扩张会造成传染病的传播；非洲与外部世界的联系日益密切，使得外来寄生虫和疾病开始传播至非洲；②奴隶贸易从东、西两个方向逐渐深入非洲中部地区，这些传染病也从沿海渗透到内陆地区；③殖民征服进一步加剧了传染病在非洲的传播；④殖民地政府极力推动经济作物生产以攫取最大经济利益，从而导致非洲许多地区的自然面貌发生了显著变化；⑤强制劳动以及公路和铁路交通使得非洲民众的流动更为频繁，在客观上加剧了传染病在不同地区之间的传播；⑥在资本主义的驱使下，非洲南部和东部地区出现了城镇化进程，大量人口涌入城镇。由于殖民地政府在非洲城镇发展方面投入资金较少，导致疟疾、鼠疫、霍乱、痢疾、肺结核、流感、天花、梅毒等传染病蔓延。

【考点定位】基本能力——阅读理解能力——概括文章中心思想、筛选并整合主要信息及重要细节、分析观点

【难度系数】★★★★

三、写作题

33.**【参考范文】**

榜样的力量

榜样是远处的灯塔，为航海迷茫的人指引希望；榜样是冬日的暖阳，为身处困境的人带来温暖；榜样是春日的细雨，为身处困境的人给予滋养。人生在世，各有梦想，砥砺前行。我们需要榜样，榜样的存在，令人如沐春风。这一切将助力我们成就人生。

榜样是激励的力量，力量无穷尽，成长无极限。三国时期，蜀国丞相诸葛亮曾在《隆中对》中说道“每自比于管仲、乐毅，时人莫之许也。”可见诸葛亮心中的表率是管仲和乐毅。他认为这二位在军事和治理国家方面的才能出众，值得自己学习。以他们二位为榜样，诸葛亮开始了自己的辉煌人生，作为中国传统文化中智慧的化身，诸葛亮的成就早已在街头巷尾流传。“一身胆气贯长空，天下英雄诸葛公。不怕江湖多险恶，多少大事尽从容。”正是因为把管仲和乐毅作为自己的偶像，诸葛亮才能实现了自己坚持的信念。这股力量激励了诸葛亮，让他实现了自身价值，流传千古。没有榜样的人，犹如没有刀剑的士兵，没有了奋斗的目标。

榜样是把双刃剑，亦正亦邪，因此选取榜样应当谨慎。纷繁世界，芸芸众生，纵眼观去各行各业都有自己的榜样。我们需要榜样，但是我们更需要优秀的榜样。理性选取，成就自我，否则将毒害己身。当今社会追星俨然已成为了一种风气，优秀的明星会给我们前进的动力，然而一些风光无限的偶像们未必担得起“榜样”二字，偷税漏税、涉毒涉黄等违法行为屡见不鲜。新时代，新社会，充满朝气奋发前进的我们需要优秀的榜样，需要樊锦诗、张桂梅这样的力量。理性选取，不负自己，榜样有道，我们亦有则。

榜样力量虽无形，吾辈践行当有形。明朝思想家王守仁曾说“知行合一”，我们要在知中有行，

行中有知。选取榜样并不是代表我们的人生一定会如同榜样一般充满辉煌，我们需要用来自榜样的力量引导自己，努力让自己走向辉煌。因此有了榜样首先应该把榜样作为目标，学习榜样的优点，一步步拉近与榜样的距离。日常践行，反复自省，相信到达了一定高度后，榜样有可能不再是难以望其项背的山顶，而是禁锢思想的玻璃天花板，我们必当超越他们，站在巨人肩膀俯瞰世界。青出于蓝而胜于蓝，吾辈必当再展风采，耀眼于世。

莫问前路在何处，但求今日是知音。在追逐梦想的道路上，榜样就是我们单方面的知音。榜样是一种信念，唯有挑选正确的榜样，才能利用榜样的光芒，照亮自己的人生之路。正所谓青山碧水绿云天，一路风光尽入眼。不羡桃花红艳丽，何如杨柳万千年。

【考点定位】基本能力——写作能力———写作方法———审题立意、结构布局

【难度系数】★★★★★

高顿教育 GOLDEN EDUCATION

姓名 ________ 准考证号 ________

2020年下半年国家教师资格考试
综合素质（中学）真题卷及参考答案

（科目代码：301/301A）

2020年下半年国家教师资格考试

综合素质（中学）真题卷

注意事项：

1. 考试时间为120分钟，满分为150分。

2. 请按规定在答题卡上填涂、作答。在试卷上作答无效，不予评分。

一、单项选择题（在每小题列出的四个备选项中只有一个是符合题目要求的，请用2B铅笔把答题卡上对应题目的答案字母按要求涂黑。错选、多选或未选均无分。本大题共29小题，每小题2分，共58分）

1. 开学了，为把教育素质落到实处，某中学语文老师为同学们确定了学期素质教育目标：每个月读一本名著，识两位名人，听三首名曲，品四幅名画，背五首古诗。该老师的做法（　）。

A. 干扰了学生学习的节奏　　B. 优化了学生学习的方法

C. 窄化了素质教育的内涵　　D. 指明了素质教育的途径

2. 入职工作刚满两年的教师在专业发展中需要解决的主要问题是（　）。

A. 适应教育教学环境　　B. 熟练掌握教育教学方法

C. 凝练教育教学经验　　D. 系统学习基础理论知识

3. 年轻的男老师王勇在课堂上与男生互动多，与女生互动很少，理由是“避免别人认为我与女生太亲近”，王老师的做法（　）。

A. 合理，体现教育智慧　　B. 合理，符合传统观念

C. 不合理，违背因材施教的原则　　D. 不合理，违背公平待生的理念

4. 每次实施新的教学设计之后，彭老师都会问自己：“有没有必要？是不是最好？能不能改进？要不要调整？”这说明彭老师（　）。

A. 善于自我反省　　B. 善于自我激励

C. 缺乏教育自信　　D. 缺乏学习方法

5. 下列选项中，不属于我国宪法所规定的公民自由的是（　）。

A. 出版自由　　B. 纳税自由

C. 宗教信仰自由　　D. 科学研究自由

6. 沈某购买用于考试作弊的隐形耳机。以每副1 000元的价格向参加高考的学生出售，累计获利

1 万元。根据《中华人民共和国教育法》，当地公安机关可对沈某处以罚款的金额是（　）。

A. 1 000 元以上，5 000 元以下　　B. 5 000 元以上，1 万元以下

C. 1 万元以上，5 万元以下　　D. 5 万元以上，10 万元以下

7. 姜某前往一所初中的后勤部门求职，陈院长了解到姜某曾因为故意犯罪被剥夺政治权利，拒绝了姜某的求职，陈院长的做法（　）。

A. 不合法，侵犯了姜某的隐私权

B. 不合法，侵犯了姜某的平等就业权

C. 合法，学校没有自主聘任教师及其他职工的权利

D. 合法，姜某不具备从事义务教育工作的基本条件

8. 教师何某时常在微信朋友圈暗示学生家长送礼，还在家长群里展示家长送的礼物。造成了不良影响。依据《中华人民共和国教师法》，当地教育行政部门可对何某采取的措施是（　）。

A. 给予行政处分或者解聘　　B. 给予行政拘留或罚款

C. 责令退还礼物，加倍罚款　　D. 责令停课，永久取消教师资格

9. 某次体育课上，因老师迟迟未到，班长刘某便组织同学到操场踢足球。在踢球时，学生宋某突然晕倒在地，经抢救无效死亡。经调查得知，宋某患有先天性心脏病，而学校事先并不知晓。在这事故中，应依法承担责任的是（　）。

A. 学校和宋某的监护人　　B. 学校和刘某的监护人

C. 刘某和宋某的监护人　　D. 刘某的监护人和宋某的监护人

10. 寒假期间，某中学要求所有教师加班两周，对于不加班的教师予以扣发工资处理。学校的做法（　）。

A. 正确，学校有权给教师布置工作任务

B. 正确，学校可以合理使用教师的时间

C. 不正确，学校侵犯教师自由发展权

D. 不正确，学校侵犯了教师带薪休假权

11. 孤儿陈明常年在外过着流浪乞讨的生活，好心人士发现后把陈明送到了当地的未成年人救助机构。依据《中华人民共和国未成年人保护法》，该救助机构可以采取的措施是（　）。

A. 将陈明交给儿童福利机构收留抚养

B. 将陈明送专门学校接受教育改造

C. 将陈明送当地学校完成义务教育

D. 将陈明交当地人民政府收容教养

12. 周老师在某地一所高级中学负责招生录取工作，在招生录取工作中，周老师发现学生张晓的分数比较高，但有过在专门学校就读的经历，于是做了退档处理。周老师的做法（　）。

A. 合法，学校有招生录取的自由

B. 合法，不妨碍张晓选择第二志愿

C. 不合法，侵犯了张晓的学习自由权

D. 不合法，侵犯了张晓的平等升学权

13. 上课铃响后，章老师走进教室准备上课，发现黑板上有一幅丑化自己的画像，同学们在座位上窃窃私语，面对这样的情境，章老师应该（　）。

A. 立即停课，查处捣乱分子　　B. 继续上课，留待课后处理

C. 召开班会，开展批评教育　　D. 压制怒火，等待学生检举

14. 作为班长，晓月成功组织了很多班级活动。可是，晓月的妈妈担心班级事务影响晓月的学习，私下对班主任范老师说："不要让晓月担任班干部了。"范老师二话没说就照办了。范老师的做法（　）。

A. 体现了对家长意见的尊重　　B. 体现了教师与家长的合作

C. 忽视了学生发展的完整性　　D. 忽视了班级管理的差异性

15. 新入职的丁老师和同事们不熟悉，经常独来独往，王校长推荐他参加学校教工排球队，并建议他和队友交流排球技巧，在教育局组织的运动会上，大家齐心协力，获得排球比赛第一名，丁老师也迅速地融入了集体。这表明王校长（　）。

A. 注意引导教师克服道德信念构成中的心理障碍

B. 重视教师道德情感生成的基础性要素构建

C. 强调教师集体利益高于个人利益

D. 注重对教师非道德行为的引导

16. 晓甜上课经常开小差，有时还不交作业。乔老师发现她喜欢写作，就经常在班上表扬她作文写得好，还给她推荐阅读书目。慢慢地，晓甜开始信赖乔老师，学习也认真起来。乔老师的做法体现的教师关怀特点是（　）。

A. 非对等性　　B. 可互换性　　C. 方法性　　D. 形式性

17. 人的血液成分中，主要功能为在吞噬异物和产生抗体，以帮助机体防御感染的是（　）。

A. 白细胞　　B. 红细胞　　C. 血小板　　D. 蛋白质

18. 有些世界性的科技竞赛，是该学科在国际上影响最大、水平最高的大赛，只在中学里开展。下列选项中，不属于国际性中学生科技竞赛的项目是（　）。

A. 数学奥林匹克竞赛　　B. 物理奥林匹克竞赛

C. 化学奥林匹克竞赛　　D. 电子奥林匹克竞赛

19.《汉谟拉比法典》是世界迄今完整保存下来的最早的法典，其中包括了诉讼、财产、家庭以及买卖奴隶等内容。这部法典的呈现形式是（　）。

A. 刻在岩石上　　B. 刻在甲骨上

C. 写在羊皮上　　D. 写在绢绸上

20. 古人在炼丹过程中，了解到一些矿物质和化学知识，对我国古代化学的发展做出了一定的贡献，《抱朴子》一书对此有过记载。这部著作的作者是（　）。

A. 孙逊　　B. 魏伯阳

C. 葛洪　　D. 陶弘景

21. “都云作者痴，谁解其中味。”言简意赅，意味深长。它出自中国四大古典文学名著之一，这部著作是（　）。

A.《红楼梦》　　B.《水浒传》

C.《西游记》　　D.《三国演义》

22. 音乐通过一定形式的音响组合，表现人们的思想情感和生活情感，有不同的流派和风格。下列选项中，泛指过去时代具有典范意义或代表性音乐的是（　）。

A. 爵士音乐　　B. 古典音乐

C. 主调音乐　　D. 标题音乐

23. 八仙过海的故事广为流传，民间后来有“八仙过海，各显神通”的俗语。用来比喻各有各的本领，各有各的办法。下列剪纸画中，韩湘子是（　）。

A.

B.

C.

D.

24. 在教育测量中，题目难度计算常用极端分组法。现共有 200 人回答了某道试题，总分排名最前面的 54 人中有 45 人答对，总分排名最后的 54 人中有 9 人答对，则这道题的难度是（　）。

A.0.83　　B.0.58

C.0.50　　D.0.32

25. 信度是用来反馈某测试题在测量学生相应水平时的执行程度，它受题目的类型和数量的影响。现有针对某知识点的考试，要从题库中抽题组成标准化试卷，因考试时间限制，总题数不得超过 60。下列四种组卷题数，信度最高的是（　）。

A.45 道　　B.50 道

C.55 道　　D.60 道

26. 在 Word 中，下列关于表格操作的表述不正确的是（　）。

A. 两个连续单元格可合并成一个单元格

B. 两个表格可以合并成一张完整的表格

C. 一张表格可拆分成多张表格

D. 表格的外框可加上实线边框

27. 在 Excel 中，下列函数表达式可完成计算工作表中数据平均值的是（　）。

A.SUM（A1：A6）　　B.COUNTIF（A1：A6）

C.MIN（A1：A6）　　D.AVERAGE（A1：A6）

28. 下列选项中，与“绿茶——茶叶”的逻辑关系相同的是（　）。

A. 蔬菜和水果　　B. 雨伞和雨具

C. 跑鞋和跑道　　D. 面粉和面包

29. 找规律填数字是一个很有趣的活动，特别锻炼观察和思考能力。将选项中的数填入“8、10、20、32、（　）、88”空缺处，符合该组数字排列规律的是（　）。

A.50　　B.52　　C.54　　D.56

二、材料分析题（本大题共 3 小题，每题 14 分，共 42 分）

30. 材料：

崔老师刚工作就担任了副班主任。崔老师对学生很“宽容”。有的学生偏科，他说：“没有关系，很多天才都偏科。”有的学生不喜欢体育锻炼，他也表示理解：“人有自己喜欢的事情，也一定有自己不喜欢的事情。不可能什么都喜欢。”

崔老师很喜欢学习成绩好的学生，经常召集这些学生谈话，告诉他们要有远大的理想，并引导他们树立正确的人生目标。对于成绩不太好的学生，他也不加干预，还说：“学习上的差异古今中外都存在，十个手指头还不一样长呢。”

班主任与崔老师商量，打算分头联系家长，了解学生的基本情况，敦促家长为学校工作提供支持。他觉得没有必要，理由是：“家长平时都很忙，我们应该理解家长。教育孩子是我们老师的责任，不能给家长增加负担。”

很多老师对崔老师的做法不理解。

问题：结合材料，从教育观的角度评析崔老师的教育行为。（14 分）

31. 材料：

预备铃已响，很多同学仍三五成群在教室里说着、笑着、吃着、闹着，嘈杂无章，一片混乱，班主任毕老师气不打一处来，使劲把教材往地上一摔，大声训斥道："孙涛，你这个班长能不能管点事？当不了班长，就别当啊！"孙涛一脸委屈，一言不发。

下课后，孙涛的辞职信就在了毕老师的办公桌上，他辞职的理由是当班长影响学习，毕老师想："这不是故意拆我的台吗？"他不由得火冒三丈，怒气冲冲地跑到教室，宣布罢免孙涛的班长职务。

平静下来以后，毕老师意识到罢免孙涛的做法很不妥当，第二天，毕老师找孙涛进行了一次长谈。毕老师首先表达了歉意，接着给孙涛讲了上一届班长学习和班级工作相互促进的故事。讲着讲着，毕老师发现孙涛已沉浸在故事中，便心平气和地说："你想想为什么他能学习和班级工作双丰收？"孙涛说："他把当班长变成学习的动力了。"毕老师点头赞成道："只要你努力认真，就一定能做好！"孙涛答应重新当班长。

问题：请结合材料，从教师职业道德的角度，评析毕老师的教育行为。（14 分）

32. 材料：

地方性写作是一个视角，无名或隐名的写作也是一个视角，随着国民教育程度的普遍提高，每个人都具有相当的写作潜能，信息技术又使得每个人获得了文学的权利，表达意识的觉醒使大众有了交流与自我表现的欲望，即以写作而言，正是因为技术支持下的新兴媒体，才催生出新的写作形态，如博客、电子杂志、微博和微信等等。在现实中，文学几乎以日常生活的样态存在着，只不过在现代发表体制看来，它们并不是文学罢了。

毫无疑问，我对地方与无名或隐名状态的文学存在是抱有同情态度的，但这并不意味它们没有问题，也不意味它们无需反思。

当我们为海量的地方与无名或隐名写作所欣喜时，又不得不承认它们在思想质量上的不尽人意。我不是在所谓的文学质量上来衡量他们的写作，而首先是在价值层面上表达我的遗憾。价值是客体与主体需要之间的一种关系，它关系到主客体方方面面许多要素，因为社会在变，人在变，人们的实践活动也在变，所以价值也在变，特别是社会发展迅速的时期，价值的变化也更为剧烈。如今的情形是，不管是从社会还是从个体来说，物质价值的创造与拥有在相当大的程度上压倒了精神价值的创造和实践。功利主义的价值观占据了主流。这必然导致价值与价值观的复杂与混乱，一些社会与个体发展的根本性的价值被悬置了，碎片化了，空心化了，社会的建设、连续与进步被畸形地理解和推进，大大小小不同类型的人类生命与文化共同体面临分化和解体，个体的物质与欲望被开发和放大，而精神与心灵的完善则弃之如敝屣——如此的价值失衡特别是负面价值与伪价值的生成已经近乎一场人文灾难。如果揆诸历史，民间常常守护着传统的价值，或者会提出新价值观，但在目前的中国民间，却缺少这样的力量与动因，这在地方与无名或隐名写作中就可以看出来，一种常见的现象就是宣泄式、怨怼式甚至破坏式写作成为主流。而事实上，隳败与沉沦不是我们全部的态度。我们还应该有更为积极的方式，那就是探讨或肯定理想与价值，人与社会都是自觉的生活主体，他们按照自己设定的目标来设计和规约自己的生活，并且认为只有这样的生活才是有意义和价值的，所以人们对生活的权衡，也必定从这意义和价值出发。也正因为此，我们当下生活所出现的问题并不在现象与问题本身，而在于意义与价值出现了偏差。当人与社会在意义与价值这些根本性的基准出现偏差以后，个体的生活方式，人与人的关系，人与自然的关系，社会的结构与动作模式，一直到人与社会形而下的技术层面都随之发生变化。所以，不少学者与社会管理者都在呼吁重建社会，不是说社会不存在了，而是说这个社会不是原先的社会，也不是理想的或好的社会。如前所述，我之所以强调民间写作的意义就是它的功能不仅在于文学，而且在于它们可以转换成社会建设的路径，但恰恰在这方面，目前不管是地方抑或是无名或隐名写作，都还不能说能够担此重任。

（摘编自汪政、晓华《文学以外的文学》）

问题：

（1）第三段中加点短语“思想质量上的不尽人意”，指的是什么，请简要概括。（4分）

（2）文章认为目前的地方与无名或隐名写作，有哪些不足？对于地方性写作，文章所期盼的理想状态是怎么样的？（10分）

三、**写作题**（本大题1小题，50分）

33. 阅读下面的材料，按要求作文。

“抢红包”是最近几年来流行的话题之一。各类抢红包活动此起彼伏，好不热闹。

与此同时，有关“抢红包”的争议也越来越大。有人认为这是高科技时代的民俗变化，值得发扬；有人认为把亲情友情晾在一边，只认钱，坏了社会风气；也有人认为玩点游戏并没有错。

综合材料的内容。联系社会生活，写一篇议论文，要求：用规范的现代汉语写作，角度自选，标题自拟，不少于1000字。

2020年下半年国家教师资格考试
综合素质（中学）真题卷参考答案

一、单项选择题

1. **【答案】**C

【解析】本题考查素质教育是促进学生全面发展的教育。素质教育提倡促进学生德智体美劳等多方面发展。题干中，语文老师为学生制定的目标都是文化知识方面的，显然窄化了素质教育的内涵，因此答案选C。

【考点定位】职业理念——教育观——素质教育的实质——素质教育是促进学生全面发展的教育

【难度系数】★

2. **【答案】**C

【解析】本题考查教师专业发展的阶段。新手教师（1—2年），在系统的师范学习之后，刚刚从事教学工作。其专业特征表现为：一是理性化，会在分析、思考基础上解决问题。二是方式方法倾向刻板，缺乏创新与灵活性。三是该时期主要任务是积累教育教学直接经验。综上所述，入职工作刚满两年的教师在专业发展中需要解决的主要问题是凝练教育教学经验。因此答案选C。

选项AD：适应教育教学环境和系统学习理论知识是对初任教师的人而言的，在任教的1—2年里，由于教学与实际想象中的情况有差距，所以他们会表现出关心自己在陌生的环境中能否生存下来的问题。并且胜任这份工作必须要具备系统的基础理论知识。

选项B：专家型教师（10年及以上），在教学中表现出完全认知自动化水平，且教学行为流畅、灵活。能够综合分析教育情境信息并作出适宜决策转化为教育行为与教育机智。熟练掌握教育教学方法，在长期教育实践中形成自我反思、思考，形成自我对教育的认识，情感上对教育充满热爱与责任感。

【考点定位】职业理念——教师观——教师的专业发展——教师专业发展的阶段

【难度系数】★★

3. **【答案】**D

【解析】本题考查素质教育是面向全体学生的教育。素质教育注重面向全体学生。题干中，男老师与男生互动多，与女生互动少，没有做到平等对待所有男女学生，做法不合理，有悖公平待生的理念，选项D正确。因此答案选D。

【考点定位】职业理念——教育观——素质教育的实质——素质教育是面向全体学生的教育

【难度系数】★

4. 【答案】A

【解析】本题考查教师教学行为的转变。新课程背景下的教师观提倡教师要自我反思和终身学习。题干中，彭老师每次都问自己，就是在不断自我反思，不断完善自己，因此答案选 A。

【考点定位】职业理念——教师观——新课程改革背景下的教师观——教师教学行为的转变

【难度系数】★

5. 【答案】B

【解析】本题考查《中华人民共和国宪法》第二章的“公民的基本权利”。《中华人民共和国宪法》规定的公民自由除了言论自由、出版自由、集会自由、结社自由、游行自由、示威自由等政治自由外，还包含公民的人身自由、人格尊严、科学研究、从事文化活动、通信自由和通信秘密，以及宗教自由等。选项 B：纳税自由不属于我国宪法所规定的公民自由的范畴。《中华人民共和国宪法》第五十六条规定：中华人民共和国公民有依法纳税的义务。因此答案选 B。选项 ACD：均属于《中华人民共和国宪法》所规定的公民自由。

【考点定位】教育法律法规——有关教育的法律法规——《中华人民共和国宪法》——第二章“公民的基本权利”

【难度系数】★★

6. 【答案】C

【解析】本题考查《中华人民共和国教育法》第八十条“考试行为问题的法律责任”。《中华人民共和国教育法》第八十条规定：任何组织或者个人在国家教育考试中有下列行为之一，有违法所得的，由公安机关没收违法所得，并处违法所得 1 倍以上 5 倍以下罚款；情节严重的，处 5 日以上 15 日以下拘留；构成犯罪的，依法追究刑事责任；属于国家机关工作人员的，还应当依法给予处分：（一）组织作弊的；（二）通过提供考试作弊器材等方式为作弊提供帮助或者便利的；（三）代替他人参加考试的；（四）在考试结束前泄露、传播考试试题或者答案的；（五）其他扰乱考试秩序的行为。题干中沈某累计获利 1 万元，应处罚金 1 万元以上、5 万元以下，因此答案选 C。

【考点定位】教育法律法规——有关教育的法律法规——《中华人民共和国教育法》——第八十条“考试行为问题的法律责任”

【难度系数】★★★

7. 【答案】D

【解析】本题考查《中华人民共和国义务教育法》第二十四条“从事义务教育工作人员的条件”。《中华人民共和国义务教育法》第二十四条规定：学校不得聘用曾经因故意犯罪被依法剥夺政治权利或者其他不适合从事义务教育工作的人担任工作人员。题干中姜某曾因故意犯罪被剥夺政治权利，不具备从事义务教育工作的基本条件。因此答案选 D。

【考点定位】教育法律法规——有关教育的法律法规——《中华人民共和国义务教育法》——第二十四条“从事义务教育工作人员的条件”

【难度系数】★★

8. **【答案】**A

【解析】本题考查《中华人民共和国教师法》第三十七条“教师不当行为的法律责任”。根据《中华人民共和国教师法》第三十七条规定，教师有下列情形之一的，由所在学校、其他教育机构或者教育行政部门给予行政处分或者解聘：（一）故意不完成教育教学任务给教育教学工作造成损失的；（二）体罚学生，经教育不改的；（三）品行不良、侮辱学生，影响恶劣的。题干中教师接受家长礼物属于品行不良，并且影响恶劣，因此教育行政部门可以给予行政处分或者解聘。因此答案选 A。

【考点定位】教育法律法规——有关教育的法律法规——《中华人民共和国教师法》——第三十七条“教师不当行为的法律责任”

【难度系数】★★

9. **【答案】**A

【解析】本题考查《学生伤害事故处理办法》第九条及第十条“学校及监护人的法律责任”。《学生伤害事故处理办法》第九条规定：学校教师或者其他工作人员体罚或者变相体罚学生，或者在履行职责过程中违反工作要求、操作规程、职业道德或者其他有关规定的，学校应当依法承担相应的责任。第十条规定：学生或者其监护人知道学生有特异体质，或者患有特定疾病，但未告知学校的，造成学生伤害事故，应当依法承担相应的责任。题干中，学校教师课上迟迟未到，违反工作要求，导致学生出现事故，学校应承担相应法律责任。其次，有先天性心脏病的宋某，其监护人并未将该情况告知学校，宋某的监护人应当承担法律责任。因此答案选 A。

【考点定位】教育法律法规——有关教育的法律法规——《学生伤害事故处理办法》——第九条及第十条“学校及监护人的法律责任”

【难度系数】★★★

10. **【答案】**D

【解析】本题考查《中华人民共和国教师法》第七条“教师的权利”。根据《中华人民共和国教师法》第七条规定，我国教师享有教育教学权、学术研究权、管理学生权、报酬待遇权、参与管理权、进修培训权等六项权利。其中，第七条第四款规定，教师有“按时获取工资报酬，享受国家规定的福利待遇以及寒暑假期的带薪休假”的权利。因此答案选 D。

选项 A：教师可以根据国家、学校制定的课程计划、课程标准和教材，根据学校、教师和学生的特点自主组织教育教学活动，这一权限必须在国家、社会、学校许可的范围内，不得违反法律、法规、规章制度和教育的基本规律。所以选项 A 错误。

选项 B：中华人民共和国劳动者有休息的权利。国家发展劳动者休息和休养的设施，规定职工的工作时间和休假制度。学校的做法侵犯了教师带薪休假的权利。选项 B 错误。

选项 C：无“教师自由发展权”这一说法。选项 C 错误。

【考点定位】教育法律法规——有关教育的法律法规——《中华人民共和国教师法》——第七条“教师的权利”

【难度系数】★★

11. **【答案】**A

【解析】本题考查《中华人民共和国未成年人保护法（2012 年修订）》第四十三条“对孤儿等特殊群体的保护”。根据《中华人民共和国未成年人保护法（2012 年修订）》第四十三条规定，对孤儿、无法查明其父母或者其他监护人的以及其他生活无着的未成年人，由民政部门设立的儿童福利机构收留抚养。题干陈明为孤儿，且以乞讨为生，生活无着落，符合《中华人民共和国未成年人保护法（2012 年修订）》第四十三条的规定，因此应送往儿童福利机构。因此答案选 A。

选项 B：根据《中华人民共和国未成年人保护法（2012 年修订）》第二十五条规定，对于在学校接受教育的有严重不良行为的未成年学生，学校和父母或者其他监护人应当互相配合加以管教；无力管教或者管教无效的，可以按照有关规定将其送专门学校继续接受教育。与题干情况不符，故选项 B 错误。

选项 C：根据《中华人民共和国未成年人保护法（2012 年修订）》第二十八条规定，各级人民政府应当保障未成年人受教育的权利，并采取措施保障家庭经济困难的、残疾的和流动人口中的未成年人等接受义务教育。与题干情况不符，故选项 C 错误。

选项 D：根据《中华人民共和国预防未成年人犯罪法（2012 年修订）》第三十八条规定，未成年人因不满十六周岁不予刑事处罚的，责令他的父母或者其他监护人严加管教；在必要的时候，也可以由政府依法收容教养。与题干情况不符，故选项 D 错误。

【考点定位】教育法律法规——有关教育的法律法规——《中华人民共和国未成年人保护法（2012 年修订）》——第四十三条“对孤儿等特殊群体的保护”

【难度系数】★★★

12. **【答案】**D

【解析】本题考查《中华人民共和国未成年人保护法（2012 年修订）》第五十七条“解除羁押、服刑期满的未成年人的复学、升学、就业不受歧视”。选项 D：根据《中华人民共和国未成年人保护法（2012 年修订）》第五十七条规定：解除羁押、服刑期满的未成年人的复学、升学、就业不受歧视。题干中张晓为中学生，是未成年人，虽有过专门学校的就读经历，但其升学应不受歧视。周老师将其退档的做法不符合该法条的规定。故周老师的做法不正确，侵犯了张晓的升学权。题干要求对周老师的行为进行分析，周老师的行为是违法行为且侵犯了学生的升学权，因此答案选 D。

【考点定位】教育法律法规——有关教育的法律法规——《中华人民共和国未成年人保护法（2012年修订）》——第五十七条“解除羁押、服刑期满的未成年人的复学、升学、就业不受歧视”

【难度系数】★★

13. **【答案】**B

【解析】本题考查关爱学生。教师劳动特点具有创造性，需要老师面对突发问题充分发挥自身的教育机智，要保护学生，不可以讽刺挖苦学生。选项 B：继续上课能够保障课程的进度的进行，不影响教学效果，课后处理能够留给学生反思的时间，让学生认识到自己的问题。题干要求选出最佳的处理方式，选项 ACD 都会伤害学生，因此答案选 B。

【考点定位】教师职业道德——教师职业道德规范——《中小学教师职业道德规范（2008 年修订）》——关爱学生

【难度系数】★

14. **【答案】**C

【解析】本题考查教书育人。教师职业道德规范要求老师教书育人，遵循教育规范，促进学生全面发展。学生并不是单纯的学习者，而是有着丰富个性的完整的人。在教育活动中，作为完整的人而存在的学生，不仅具备全部的智慧和人格，而且体验全部的教育生活。因此，范老师的行为忽视了学生发展的完整性。因此答案选 C。

【考点定位】教师职业道德——教师职业道德规范——《中小学教师职业道德规范（2008 年修订）》——教书育人

【难度系数】★

15. **【答案】**B

【解析】本题考查教师与同事的关系、教师与教育管理者的关系。选项 B：道德情感是根据道德观念来评价他人或自己行为时产生的内心体验，是产生品德行为的内部动力，是品德实现转化的催化剂，案例中王校长带领新老师参加排球运动，促进了与其他同事之间的情感沟通，因此答案选 B。

选项 A：道德信念是指人们对某种道德信念和道德要求等的正确性和正义性的深刻而有根据的笃信，以及由此而产生的，对履行某种道德义务的强烈责任感。案例中丁老师并没有道德信念上的心理障碍，仅是对环境的不熟悉，所以选项 A 错误。

选项 C：集体利益高于个人利益说法错误。题干中并未体现集体利益与个人利益之间的冲突。

选项 D：非道德行为，指无道德意识支配的行为和不涉及他人或社会的利益的行为，即不具有道德意义，不能对其进行善恶评判的行为。案例中，在王校长的帮助下，丁老师很好地融入集体，是一种积极的活动，可以进行善恶评判，题干中并未体现对非道德行为的引导。所以选项D错误。

【考点定位】教师职业道德——教师职业行为——教师在教育活动中要处理好的几大关系——教师与同事的关系、教师与教育管理者的关系

【难度系数】★★★

16.**【答案】**C

【解析】本题考查关爱学生和教书育人。教师要关心爱护全体学生，尊重学生人格，平等公正对待学生。不讽刺、挖苦、歧视学生，不体罚或变相体罚学生。并且做到循循善诱，诲人不倦，因材施教。题干中，教师在对晓甜表达关怀时注重长善救失，因材施教，体现了一定的方法性。因此答案选C。

【考点定位】教师职业道德——教师职业道德规范——《中小学教师职业道德规范（2008年修订）》——关爱学生和教书育人

【难度系数】★★★

17.**【答案】**A

【解析】本题考查生活中的科学。白细胞的主要功能是防卫作用。白细胞是人体与疾病斗争的“卫士”。当病菌侵入人体体内时，白细胞能通过变形而穿过毛细血管壁，集中到病菌入侵部位，将病菌包围、吞噬。因此答案选A。

选项B：红细胞的功能是运输氧。

选项C：血小板对机体具有止血功能。

选项D：蛋白质主要为人体的生命活动提供能量。

【考点定位】文化素养——科技常识——生活中的科学

【难度系数】★★

18.**【答案】**D

【解析】本题考查生活中的科学。世界国际奥林匹克竞赛，是供全球各地中学生的比赛，一般指由世界各国尚未接受系统的高等教育的中学生参加的学科知识竞赛。竞赛学科有数学、物理、化学、信息学（计算机）和生物学。因此答案选D。

【考点定位】文化素养——科技常识——生活中的科学

【难度系数】★★

19.**【答案】**A

【解析】本题考查世界古代史。《汉谟拉比法典》是中东地区的古巴比伦国王汉谟拉比（约公元前1792年—公元前1750年在位）大约在公元前1776年颁布的法律汇编，是最具代表性的楔形

文字法典，也是世界上现存的第一部比较完备的成文法典。《汉谟拉比法典》原文刻在一段高2.25米，上周长1.65米，底部周长1.90米的黑色玄武岩石柱上，故又名“石柱法”。因此答案选A。

【考点定位】文化素养——历史常识——世界古代史

【难度系数】★★

20.【答案】C

【解析】本题考查中国古代文学。《抱朴子》是晋代葛洪编著的一部道教典籍，内外篇共有8卷，内篇20篇论述神仙吐纳符篆勉治之术；外篇50篇论述时政得失，人事臧否，词旨辨博，饶有名理。因此答案选C。

选项A：许逊是东晋道士，作品有《灵剑子》。

选项B：魏伯阳是东汉炼丹家，作品有《周易参同契》。

选项D：陶弘景是南梁时炼丹家，作品有《本草经集注》。

【考点定位】文化素养——文学常识——中国古代文学

【难度系数】★★

21.【答案】A

【解析】本题考查中国古代文学。“满纸荒唐言，一把辛酸泪，都云作者痴，谁解其中味。”摘自《红楼梦》(第一回)。因此答案选A。

【考点定位】文化素养——文学常识——中国古代文学

【难度系数】★

22.【答案】B

【解析】本题考查音乐常识。古典音乐是音乐的一种类型。古典音乐有广义狭义之分。广义是指那些从西方中世纪开始至今的、在欧洲主流文化背景下创作的西方古典音乐，主要因其复杂多样的创作技术和所能承载的厚重内涵而有别于通俗音乐和民间音乐。爵士乐讲究即兴，最有个性的是“布鲁斯音阶”，属于现代音乐的一种。标题音乐是浪漫主义作曲家将音乐与文学、戏剧、绘画等其他姊妹艺术相结合而产生的一个综合性音乐。主调音乐是多声部音乐的一种，整部作品的进行以其中某一个声部（多数情况下是高音部）的旋律为主，其他的声部以和声或节奏等手法进行陪衬和伴奏。因此答案选B。

【考点定位】文化素养——艺术常识——音乐常识

【难度系数】★★

23.【答案】B

【解析】本题考查古代神话。韩湘子，字清夫，唐代人，古代中国民间传说中的八仙之一，擅吹箫，拜吕洞宾为师学道，是八仙中风度翩翩的斯文公子。因此答案选B。

选项 A：是吕洞宾，吕洞宾是道教中的大宗师，配长剑。

选项 C：是曹国舅，曹国舅不是通常的道士打扮，而是仍然穿着他的官服，腰系玉带，手持玉板。

选项 D：是汉钟离，有芭蕉扇。

【考点定位】文化素养——文化常识——古代神话

【难度系数】★★★

24.【答案】C

【解析】本题考查生活中的科学。用极端分组法计算题目难度的公式为：1-（总排名最前面组通过率 + 总排名最后面组通过率）÷ 2。其中，最前面组通过率 = 最前面组答对人数 ÷ 总排名最前面的人数（54 人）=45 ÷ 54=0.83，最后面组通过率 = 最后面组答对人数 ÷ 总排名最后面的人数（54 人）=9 ÷ 54=0.17，代入极端分组法计算题目难度的公式，可得：1-（0.83+0.17）÷ 2=0.50，因此答案选 C。

【考点定位】文化素养——科技常识——生活中的科学

【难度系数】★★★

25.【答案】D

【解析】本题考查生活中的科学。信度是指测得结果的一致性或稳定性，稳定性越大，意味着测评结果越可靠。它既包括在时间上的一致性，也包括内容和不同评分者之间的一致性。其中，考试题目较少或缺乏代表性时，考生作答受偶然性的机遇影响大。适当地加大题量，在其他条件不变的情况下，可以提高测验的信度。因此，在考试时间有限制，总题数不得超过 60 道的情况下，四种组卷题数中，信度最高的是 60 道。因此答案选 D。

【考点定位】文化素养——科技常识——生活中的科学

【难度系数】★

26.【答案】C

【解析】本题考查 Word 的应用。Word 中允许把一张表格拆分成两张表格，但无法直接拆成多张表格。因此答案选 C。

【考点定位】基本能力——信息处理能力——Word 的应用

【难度系数】★

27.【答案】D

【解析】本题考查 Excel 的应用。A 选项是求和函数；B 选项是计数函数；C 选项是最小值函数；D 选项是平均值函数。因此答案选 D。

【考点定位】基本能力——信息处理能力——Excel 的应用

【难度系数】★

28.【答案】B

【解析】本题考查概念间的逻辑关系。题干中绿茶是茶叶的一种，故属于种属关系，方向上绿茶在前。选项 B：雨伞是雨具的一种，方向上雨伞在前，与题干相同。因此答案选 B。

选项 A：蔬菜和水果是果蔬的两种类型，属于并列关系。与题干不相符。

选项 C：跑鞋和跑道无特殊关系。与题干不相符。

选项 D：面包的原材料包括面粉。与题干不相符。

【考点定位】基本能力——逻辑思维能力——概念——概念间的逻辑关系

【难度系数】★★

29.【答案】C

【解析】本题考查数字推理。三步法：第一步，明确数列方向，属于递增数列。第二步，找出修正项，从中间偏大数字找规律，比如 10+20+2=32，中间修正项是加 2。第三步，验证规律，用前三个数字，比如 8+10+2=20，证明规律正确，即前两项相加再加 2 等于第三项。因此 20+32+2=54，答案选 C。

【考点定位】基本能力——逻辑思维能力——经典逻辑推理——数字推理

【难度系数】★★

二、材料分析题

30.【参考答案】

材料中的崔老师教育理念不正确，是对教育观的错误理解，违背了教师职业理念中素质教育的要求。

（1）崔老师的教学行为违背了素质教育下促进学生全面发展的教育理念。全面发展要求教师在教学中要注重学生德智体美劳的全面发展。材料中崔老师对待学生的“偏科”表示理解，认为是个人兴趣偏好的选择，没有对学生进行引导，说明崔老师没有注重促进学生德智体美劳的全面发展。

（2）崔老师的做法违背了面向全体学生的理念。面向全体学生要求老师在教学中要面对所有的学生，而不是部分学生。材料中崔老师喜欢成绩好的学生，经常召集这些学生谈话，引导他们树立人生目标，但是对于成绩不太好的学生却不加干预，甚至告知学生偏科没有关系，说明崔老师在展开教育时没有做到面向全体学生。

（3）崔老师的做法违背了促进学生个性发展的理念。促进个性发展要求老师在教学中关注学生的个别差异性，根据学生的特点进行针对性培养。材料中崔老师没有关注对学生个性的培养，对于学生喜欢的事情也只是表示理解，没有加以引导，并且班主任与崔老师商量联系家长，了解学生的基本情况时，崔老师也表示没有必要。说明崔老师没有做到在了解学生的基础上进行针对性教育，违背了促进学生个性发展的理念。

总之，崔老师的行为严重违背了素质教育的要求，不利于学生的健康成长，在今后的教育教学活动中，要引以为戒，遵循素质教育的要求。

【考点定位】职业理念——教育观——素质教育的实质——素质教育面向全体学生，素质教育是促进学生个性发展的教育，素质教育促进学生的全面发展

【难度系数】★★★★

31.**【参考答案】**

材料中的毕老师的行为既有值得我们学习的方面，如贯彻教书育人、为人师表等师德规范，也有需要我们借鉴经验教训的方面，如没有真切做到关爱学生。

（1）毕老师前期的行为违反了关爱学生的师德规范。关爱学生的师德规范要求关心爱护全体学生，尊重学生人格，关心学生健康，维护学生权益。材料中的毕老师因秩序混乱直接当众呵斥班长的行为，没有考虑到班长的人格，没有顾及班长的心理感受，没有真正做到关爱学生。

（2）毕老师后期的行为体现了教书育人的师德规范。教书育人的师德规范要求教师遵循教育规律，实施素质教育。循循善诱，诲人不倦，因材施教，促进学生全面发展。面对孙涛同学的辞职信，毕老师一开始直接罢免的行为违背了循循善诱的要求，经过反思后结合上一届班长的情况对孙涛进行正面引导，帮助孙涛认识到学习和班级工作之间的关系，促进了孙涛的全面发展，正是因材施教、实施素质教育的表现。

（3）毕老师后期的行为体现了为人师表的师德规范。为人师表的师德规范要求教师坚守高尚情操，知荣明耻，严于律己，以身作则。材料中的毕老师在一开始处理问题时未做好行为举止示范，但在意识到自己做法不妥当之后，能够严于律己，反思自身的不足，并诚恳地向孙涛同学道歉的行为正是教师坚守高尚情操、严于律己、以身作则的表现。

综上所述，作为一名老师，应该要严格遵守职业道德规范，做到关爱学生，为人师表，教书育人等，只有这样，才能更好地促进教师的教学和学生的全面发展。

【考点定位】职业道德——教师职业道德规范——《中小学教师职业道德规范（2008年修订）》——关爱学生、教书育人、爱岗敬业、为人师表

【难度系数】★★★★

32.**【参考答案】**

（1）作者认为思想质量上的不尽人意主要指的是价值层面上。

① 社会发展迅速的时期，价值的变化也更为剧烈。当今社会价值失衡已经几乎成为一场人文史难，不管是从社会还是从个体来说，物质价值的创造与拥有在相当程度上压倒了精神价值的创造与实现。

② 在地方与无名或隐名写作中的一种常见现象是宣泄式、怨怼式甚至破坏式写作成为潮流。

（2）文章认为目前的地方与无名或隐名写作的不足之处主要是思想上的不尽人意：

① 在价值层面上的不足·当功利主义价值观占据主流，价值与价值观复杂混乱，价值失衡时，地方与无名或隐名写作缺少守护价值，或提出新价值观的力量与动因。

② 不懂得用积极的方式来探讨或肯定正确的价值观，宣泄式、怨怼式甚至破坏式的写作成为了主流。

③ 不能将写作的意义转化成社会建设的路径。

对于地方性写作，文章期盼的理想状态：

① 能守护传统的价值，或者会提出新价值观。

② 用更为积极的方式，探讨或肯定理想与价值，引导正确价值观的形成。

③ 将写作的意义转化成社会建设的路径。

【考点定位】基本能力——阅读理解能力——概括文章中心思想、筛选并整合主要信息及重要细节、分析观点

【难度系数】★★★★

三、写作题

33.**【参考范文】**

红包、亲情两相宜

我国传统文化源远流长，丰富的文化孕育了多样的传统节日。传统节日往往有着诸多传统习俗，如重阳节的“遍插茱萸”，春节的“鞭炮声声”。但是，正如同传统节日在新时代也逐渐被赋予了新的内涵，传统习俗也悄无声息地发生了变化。比如，如今最时兴的庆祝节日的方式不再是像以往那样，将钱放在纸质红包中发给亲人，而是使用微信等软件的新兴方式进行“抢红包”。然而，凡事总有两面，红包尽管广受欢迎，却也遭受了诸多非议。有人持赞同态度，觉着这是与时俱进；有人也持悲观态度，当一切皆可被金钱衡量，人与人之间的温情到底还剩多少？我们究竟该如何看待“抢红包”这一种现象呢？

我觉得我们应当一分为二地看待这个问题。

发红包是一种创新。时代发展日新月异，能够让传统文化得以维持、发展的最有效的方式就是为之注入活力。现如今，在中秋佳节，我们仍保留有吃月饼这一风俗，但是风味却从原本传统的五仁、豆沙，扩展到流心奶黄，甚至是冰淇淋。这一改变深受年轻人的喜爱。所以，使用微信“抢红包”这一庆祝方式，也可以看做是一次创新，是一次传统文化与现代科技的融合。它打破了时间和空间的限制，让人们能够随时随地表达情感，拉近彼此的距离。这对于繁忙的现代人来说，不失为一种方便快捷的方式。

当然，我们也应当看到其局限性。当我们习惯于这种便捷方式的同时，是否也忽视了传统的习俗带给我们的好处？比如，新年的乐趣便是在于一家人其乐融融地相聚，谈天说地，聊一聊过去一

年的悲欢，谈一谈未来一年的打算。在这种与家人面对面的沟通交流中才会产生的情感共鸣是冷冰冰的电子设备所给予不了的。更不必说，现在很多商家赋予了更多的商业意味在里面——他们会定期开展各种瓜分红包的活动，不免让人担心，这种方式到最后会不会不再具有节日的意味，而只是成为一种营销手段。那么，本就已经日渐没落的传统文化是否会彻底消失在现代生活中。

硬币有两面，我们可以看到使用微信“抢红包”的好处，它方便而又快捷，为我们提供了便利；但同时它也具有一些弊端。而在这背后其实我们更加需要关注到的是传统文化的式微，如何继承、发展传统文化才是重中之重。我们当然可以从方式上进行革新，我们可以让每个节日收集“红包”的方式不同，比如采用答题的方式，将一些关于这个节日的来历、趣事、诗句等等作为题目让人们作答，在这个过程中传播传统文化。我们更需要做到的其实是对于传统文化的认同。只有有了文化认同，才会有好的文化输出，而这些又会进一步反哺传统文化，让它焕发新的活力。

层出不穷的娱乐方式，日新月异的科学创新，我们生活在一个信息爆炸的时代，在这个时代中我们需要固守本心，留住这些方式背后最本质的东西，这样才会在时代的浪潮中留下自己的声音。

【考点定位】基本能力——写作能力——写作方法——审题立意、结构布局

【难度系数】★★★★★

高顿教育 GOLDEN EDUCATION

姓名 ________ 准考证号 ________

2019年下半年国家教师资格考试
综合素质（中学）真题卷及参考答案

（科目代码：301/301A）

2019年下半年国家教师资格考试
综合素质（中学）真题卷

注意事项：

1. 考试时间为120分钟，满分为150分。

2. 请按规定在答题卡上填涂、作答。在试卷上作答无效，不予评分。

一、单项选择题（在每小题列出的四个备选项中只有一个是符合题目要求的，请用2B铅笔把答题卡上对应题目的答案字母按要求涂黑。错选、多选或未选均无分。本大题共29小题，每小题2分，共58分）

1. 下列关于素质教育的表述中，不正确的是（　）。

A. 素质教育更要重视德育　　B. 素质教育主要适用于基础教育

C. 素质教育应遵循教育规律　　D. 素质教育不要求学生平均发展

2. 吴老师在指导青年教师时说道："我们是生物老师，自己就知道生物的多样性和保护这种多样性的重要，所以对各有所长的学生，我们可不能做一个把学生修剪得整整齐齐的园丁。"这种说法表明教师劳动具有（　）。

A. 差异性　　B. 协作性

C. 复杂性　　D. 示范性

3. 每周五，崔老师都会带领老师们研讨并反思学校教学中出现的问题，经常通过电子邮件、电话和登门拜访等形式向大学教授请教，或是与校外名师共同探讨，以找到解决问题的方法。该做法体现的教师专业发展途径是（　）。

A. 校本研修　　B. 自主学习

C. 行动研究　　D. 专业支援

4. 某校将成绩较好的学生单独编班，并组织优质师资对这个班进行重点辅导，提高了中考优秀率，得到了该班学生家长的好评。该校的做法（　）。

A. 违反了义务教育的公平原则

B. 践行了因材施教的教学原则

C. 弱化了学校办学的鲜明特色

D. 遵循了长善救失的教学原则

5.《中华人民共和国宪法》规定，上级监察委员会对下级监察委员会的工作进行（　）。

A. 监督　　B. 监察

C. 领导　　D. 指导

6. 某高中对严重违反校纪的学生张某处以留校察看处分，并将处分文件在学校宣传栏公开张贴。该学校的行为（　）。

A. 侵犯了张某的名誉权　　B. 保障了师生的财产安全

C. 侵犯了张某的隐私权　　D. 履行了学校的管理职责

7. 下列做法中没有违反相关法律规定的是（　）。

A. 学生王某不遵守课堂纪律，被任课教师罚站 3 小时

B. 初中生李某偷窃了王老师 500 元钱，学校将其开除

C. 赵某为减轻家庭经济负担，让 13 岁的儿子辍学打工

D. 人民法院对 17 岁的张某抢劫一案进行了不公开审理

8. 依据《中华人民共和国未成年人保护法》，依法设置的专门学校（　）。

A. 由公安机关进行管理　　B. 由司法部门进行管理

C. 由教育行政部门进行管理　　D. 由地方人民政府进行管理

9. 中学生熊某曾经偷拿过同学的财物，班主任总是以此为由，不让他参加班级活动。该班主任的做法（　）。

A. 正确，可以督促学生改正错误　　B. 不正确，不得歧视犯错误的学生

C. 正确，班主任有管理学生的权利　　D. 不正确，侵犯了熊某的名誉权

10. 初中生付某与同学钱某放学后在校外餐馆就餐，席间付某与钱某发生争执，付某拿起餐馆的菜刀砍伤了钱某。对此次伤害事件，下列说法正确的是（　）。

A. 付某的监护人应承担主要赔偿责任

B. 付某的监护人应承担全部赔偿责任

C. 付某所在学校应承担主要赔偿责任

D. 餐馆应承担主要赔偿责任

11. 16 岁的蒋某因抢劫被公安机关抓获，当地电视台将蒋某接受审讯的清晰画面在当地新闻节目中播出。该电视台的行为（　）。

A. 不违法，如实报道没有构成侵权

B. 不违法，传播正能量不构成侵权

C. 违法，侵犯了蒋某的隐私权

D. 违法，侵犯了蒋某的名誉权

12. 13 岁的初中生张某伙同校外青年抢劫本校女教师。学校可以对张某采取的措施是（　）。

A. 开除学籍并送公安机关　　B. 申请将其送到工读学校

C. 记大过处分并处以罚款　　D. 通知家长并强制其退学

13. 近一段时间，班上流行大操大办过生日的风气，孩子过生日家长们纷纷比阔。在班会上，班主任孙老师对这种情况进行了批评，要求大家厉行节俭。孙老师的做法体现了教师是（　）。

A. 文化知识的传播者　　B. 高尚情操的塑造者

C. 社会风气的改造者　　D. 学生品行的引导者

14. 王老师在教学中总是尝试新的教学方法。在音乐课上，王老师鼓励同学们给经典音乐重新填词，评选“最美歌词”和“最具创意奖”，同学们对音乐课的兴趣大增。下列选项中是孔子所说，且与王老师做法相符的是（　）。

A. “吾生也有涯，而知也无涯”　　B. “学而不已，阖棺乃止”

C. “古人于为学，终生与之俱”　　D. “朝闻道，夕死可矣”

15. 李老师发现一些学生卫生习惯不好，经常在教室里面乱扔废纸。面对这种情况，李老师恰当的做法是（　）。

A. 严肃教育学生，严重时将学生赶出教室

B. 建立惩罚机制，罚扔废纸的学生扫走廊

C. 不再强调卫生，只要学生成绩好即可

D. 批评教育学生，督促学生养成好习惯

16. 班主任田老师鼓励同学们开展兴趣小组活动，却招来了一些科任教师的反对，因为他们觉得这样做会影响学生的考试成绩。面对这种情况，田老师恰当的做法是（　）。

A. 取得同事支持，继续指导学生活动

B. 尊重同事意见，暂停兴趣小组活动

C. 利用校长威信，平息同事反对意见

D. 接受科任老师意见，重视考试成绩

17. 下列现象中，不是因地球公转而产生的是（　）。

A. 昼夜的变化　　B. 四季的变化

C. 日食　　D. 月食

18. “北斗卫星导航系统”是中国自主研发、独立运行的卫星导航系统，已成功应用于测绘、电信、交通、减灾等诸多领域，产生了显著的经济效益和社会效益。下列关于“北斗卫星导航系统”的表述中，不正确的是（　）。

A. 尚未正式进入民用市场　　B. 具有定位和通信双重功能

C. 定位精度正在不断地提高　　D. 已覆盖中国本土的全部区域

19. 下列选项中，不属于 15 世纪到 17 世纪地理大发现时期的航海家的是（　）。

A. 哥伦布　　B. 迪亚士

C. 阿蒙森　　D. 麦哲伦

20. 下列选项中，不属于美国作家马克·吐温作品的是（　）。

A.《竞选州长》　　B.《老人与海》

C.《汤姆·索亚历险记》　　D.《哈克贝里·费恩历险记》

21. 楚辞在中国诗歌史上被视为浪漫主义传统的源头，最有代表性的诗人是屈原。下列选项中，属于屈原作品的是（　）。

A.《九辩》　　B.《风赋》

C.《高唐赋》　　D.《湘夫人》

22.《世界记忆遗产名录》是经联合国教科文组织世界记忆工程国际咨询委员会确认的文献遗产项目。下列选项中，关于《世界记忆遗产名录》的表述正确的是（　）。

A. 收录具有世界意义的文献遗产　　B. 包含文物、建筑群、遗址三类

C. 首批世界记忆遗产包含中国昆曲　　D. 由联合国大会评估、审查、公布

23. 公元前 221 年，秦始皇统一中国后，颁布诏书统一度量衡。下列选项中，刻有这诏书的是（　）。

A. 秦半两钱

B. 秦铜车马

C. 阳陵虎符

D. 商鞅方升

24. 古希腊罗马文化，深刻地影响了西方世界的文明进程。下列选项中，不是产生于古希腊罗马的是（　）。

A. 公民教育　　B. 陪审法庭

C. 君主立宪　　D. 全民公决

25. 甲、乙两地各抽取 100 名初中一年级的学生进行了体重测量，相关的统计结果见下表。下列选项中，对这次测量结果的解释，最恰当的是（　）。

地别	人数	平均体重（kg）	标准差	标准差系数
甲地	100	37.3	11	0.295
乙地	100	38.2	13	0.340

A. 甲地的标准差为 11，甲地学生的体重更具有代表性

B. 乙地的标准差为 13，乙地学生的体重更具有代表性

C. 甲地的标准差系数为 0.295，甲地学生的体重更具有代表性

D. 乙地的标准差系数为 0.340，乙地学生的体重更具有代表性

26 在 Word 的编辑状态下，选中整个表格，执行“表格”菜单中的“删除行”命令。下列选项中，对其结果表述正确的是（　）。

A. 表格中一行被删除　　B. 整个表格被删除

C. 表格中一列被删除　　D. 表格没有被删除

27. 如图 1 所示，在 Excel 中单击单元格 F2，欲求出表中所列 6 名学生的总成绩排名，应输入的公式是（　）。

	A	B	C	D	E	F
1	学号	语文	数学	外语	总分	排名
2	001	75	73	68	216	
3	002	82	89	83	254	
4	003	70	72	79	222	
5	004	85	82	79	246	
6	005	92	87	91	270	
7	006	78	81	84	243	

图 1

A.=RANK（E1，E1：E7）　　B.=RANK（E1，E2：E7）

C.=RANK（F2，E1：E7）　　D.=RANK（E2，E2：E7）

28. 下列选项中的概念关系，与“教授”和“科学家”一致的是（　）。

A. 夹克—衬衫　　B. 中文书—英文书

C. 足球—篮球　　D. 大学生—运动员

29. 找规律填数字是一项很有趣的游戏，特别锻炼观察和思考能力。按照“1=4”“2=8”“3=24”的规律，下列选项中，应填入“4=（　）”空缺处的是（　）。

A.88　　B.96

C.104　　D.112

二、材料分析题（本大题共 3 小题，每题 14 分，共 42 分）

30. 材料：

多年来，徐老师一直坚持还课堂于学生。他安排的“课前五分钟”深受好评，其做法是在每堂课的开始安排一名学生上台演讲，主要程序是：学生讲述——大家评论——师生共同给出成绩。此项活动让学生得到了多方面的锻炼。除了这项活动，徐老师鼓励学生开展的自编课本剧活动、班级读书交流活动、创办文学刊物都收到了很好效果。

徐老师的教学方式别具一格。他尝试过用分析讨论法讲议论文、用欣赏分析法讲小说、用朗读

品味法讲诗歌、用形象体会法讲散文等。他重视利用各种教学手段尤其是现代教育技术手段，不断变换教学思路，寻找最佳切入口。大家评价说："徐老师玩转了课堂！"

徐老师说，当老师要舍得"折腾"自己，为此，他每天梳理自己的课堂，写教学日志。多年下来，他积累的教学日志多达二十多万字，还被学校当作校本培训的资料。

问题：请结合材料，从教师观的角度，评析徐老师的教学行为。（14分）

31. 材料：

我刚担任初一（2）班班主任时，班上的晓义经常打架、抽烟、旷课，一开学就和科任老师发生冲突。几次家访后，我掌握了晓义的基本情况：他从小就调皮，爸爸经常打他，而且家长对他的学习不抱指望，久而久之，他的毛病越来越多。

我该怎么办呢？

我注意到晓义精力充沛，喜欢运动，于是决定让他担任体育委员来试一下。这个决定宣布后，学生们一片哗然，当晚就有家长打电话来表达不满。我耐心地向家长解释说："我会对所有孩子负责的。请您给我时间，也给晓义一个机会。"

刚开始，晓义并没有因为做了体育委员而格外兴奋，甚至有时在带领大家跑操时还有些满不在乎。一次跑操时，有个同学不小心摔了一跤，晓义马上过去扶了他一把。我抓住时机表扬了他。看得出来，晓义有所触动。

初三时，他代表学校参加了区运动会，还获得了铅球比赛第二名的好成绩，全班都为他欢呼，他不好意思地笑了，这是我第一次在他脸上看到这样的表情。

初中三年，我和晓义的谈话不计其数，我还经常与家长沟通，希望他们多鼓励晓义。初中毕业三年后的一天，晓义再次出现在我面前，兴高采烈地告诉我："老师，我已经应征入伍了！"那一刻，我知道当初的决定是正确的。

问题：请结合材料，从教师职业道德的角度，评析"我"的教育行为。（14分）

32. 材料：

今天我讲一点关于诗的问题。最近偶然看《红楼梦》，有一段话，现在拿来做我讲这个问题的开始。林黛玉讲到陆放翁的两句诗："重帘不卷留香久，古砚微凹聚墨多。"有个丫鬟很喜欢这一联，去问林黛玉。黛玉说："这种诗千万不能学，学作这样的诗，你就不会作诗了。"下面她告诉那丫鬟学诗的方法。她说："你应当读王摩诘、杜甫、李白跟陶渊明的诗。每一家读几十首，或是一两百首。得了了解以后，就会懂得作诗了。"这一段话讲得很有意思。

放翁这两句诗，对得很工整。其实则只是字面上的堆砌，而背后没有人。若说它完全没有人，也不尽然，到底该有个人在里面。这个人，在书房里烧了一炉香，帘子不挂起来，香就不出去了。他在那里写字，或作诗。有很好的砚台，磨了墨，还没用。则是此诗背后原是有一人，但这人却教什么人来当都可，因此人并不见有特殊的意境，与特殊的情趣。无意境，无情趣，也只是一俗人。

此刻先拿黛玉所举三人王维、杜甫、李白来说，他们恰巧代表了三种性格，也代表了三派学问。王摩诘是释，是禅宗。李白是道，是老庄。杜甫是儒，是孔孟。摩诘诗极富禅味。后来人论诗，主张要"不著一字，尽得风流。"但作诗怎能"不著一字"，又怎能"不著一字"而"尽得风流"呢？我们可选摩诘一联句来作例。这一联是大家都喜欢的："雨中山果落，灯下草虫鸣。"

此一联拿来和上引放翁一联相比，两联中都有一个境，境中都有一个人。"重帘不卷留香久，古砚微凹聚墨多"，那境中人如何，上面已说过。现在且讲摩诘这一联。在深山里有一所屋，有人在此屋中坐，晚上下了雨，听到窗外树上果给雨一打，扑扑地掉下。草里很多的虫，都在雨下叫。那人呢？就在屋里雨中灯下，听到外面山果落，草虫鸣，当然还夹着雨声。这样一个境，有情有景，拿来和陆联相比，便知一方是活的动的，另一方却是死而滞的了。

这一联中重要字面在"落"字和"鸣"字。在这两字中透露出天地自然界的生命气息来。大概是秋天吧，所以山中果子都熟了。给雨一打，禁不起在那里扑扑得掉下。草虫在秋天正是得时，都在那里叫。这声音和景物都跑进到这屋里人的视听感觉中。那坐在屋里的这个人，他这时顿然感到此生命，而同时又感到此凄凉。生命表现在山果草虫身上，凄凉则是在夜静的雨声中。我们请问当时作这诗的人，他碰到那种境界，他心上感觉到些什么呢？我们如此一想，就懂得"不著一字，尽得风流"这八个字的含义了。正因他所感觉的没讲出来，这是一种意境。而妙在他不讲，他只把这一外境放在前边给你看，好让读者自己去领略。若是接着在下面再发挥了一段哲学理论，或是人生观，或是什么杂感之类，那么这首诗就减了价值，诗味淡了，诗格也低了。

但我们看到这两句诗，我们总要问，这在作者心上究竟感觉了些什么呢？我们也会因为读了这两句诗，在自己心上，也感觉出了在这两句诗中所含的意义。这是一种设身处地之体悟。亦即所谓欣赏。我们读上举放翁那一联，似乎诗后面更没有东西，没有像摩诘那一联中的情趣与意境。摩诘诗之妙，妙在他对宇宙人生抱有一番看法，他虽没有写出来，但此情此景，却尽已在纸上，这是作诗的很高境界，也可说摩诘是由学禅而参悟到此境。

（摘编自钱穆《中国文学论丛》）

问题：

（1）为何黛玉认为不能学“重帘不卷留香久，古砚微凹聚墨多”这样的诗？请结合文本，简要概括。（4分）

（2）文章认为“雨中山果落，灯下草虫鸣”体现了王维怎样的作诗境界？请简要分析。（10分）

三、写作题（本大题1小题，50分）

33. 阅读下面的材料，按要求作文。

一位老人上了公交车，发现忘带老年卡，对司机说：“我没带老年卡，让我上车行吧？”

司机说：“抱歉。按规定，您不出示老年卡，就必须投币。”

有位乘客听到，怒了：“你这人咋这么不通情达理？人家都已经说明了，你还刁难。”

司机说：“公司规定，我不能违背；你既然这么好心，要不替老人把车费付了吧？”

这位乘客后退，说：“凭什么？”

司机自己掏出钱来，替老人投了币。

综合上述材料所引发的联想和感悟，写一篇论说文。

要求：用规范的现代汉语写作；角度自选，立意自定，标题自拟；不少于1000字。

2019年下半年国家教师资格考试

综合素质（中学）真题卷参考答案

一、单项选择题

1. 【答案】B

【解析】本题考查素质教育以提高国民素质为根本宗旨。素质教育是面向全体学生的教育。素质教育倡导人人有受教育的权利，强调在教育中使每个人都得到发展，是终身的，不是对特定阶段提出的要求。素质教育应该贯穿于教育的全程，不仅仅是面向基础教育阶段，而且适用于高等教育，还适合于社会教育和终身教育。因此答案选B。

【考点定位】职业理念——教育观——素质教育的实质——素质教育以提高国民素质为根本宗旨

【难度系数】★

2. 【答案】C

【解析】本题考查教师劳动的复杂性。教师劳动的复杂性主要表现在以下三个方面：①教育目的的全面性。教师劳动的目的是培养德、智、体等全面发展的人，而不是单方面发展的人；②教育任务的多样性。教师不仅要传授科学文化知识和训练学生的技能，发展学生的智力，提高学生的能力，还要培养学生一定的思想品德，促进学生的身心健康；③劳动对象的差异性。教师不仅要经常在同一个时空条件下，面对全体学生，实施统一的课程计划、课程标准，还要根据每个学生的实际情况因材施教。题干中，吴老师意识到学生是具有多样性的，不能把学生修剪得整整齐齐，要注重学生各有所长，进行因材施教，这体现了教师劳动的复杂性。因此答案选C。

【考点定位】职业理念——教师观——教师职业的劳动特征——教师劳动的复杂性

【难度系数】★

3. 【答案】A

【解析】本题考查教师专业发展的方法。教师专业发展途径包括校本研修、自主学习、行动研究等。校本研修又称校本培训，是基于学校、为了学校、发展学校的研修。要切实开展在综合教育改革背景下的校本研修，需要多角度、多方面的整合力量，创造良好的校本研修生态环境，让教师在专家引领、同伴互助、个体反思实践中实现专业的发展。在这种模式中，学校居于中心地位，教育科研机构和教研员系统则扮演校外专业支援者的角色。题干中，崔老师带领同事们研讨反思，遇到问题后寻求大学教授和校外名师的支援，属于校本研修的发展途径。因此答案选 A。

【考点定位】职业理念——教师观——教师的专业发展——教师专业发展的方法

【难度系数】★

4. 【答案】A

【解析】本题考查《中华人民共和国义务教育法》第二十二条“均衡发展”。《中华人民共和国义务教育法》第二十二条规定：县级以上人民政府及其教育行政部门应当促进学校均衡发展，缩小学校之间办学条件的差距，不得将学校分为重点学校和非重点学校。学校不得分设重点班和非重点班。题干中，学校把成绩较好的学生单独编班，配之以优质师资，对成绩较差学生的教育资源进行了剥夺，违反了义务教育的公平原则，有碍学校的均衡发展。因此答案选 A。

【考点定位】教育法律法规——有关教育的法律法规——《中华人民共和国义务教育法》——第二十二条“均衡发展”

【难度系数】★★

5. 【答案】C

【解析】本题考查《中华人民共和国宪法》第一百二十五条“监察委员会”。《中华人民共和国宪法》第一百二十五条规定：中华人民共和国国家监察委员会是最高监察机关。国家监察委员会领导地方各级监察委员会的工作，上级监察委员会领导下级监察委员会的工作。因此答案选 C。

【考点定位】教育法律法规——有关教育的法律法规——《中华人民共和国宪法》——第一百二十五条“监察委员会”

【难度系数】★★★

6. 【答案】D

【解析】本题考查《中华人民共和国教育法》第二十九条“学校权利”。根据《中华人民共和国教育法》第二十九条规定，学校及其他教育机构行使的权利之一是“对受教育者进行学籍管理，实施奖励或者处分。”因此学校有权利对受教育者实施奖励或处分。题干中，某高中对严重违反校纪的学生处以留校察看处分是学校的正当权利。同时，学校可以发布处分通告。题干中，学校在宣传栏公开张贴处分文件的做法属于学校正常管理行为，并没有造成侵权。因此答案选 D。

【考点定位】教育法律法规——有关教育的法律法规——《中华人民共和国教育法》——第二十九条“学校权利”

【难度系数】★

7. 【答案】D

【解析】本题考查《中华人民共和国预防未成年人犯罪法（2012 年修订）》第四十五条“不公开审理”。《中华人民共和国预防未成年人犯罪法（2012 年修订）》第四十五条规定：人民法院审判未成年人犯罪的刑事案件，应当由熟悉未成年人身心特点的审判员或者审判员和人民陪审员依法组成少年法庭进行。对于审判的时候被告人不满 18 周岁的刑事案件，不公开审理。选项 D 符合法律规定。因此答案选 D。

选项 A:《中华人民共和国义务教育法》第二十九条规定教师应当尊重学生的人格，不得歧视学生，不得对学生实施体罚、变相体罚或者其他侮辱人格尊严的行为，不得侵犯学生合法权益。题干中任课教师罚站学生 3 小时，属于体罚行为，侵犯了学生的人格尊严权。违反了法律规定。

选项 B:《中华人民共和国义务教育法》第二十七条规定:“对违反学校管理制度的学生，学校应当予以批评教育，不得开除。”题干中学校将李某开除，违反了法律规定。

选项 C:《中华人民共和国未成年人保护法（2012 年修订）》第十三条规定：父母或者其他监护人应当尊重未成年人受教育的权利，必须使适龄未成年人依法入学接受并完成义务教育，不得使接受义务教育的未成年人辍学。同时，第三十八条规定：任何组织和个人不得招用未满十六周岁的未成年人，国家另有规定的除外。因此，赵某 13 岁的儿子还未完成义务教育，不能辍学打工。

【考点定位】教育法律法规——有关教育的法律法规——《中华人民共和国预防未成年人犯罪法（2012 年修订）》——第四十五条“不公开审理”

【难度系数】★★

8. **【答案】**C

【解析】本题考查《中华人民共和国未成年人保护法（2012 年修订）》第二十五条“专门学校的管理”。《中华人民共和国未成年人保护法（2012 年修订）》第二十五条规定：对于在学校接受教育的有严重不良行为的未成年学生，学校和父母或者其他监护人应当互相配合加以管教；无力管教或者管教无效的，可以按照有关规定将其送专门学校继续接受教育。依法设置专门学校的地方人民政府应当保障专门学校的办学条件，教育行政部门应当加强对专门学校的管理和指导，有关部门应当给予协助和配合。因此依法设置的专门学校由教育行政部门进行管理。因此答案选 C。

【考点定位】教育法律法规——有关教育的法律法规——《中华人民共和国未成年人保护法（2012 年修订）》——第二十五条“专门学校的管理”

【难度系数】★★

9. **【答案】**B

【解析】本题考查参加教育教学权。学生有受教育权。参与教育教学的权利是指任何组织和个人都不得以任何借口非法剥夺学生参加教育教学活动的权利。题干中，班主任因为熊某曾经偷过东西而歧视该学生，不让他参加活动，侵犯了学生的受教育权，歧视犯错误的学生，是错误的做法。选项 B 符合题意。因此答案选 B。

【考点定位】教育法律法规——学生权利的保护——学生作为受教育者的权利——参加教育教学权

【难度系数】★★

10.【答案】B

【解析】本题考查《学生伤害事故处理办法》第二十八条“学生及监护人的责任”。《学生伤害事故处理办法》第二十八条规定：未成年学生对学生伤害事故负有责任的，由其监护人依法承担相应的赔偿责任。题干中，初中生付某是未成年人，应由监护人承担赔偿责任；根据题干信息，无法判断钱某有明显过错，因此，应由付某的监护人承担全部赔偿责任。同时，《学生伤害事故处理办法》第十三条规定：下列情形下发生的造成学生人身损害后果的事故，学校行为并无不当的，不承担事故责任；事故责任应当按有关法律法规或者其他有关规定认定：(一)在学生自行上学、放学、返校、离校途中发生的；……题干中的情形发生在“放学后”，所以学校行为并无不当，不需要承担责任。

【考点定位】教育法律法规——有关教育的法律法规——《学生伤害事故处理办法》——第二十八条“学生及监护人的责任”

【难度系数】★★★

11.【答案】C

【解析】本题考查《中华人民共和国未成年人保护法(2012年修订)》第五十八条“未成年人隐私权的保护”。《中华人民共和国未成年人保护法(2012年修订)》第五十八条规定，对未成年人犯罪案件，新闻报道、影视节目、公开出版物、网络等不得披露该未成年人的姓名、住所、照片、图像以及可能推断出该未成年人的资料。题干中，16岁的蒋某是未成年人，当地电视台将蒋某接受审讯的清晰画面播出，侵犯了蒋某的隐私权。因此答案选C。

【考点定位】教育法律法规——有关教育的法律法规——《中华人民共和国未成年人保护法(2012年修订)》——第五十八条“未成年人隐私权的保护”

【难度系数】★★

12.【答案】B

【解析】本题考查《中华人民共和国预防未成年人犯罪法(2012年修订)》第三十四条“严重不良行为”。《中华人民共和国预防未成年人犯罪法(2012年修订)》第三十四条规定：本法所称“严重不良行为”，是指下列严重危害社会，尚不够刑事处罚的违法行为：(一)纠集他人结伙滋事，扰乱治安；……第三十五条规定：对未成年人实施本法规定的严重不良行为的，应当及时予以制止。有严重不良行为的未成年人，其父母或者其他监护人和学校应当相互配合，采取措施严加管教，也可以送工读学校进行矫治和接受教育。题干中，13岁的张某伙同校外青年抢劫本校女教师，属于严重不良行为，学校可以将其送到工读学校进行矫治和接受教育。因此答案选B。

选项AD:《中华人民共和国义务教育法》第二十七条规定：对违反学校管理制度的学生，学校应当予以批评教育，不得开除。所以学校不能开除张某的学籍，也不能强制其退学。与题干不符，排除。

选项C：记大过处分属于行政处分，是由国家行政机关对有违法失职行为的国家机关公务人员的一种惩罚，学校无权进行。与题干不符，排除。

【考点定位】教育法律法规——有关教育的法律法规——《中华人民共和国预防未成年人犯罪法（2012年修订）》——第三十四条“严重不良行为”

【难度系数】★★

13.**【答案】**D

【解析】本题考查中的教书育人。教师职业道德规范中教书育人的道德规范，要求教师要遵循教育规律，实施素质教育。循循善诱，诲人不倦，因材施教。培养学生良好品行，激发学生创新精神，促进学生全面发展。不以分数作为评价学生的唯一标准。题干中，在学生中流行的大操大办过生日的风气，属于学生品德方面的问题，面对该问题，孙老师开班会，要求大家厉行节俭，可见孙老师能够及时引导学生的品行发展，促使学生向更好的方向发展，体现了教师是学生品行的引导者。因此答案选D。

【考点定位】教师职业道德——教师职业道德规范——《中小学教师职业道德规范（2008年修订）》——教书育人

【难度系数】★

14.**【答案】**B

【解析】本题考查终身学习。教师职业道德规范中终身学习要求，崇尚科学精神，树立终身学习理念，拓宽知识视野，更新知识结构。潜心钻研业务，勇于探索创新，不断提高专业素养和教育教学水平。题干中，王老师不断尝试新的教学方法、鼓励学生给经典音乐重新填词等方式是终身学习的体现。选项B:“学而不已，阖棺乃止”出自韩宴的《韩诗外传》中引用孔子的一句话，意思是学习没有止境，到进入棺材的那一刻才终止。这符合教师职业道德规范中终身学习的要求。正确。因此答案选B。

选项A:“吾生也有涯，而知也无涯”出自《庄子·养生主》，意思是人生是有限的，但知识是无限的，没有边界的。排除。

选项C:“古人于为学，终生与之俱”的意思是古人把学习当作一件终身大事来对待，表达了终身学习的意思。排除。

选项D:“朝闻道，夕死可矣”出自《论语·里仁篇》，意思是早晨能够得知真理，即使当晚死去，也没有遗憾。形容对真理或某种信仰追求的迫切。虽然是孔子的话，但表达意思不同，排除。

【考点定位】教师职业道德——教师职业道德规范——《中小学教师职业道德规范（2008 年修订）》——终身学习

【难度系数】★★

15.【答案】D

【解析】本题考查关爱学生。《中小学教师职业道德规范（2008 年修订）》要求教师应关爱学生。要求广大教师关心爱护全体学生，尊重学生人格，平等公正对待学生。对学生严慈相济，做学生良师益友。保护学生安全，关心学生健康，维护学生权益。不讽刺、挖苦、歧视学生，不体罚或变相体罚学生。题干中，面对学生习惯不好，乱扔垃圾的行为，老师的目的主要是引导学生去改正这种不良行为，而不是去惩罚学生。因此，教师不仅要对学生的这种行为进行批评教育，还要督促学生养成好习惯。因此答案选 D。

选项 A：将学生赶出教室的行为侵犯了学生的受教育权，不符合教育法的规定，排除。

选项 B：选项中老师惩罚学生打扫走廊，是体罚学生的行为，不符合教师职业道德的要求，排除。

选项 C：不关注学生的卫生习惯只关注成绩的做法是不对的，教师要培养学生良好的卫生习惯，促进学生的全面发展。

【考点定位】教师职业道德——教师职业道德规范——《中小学教师职业道德规范（2008 年修订）》——关爱学生

【难度系数】★

16.【答案】A

【解析】本题考查教师与同事之间的关系。教师职业行为要求教师要处理好与同事的关系，做到尊重、理解、协作。其中，协作是指教师在集体中共同完成教育教学工作，若想实现一定的教育目的，就必须与同事进行协作，维护团结，相互理解，相互支持。题干中，田老师鼓励学生开展兴趣小组活动是为了促进学生的全面发展，有利于学生的创新意识和实践能力的培养，因此做法是正确的。在招来任课教师的反对时，田老师应该和这些教师积极沟通，取得同事的支持，继续指导学生活动。因此答案选 A。

【考点定位】教师职业道德——教师职业行为——教师在教育活动中要处理好的几大关系——教师与同事的关系

【难度系数】★

17.【答案】A

【解析】本题考查生活中的科学。地球公转，是指地球按一定轨道围绕太阳转动。地球表面的点都围绕一根通过地心的轴（自转轴，也叫地轴）做圆周运动，这种圆周运动被称为地球自转。地球环绕太阳的运动被称为地球公转。昼夜的变化是指昼夜更替现象，是由于地球自转而产生的。因此答案选 A。

选项 BCD 都是因地球公转而产生的现象，所以排除。

【考点定位】文化素养——科技常识——生活中的科学

【难度系数】★★

18.**【答案】**A

【解析】本题考查新中国科技成就。北斗卫星导航系统是中国着眼于国家安全和经济社会发展需要，自主建设、独立运行的卫星导航系统，是为全球用户提供全天候、全天时、高精度的定位、导航和授时服务的国家重要空间基础设施。选项 A：北斗卫星导航系统的相关产品已广泛应用于交通运输、海洋渔业、水文监测、气象预报、测绘地理信息、森林防火、通信时统、电力调度、救灾减灾、应急搜救等领域，逐步渗透到人类社会生产和人们生活的方方面面。北斗卫星已经正式进入民用市场。因此答案选 A。

选项 BCD：均属于关于北斗卫星导航系统的正确表述，故排除。

【考点定位】文化素养——科技常识——新中国科技成就

【难度系数】★★

19.**【答案】**C

【解析】本题考查世界近代史。地理大发现发生于 15 世纪到 17 世纪，欧洲的船队出现在世界各处的海洋上，寻找着新的贸易路线和贸易伙伴，以发展欧洲新生的资本主义。这一过程中，欧洲涌现出了许多著名的航海家，其中有哥伦布、达伽马、迪亚士、麦哲伦、韦斯普奇与胡埃尔卡诺等。阿蒙森是 20 世纪的挪威极地探险家。他在探险史上获得了两个“第一”：第一个航行于西北航道；第一个到达南极点。因此答案选 C。

【考点定位】文化素养——历史常识——世界近代史

【难度系数】★★

20.**【答案】**B

【解析】本题考查外国文学。马克·吐温是美国作家、演说家，是美国批判现实主义文学的奠基人，他一生写了大量作品，题材涉及小说、剧本、散文、诗歌等各方面。从内容上说，他的作品批判了不合理现象或人性的丑恶之处，表达了强烈的正义感和对普通人民的关心；从风格上说，幽默和讽刺是他的写作特点。其代表作品有小说《竞选州长》《百万英镑》《哈克贝利·费恩历险记》《汤姆·索亚历险记》。选项 B:《老人与海》是美国作家海明威的作品，表达了人类不向命运低头，永不服输的斗士精神和积极向上的乐观人生态度。不是马克·吐温的作品。因此答案选 B。

【考点定位】文化素养——文学常识——外国文学

【难度系数】★★

21.【答案】D

【解析】本题考查中国古代文学。屈原是中国历史上一位伟大的爱国诗人，中国浪漫主义文学的奠基人，“楚辞”的创立者和代表作家，开辟了“香草美人”的传统，被誉为“楚辞之祖”。其代表作品有《离骚》《九歌》《九章》《天问》。选项D，《九歌湘夫人》是《九歌湘君》的姊妹篇。此诗表达了赴约的湘君来到约会地北渚，却不见湘夫人的惆怅和迷惘。描绘出那种驰神遥望，祈之不来，盼而不见的惆怅心情。属于屈原的作品。因此答案选D。

选项ABC：《九辩》《风赋》《高唐赋》是战国末期文学家宋玉创作的文学作品。

【考点定位】文化素养——文学常识——中国古代文学

【难度系数】★★

22.【答案】A

【解析】本题考查世界地理。《世界记忆名录》是符合世界意义、经联合国教科文组织世界记忆工程国际咨询委员会确认而纳入的文献遗产项目。侧重文献记录，包括博物馆、档案馆、图书馆等文化事业机构保存的任何介质的珍贵文件、手稿、口述历史的记录以及古籍善本等。中国世界记忆遗产名录包括：中国传统音乐录音档案（1997年列入）、清代内阁秘本档（1999年列入）、东巴古籍文献（2003年列入）、清代科举大金榜（2005年列入）、“样式雷”建筑图档（2007年列入）、《本草纲目》（2011年列入）、《黄帝内经》（2011年列入）、侨批档案（2013年列入）、元代西藏官方档案（2013年列入）、南京大屠杀档案（2015年列入）、甲骨文（2017年列入）、近现代苏州丝绸样本档案（2017年列入）、清代澳门地方衙门档案（2017年列入）。因此答案选A。

选项B：《世界记忆遗产名录》包括文化遗产和馆藏文献。其中，文化遗产包括文物、建筑群、遗址三类。与题干不符，排除。

选项C：昆曲，是中国古老的戏曲声腔、剧种，现又被称为“昆剧”。昆曲是汉族传统戏曲中最古老的剧种之一，也是中国汉族传统文化艺术。昆曲在2001年被联合国教科文组织列为“人类口述和非物质遗产代表作”。与题干不符，排除。

选项D：《世界记忆名录》是指符合世界意义、经联合国教科文组织世界记忆工程国际咨询委员会确认而纳入的文献遗产项目，并非由联合国大会评估、审查、公布。与题干不符，排除。

【考点定位】文化素养——文化常识——世界地理

【难度系数】★★★

23.【答案】D

【解析】本题考查中国古代史。商鞅方升，旧名商鞅量，是商鞅为秦变法统一度量衡时所监制的标准量器。升呈长方形，一侧有中空柄，其余三侧及底面皆刻有铭文。商鞅方升的底部，加刻了秦始皇廿六年（公元前221年）统一度量衡的诏令。选项D正确。因此答案选D。

选项 A：秦半两钱是秦代货币，公元前 221 年，秦统一天下，规定以外圆内方的半两钱为全国通行的货币，这是我国最早的统一货币。钱币上不太可能刻诏书的内容。

选项 B：秦铜车马是中国考古史上出土的体型最大、结构最复杂、系驾关系最完整的古代车马，被誉为“青铜之冠”。没有刻诏书。

选项 C：秦阳陵虎符，秦代青铜器，是秦始皇颁发给阳陵守将使用的兵符。没有刻诏书。

【考点定位】文化素养——历史常识——中国古代史

【难度系数】★★

24.【答案】C

【解析】本题考查世界古代史。古希腊古罗马是西方文明的摇篮。希腊民主和罗马法制是古代西方政治文明的精华，是西方民主政治制度发展史的光辉起点，是古代世界留给后人的一笔弥足珍贵的政治文化遗产。选项 C，英国君主立宪制，1688 年政变后在英国建立起来的国家政体，也称议会君主制，属于资产阶级民主制政体类型，并非产生于古希腊罗马。因此答案选 C。

选项 A：古代希腊最早提出实施公民教育，斯巴达要求将奴隶主子弟培养成体格健壮、忠于邦国的勇敢武士；雅典除培养人的忠诚、勇敢品德外，更注意发展其智慧和审美力，以便公民参加雅典式的奴隶主民主社会生活。

选项 B：陪审法庭是雅典民主政治的主要机构和最高司法机关，成立于公元前 6 世纪初，是雅典政治民主化的产物。

选项 D：全民公决又称全民投票或公民表决，是全体公民对重大问题投票做出决定。它起源于古希腊城邦雅典的公民大会。那时候雅典所有重要事情都由全体公民投票决定，为此每月至少举行一次全民公决。

【考点定位】文化素养——历史常识——世界古代史

【难度系数】★★★

25.【答案】C

【解析】本题考查生活中的科学。标准差，又常称均方差，是离均差平方的算术平均数的平方根。标准差能反映一个数据集的离散程度。标准差系数，又称为均方差系数、离散系数，是从相对角度观察的差异和离散程度，在比较相关事物的差异程度时较之直接比较标准差要好些。标准差系数越小，代表大部分数值和其平均值之间差异较小，说明该水平平均值的代表性越高，标准差系数越大则相反。题干中，甲地的标准差系数小于乙地，说明甲地学生的体重更具有代表性。因此答案选 C。

【考点定位】文化素养——科技常识——生活中的科学

【难度系数】★★★

26.【答案】B

【解析】本题考查 Word 的应用。在 Word 的编辑状态下，如果选择了整个表格，执行了“表格”菜单中的“删除行”命令，则整个表格被删除。如果仅仅选择了某一行或某一列，则删除的是对应的一行或一列。因此答案选 B。

【考点定位】基本能力——信息处理能力——Word 的应用

【难度系数】★

27.【答案】D

【解析】本题考查 Excel 的应用。在 Excel 函数中，RANK 函数是排名函数。RANK 函数定义：表示某个数字在所在列中的排名函数格式 RANK（number，ref，order），其中“number”表示需要进行排名的数值所在的单元格；“ref”表示需要进行排名的单元格区域；“order”表示的是排名方式，可以输入“1”或“0”，“1”表示升序排名，“0”表示降序排名，省略输入就表示默认降序排名。题干中，要求出表中所列 6 名学生的总成绩排名，F2 中需要进行排名的数值所在单元格是 E2，需要进行排名的单元格区域是 E2：E7，排名方式可忽略。因此 F2 中需要输入的公式是 =RANK（E2，E2：E7）。因此答案选 D。

【考点定位】基本能力——信息处理能力——Excel 的应用

【难度系数】★

28.【答案】D

【解析】本题考查概念间的逻辑关系。教授和科学家二者有所重合，有的“教授”是“科学家”，有的“科学家”是“教授”，二者为交叉关系。选项 D 中，有的“大学生”是“运动员”，有的“运动员”是“大学生”，二者为交叉关系。因此答案选 D。

选项 A：夹克和衬衫是全异关系。

选项 B：中文书和英文书是全异关系。

选项 C：足球和篮球是全异关系。

【考点定位】基本能力——逻辑思维能力——概念——概念间的逻辑关系

【难度系数】★★

29.【答案】B

【解析】本题考查数字推理。观察数字找规律，本题有两种解题方法：第一种：1=4=4 × 1，2=8=4 × 1 × 2，3=24=4 × 1 × 2 × 3，因此 4=4 × 1 × 2 × 3 × 4=96。第二种：等式右侧数字 = 等式左侧数字 × 上一个等式右侧数字，即 8=2 × 4，24=3 × 8，下一个数字 =4 × 24=96。因此答案选 B。

【考点定位】基本能力——逻辑思维能力——经典逻辑推理——数字推理

【难度系数】★★

二、材料分析题

30.【参考答案】

材料中徐老师的教育行为符合新课程改革背景下的教师观要求，是值得我们学习的。

（1）新课程要求教师应该是学生学习和发展的促进者。教师应该把激发学生学习的动机，指导学生的学习方法，组织管理和指导学生的学习过程，培养学生自主学习、合作学习的能力作为自己工作的主要目标。材料中，徐老师坚持还课堂于学生，开展“课堂五分钟”，促进了学生的自主学习，帮助学生发展。

（2）新课程要求教师应该是课程的建设者和开发者。教师必须在课程改革中发挥主体性的作用。教师要积极参与地方课程和校本课程的建设，培养开发课程、评价课程、主动选择和创造性地使用新课程教材的能力。材料中，徐老师每天梳理课堂，写日志，被学校当作校本培训资料。

（3）新课程要求教师应该是教育教学的研究者和反思的实践者，在对待自我上，强调反思。材料中，徐老师每天梳理自己的课堂，坚持写教学日志进行反思，不断提升自身，对校本培训也起到作用。

（4）从教学与研究的关系看，新课程要求教师应该是教育教学的研究者，对自身的行为进行反思，对出现的问题进行探究，对积累的经验进行总结，并形成规律性的认识。材料中，徐老师反思后，不断地寻找新的突破口来使自己的课程达到最好的效果，并且玩转了课堂，这体现了徐老师的研究能力。

综上，徐老师的做法符合新课程改革背景下的教师观要求，是值得广大教师学习的。

【考点定位】教师职业理念——教师观——新课程改革背景下的教师观——教师应该是学生学习和发展的促进者、课程的建设者和开发者、教学的研究者、反思的实践者

【难度系数】★★★★

31.【参考答案】

材料中“我”的做法符合教师职业道德规范的要求，是合理的，值得学习的。

（1）教师职业道德规范要求教师爱岗敬业，忠诚于人民教育事业，对工作高度认真负责。材料中，“我”发现晓义的问题通过家访了解情况，并积极帮助他，是爱岗敬业的体现。

（2）教师职业道德规范要求教师关爱学生，关心爱护全体学生，尊重学生人格，平等公平对待学生。材料中，“我”没有因为晓义经常打架、抽烟而放弃他，而是了解情况，通过发现晓义的体育特长，因势利导，帮助他不断改正和进步。

（3）教师职业道德规范要求教师教书育人，培养学生良好品行，激发学生创新精神，促进学生全面发展。材料中，我没有以分数作为唯一的评价标准，发现了晓义的体育特长，并且帮助晓义树立信心，建立德育教育。

（4）教师职业道德规范要求教师为人师表，关心集体，团结协作，尊重同事，尊重家长。材料

中，“我”多次进行家访，经常与家长沟通，达到家校合作，促进晓义的改变和进步。

综上，材料中“我”的教育行为符合教师职业道德要求，是我们学习的榜样。

【考点定位】职业道德——教师职业道德规范——《中小学教师职业道德规范（2008年修订）》——爱岗敬业、关爱学生、教书育人、为人师表

【难度系数】★★★★

32.**【参考答案】**

（1）黛玉认为不能学作这样的诗，是因为黛玉认为：学作这样的诗，就不会作诗了。陆放翁的诗很工整，但是没有意境和情趣，因此比较“俗”。如果学这样的诗，就不是真的“懂诗”，自己也就不会作诗了。

（2）王维的诗体现了“不著一字，尽得风流”这八个字的含义，是一种意境：

①他并没有把自己所感觉的意境直接讲出来，他只把这一外境放在前面，让读者自己去领略。

②“落”和“鸣”这两字中透露出天地自然界的生命气息，让作者感到生命与凄凉感。

③王维的这一境界表明他对宇宙人生抱有一番看法，虽然没有写出来，但此情此景，却尽已在纸上。这是作诗的很高境界，也是王维学禅参悟到的境界。

【考点定位】基本能力——阅读理解能力——概括文章中心思想、筛选并整合主要信息及重要细节、分析观点

【难度系数】★★★★

三、写作题

33.**【参考范文】**

己所不欲，勿施于人

孔子的学生子贡曾经这样问孔子：“有一言而可以终身行之者乎？”孔子答曰：“其恕乎！己所不欲，勿施于人。”这一段对话的意思是，子贡问孔子，有没有一句话可以终身奉行？孔子说，你自己不想要做的事情不要强加于人。这是一句至理名言，即便到如今，依然非常值得学习。

现代社会的年轻人生活条件优越，凡事以自我为中心，喜欢以己度人。但一个人的想法受制于自身阅历、修养、周遭环境等等，如果刚愎自用，那么就会成为自私自利、自得自满、不近人情之人。

因此，要做到“己所不欲，勿施于人”必须要从自身做起。要知道，站在道德制高点上对别人评头论足是一件非常容易的事情，因为那并不涉及到自身利益。正如材料中，乘客斥责了司机的做法，但他不知司机如果不这样执行，受惩罚的就将是司机自己。而当司机提出让乘客替老人付钱的时候，乘客却又后退了。我想如果这位乘客能够做到换位思考，能够做到“己所不欲，勿施于人”，相信他就不会如此轻描淡写地慷他人之慨。

当然，不仅是人与人，国与国之间也应当遵守这条准则。众所周知，核武器杀伤力巨大，美国在广岛和长崎投放的那两颗原子弹影响至今，但是核武器作为国防武器又是必不可少的。所以为了保障各国的利益和制约核武器的使用，不让广岛、长崎的悲剧重演，联合国大会通过了禁止核武器扩散的条约。这就是一次国与国之间利益的让渡，也是一次国与国之间的“己所不欲，勿施于人”。

那么我们怎么样才能做到“己所不欲，勿施于人”呢？

我认为，要想做到“己所不欲，勿施于人”，我们应当要学会换位思考。在发生事情或者与别人产生争论的时候，多去想一想为什么。我们不能够自己想当然地去设想、去要求一些事情，我们要站在当事人的角度去思考别人这样做的原因，学着去理解别人、宽容别人，不仅是对对方的尊重，也是对自己的尊重。

我们也应当要有一定的同理心。现在的社会人心浮躁且冷漠，有时做一些好事还需要考虑再三，比如在路上搀扶老人可能会被诈骗。但是仍有有无数的仁人志士，用自己的行为让我们看到了人性的善良。无私奉献的张桂梅校长，敢怒敢言的李文亮医生，不求回报叶嘉莹先生……当我们看到这些感动中国的中华儿女们用自身铺就传奇，用血汗凝筑江山，我们也应当要去相信人性的善，在准备指摘别人之时多去体谅别人的苦，这样必定能够做到“己所不欲，勿施于人”。

“己所不欲，勿施于人”，是个人的良好品德，是国家的优良传统。为了能让大家享有一个美好和平的生活，我们每个人都应当以此为准则，不断丰富提升自己。

【考点定位】基本能力——写作能力——写作方法——审题立意、结构布局

【难度系数】★★★★★

高顿教育
GOLDEN EDUCATION

姓名 __________ 准考证号 __________

2019年上半年国家教师资格考试
综合素质（中学）真题卷及参考答案

（科目代码：301/301A）

2019年上半年国家教师资格考试

综合素质（中学）真题卷

注意事项：

1. 考试时间为120分钟，满分为150分。

2. 请按规定在答题卡上填涂、作答。在试卷上作答无效，不予评分。

一、单项选择题（在每小题列出的四个备选项中只有一个是符合题目要求的，请用2B铅笔把答题卡上对应题目的答案字母按要求涂黑。错选、多选或未选均无分。本大题共29小题，每小题2分，共58分）

1. 某中学校长对素质教育检查组说："我们学校对素质教育很是关注，学生的课外活动丰富多彩，组建了科技小组、美术小组、音乐小组……组织学生课外活动，请你们指导。"该校长对素质教育的理解（　　）。

A. 不正确，素质教育不等于课外活动

B. 不正确，素质教育不包括兴趣小组

C. 正确，素质教育要开展课外活动

D. 正确，素质教育要组建兴趣小组

2. 小明成绩不太好，但上课时总是爱举手回答问题。有时老师提问问题，小明把手高高地举了起来，让他回答时他又不会，不时被其他同学讥笑。老师知道原因后给予鼓励。老师的做法（　　）。

A. 正确，不得罪每一个学生

B. 正确，不放弃每一个学生

C. 不正确，挫伤了其他同学的主动性

D. 不正确，伤害了其他同学的正义感

3. "孟母三迁"是我国历史上著名的故事，它说明了环境对人的成长影响很大。关于学校优化育人环境，下列说法不恰当的是（　　）。

A. 促进了人的认识的发展　　B. 促进了人的气质的发展

C. 促进了人的精神的发展　　D. 促进了人的实践的发展

4. 张老师在教学中经常考虑的问题是："对班上不同层次的学生，我用哪些方法教学更有效呢？”“这些材料适不适合所有学生？”张老师所处的教师专业发展阶段是（　）。

A. 关注发展阶段　　B. 关注生存阶段

C. 关注情境阶段　　D. 关注学生阶段

5.《中华人民共和国宪法》规定，我国的根本制度是（　）。

A. 人民协商制度　　B. 民主专政制度

C. 人民代表大会制度　　D. 社会主义制度

6. 某初中向学生收取练习本费用，未向社会公开收费项目。该校做法（　）。

A. 不合法，义务教育学校不能收费

B. 不合法，学校必须公开收费项目

C. 合法，学校有自主管理权

D. 合法，学校是按规定收费

7. 某中学教师黄某认为自己学历和能力都已达标，拒绝参加教育行政部门利用假期组织的教师培训活动。黄某的做法（　）。

A. 正确，教师可以放弃个人权利

B. 不正确，教师不能放弃培训的权利

C. 正确，教师享有专业自主权利

D. 不正确，提升业务水平是教师义务

8. 大学毕业的陈某曾因故意犯罪被判处有期徒刑 1 年。刑满释放后，他前往某初级中学应聘。学校（　）。

A. 不得聘用　　B. 可以聘用

C. 应当聘用　　D. 暂缓聘用

9. 15 岁的李明经常纠集他人结伙滋事、扰乱治安。其监护人提出申请，将李明送往工读学校进行矫治和接受教育。对于这一申请具有审批权的是（　）。

A. 当地公安部门　　B. 教育行政部门

C. 李明所在学校　　D. 当地人民政府

10. 17 岁的高中生蒋某涉嫌犯罪被采取刑事强制措施，案件尚在审理阶段，所在学校以此为由取消了其学籍。该校做法（　）。

A. 合法，学校可以取消江某学籍

B. 合法，学校有处罚学生的权利

C. 不合法，判决生效学校也不得取消江某学籍

D. 不合法，判决生效前学校不得取消江某学籍

11. 初中生林某在参加学校组织的春游时不慎摔伤。经认定，学校有一定过错。对于该起事故，学校应当（　）。

A. 对林某补偿经济损失

B. 对林某补偿精神损失

C. 对林某依法赔偿损失

D. 与林某平均分担损失

12. 某私人企业在某省投资兴建了一所中学，学校拟聘请一位外籍人士担任学校校长。这所学校的做法（　）。

A. 正确，我国学校的校长可以由外籍人士担任

B. 正确，外籍人士经过许可可以担任民办学校的校长

C. 错误，中国学校的校长只能由具有中国国籍的公民担任

D. 错误，外籍人士必须在中国居住一段时间才可担任校长

13. 初一语文单元测验中，王老师发现某学生抄袭了一道 1 分的题目。阅卷时，他在这个学生的试卷上打分为“90 － 1”。该生拿到试卷后非常惭愧，要求改为 89 分。老师给他批了一个“89 + 1”，并对他说：“知错能改就好。这 1 分是对你能认识和改正错误的奖励。”王老师的做法所体现的是教师劳动特殊性不包括（　）。

A. 阶段的特殊性

B. 任务的特殊性

C. 对象的特殊性

D. 工具的特殊性

14. 对教师“廉洁从教”要求的具体内容不包括（　）。

A. 不在学生面前抱怨自己的薪酬

B. 不收取学生及家长的任何礼物

C. 校外兼职不得影响本职工作

D. 不贪占公共和他人钱物

15. 方老师和家长联系紧密，要求家长每天检查孩子的学习情况，还从专业的角度要求家长完全按老师说的方法教育孩子。每当学生犯错，就把家长请到学校，共谋对策。方老师的做法（　）。

A. 不可取，不应把家长当作教师的“助教”

B. 不可取，不应把教育的责任推卸给家长

C 值得提倡，共同教育学生可以增强教育的效果

D. 值得肯定，发挥了“闻道在先，学有专攻”的优势

16. 新学期刚开始，王老师在点名时，被“肖德枨”这个名字难住了。前两个字已经读出口了，第三个字到底读什么呢？“枨”字虽然能看清但恰好打印不如前两字清晰，他想凭感觉读一下，又怕读错了，一时间觉得非常尴尬。王老师的做法恰当的是（　）。

A. 承诺课后查字典

B. 当场用手机查询

C. 立即向学生请教

D. 借打印不清掩饰

17. 大航海时代，长期在海上航行的水手经常得坏血病，有些水手上岸后吃些柑橘、蔬菜，坏血病就痊愈了。科学家研究发现，果蔬中存在着一种可治愈坏血病的物质。该物质是（　）。

A. 叶酸

B. 维生素 C

C. 谷氨酸　　　　　　　　　　　　D. 维生素 B

18. 直角三角形两直角边的平方和等于斜边的平方，这是平面几何的一条定理。下列选项中，不是用来指称这一定理的是（　）。

A. 毕达哥拉斯定理　　　　　　　　B. 欧几里得定理

C. 勾股定理　　　　　　　　　　　D. 商高定理

19. 1974 年，考古学家发掘出一艘南宋时期的“福船”，发掘地点为“海上丝绸之路”的起点、当时世界上著名的大港口。这一发掘地所在的城市是（　）。

A. 广州　　B. 福州　　C. 泉州　　D. 汕头

20. 德国历史上长期处于城邦分治的封建割据状态，直至 1871 年才统一。下列人物中，领导德意志经过三次王朝战争实现统一的是（　）。

A. 拿破仑　　B. 俾斯麦　　C. 黑格尔　　D. 希特勒

21. 中国是丝绸的故乡。下列传说人物中，首创种桑养蚕之法、抽丝织绢之术，被后世奉为“先蚕圣母”的是（　）。

A. 黄帝　　B. 神农　　C. 女娲　　D. 嫘祖

22. 图 1 是《鲁迅小说插图集》中的一幅，与这一插图相关的小说是（　）。

A.《故乡》　　B.《社戏》

C.《孔乙己》　　D.《祝福》

图 1

23. 甲骨文的发现极大地推动了殷商史的研究，学界将中国近代四位研究甲骨文的著名学者合称为“甲骨四堂”。下列人物中，属于“甲骨四堂”的是（　）。

A. 王国维　　B. 孙诒让　　C. 季羡林　　D. 陈寅恪

24.1987 版电视连续剧《红楼梦》的插曲《枉凝眉》《红豆曲》《葬花吟》等，风格各异而又主题鲜明。这些作品的曲作者是（　）。

A. 谭盾　　B. 王立平　　C. 苏聪　　D. 徐沛东

25. 某试题得分分布如下表所示，该试题得分的众数是（　）。

分值	0	1	2	3	4	5
频数	7	121	489	256	196	18

A.1　　B.2　　C.3　　D.4

26. 在 Word 中，要实现在文档中添加特殊符号“※”，在默认设置下，首先选择的功能菜单是（　）。

A.“文件”　　B.“编辑”　　C.“格式”　　D.“插入”

27. 在 Excel 中，点击编辑栏上的  功能按钮，可实现在工作表中插入的是（　）。

A. 图表　　B. 数字　　C. 函数　　D. 文字

28. 找规律填数字是一个很有趣的活动，特别锻炼观察和思考能力。下列选项中，填入数列“101、169、305、577、（　）、2 209”空缺处的数字，正确的是（　）。

A. 1 118　　B. 1 119　　C. 1 120　　D. 1 121

29. 下列表述，与“并非‘只有本地人当经理，才能把企业搞好’”的判断一致的是（　）。

A. 要想把企业搞好，必须由本地人当经理

B. 只要把企业搞好了，谁来当经理都可以

C. 不由本地人当经理，也可以把企业搞好

D. 不由本地人当经理，就不能把企业搞好

二、材料分析题（本大题共 3 小题，每题 14 分，共 42 分）

30. 材料：

下面是李老师的教学札记中的一篇。

上学期，在我任教的初三（2）班上，有一位男生特别聪明，但对我所教的物理不感兴趣，成绩较差。他特别喜欢操作计算机，有时装载一些新软件，有时诊断一下计算机运行中的问题，还时不时编写一些小程序……如果我能对这位学生加以引导，应该能调动其学习的积极性。恰好我也正在学习现代教育技术，于是我利用课间特意跑到班级，向他请教计算机方面的问题。一次又一次，时间长了，他被我这样努力学习的精神所感动，我借机开导他：“计算机方面你是老师，我是学生，在问你之前我对计算机方面的这些问题一窍不通，觉得很难，无从入手，但我觉得只要多问多学，就一定能掌握计算机知识。同样的，如果你能把学习计算机的那股劲放在学习物理上，你的成绩也一定会像我的计算机水平一样突飞猛进。”经过多次谈心，他终于有所触动，不仅学习上积极主动，而且经常与我探讨物理知识，期末时他的物理竟考了 95 分。

问题：请结合材料，从教师观的角度，评析李老师的教育行为。（14 分）

31. 材料：

初一新生刚刚离开小学，进入陌生的新环境，往往摸不着头绪。为了让他们尽快适应，我在接新班时，反复琢磨，采取了下列措施：

（1）建立家长微信群。一拿到学生信息，我马上建立了班级家长微信群，让家长第一时间了解孩子所在班级和班主任的情况，我也提前了解了学生和家长的情况。

（2）招募学生“志愿者”提前布置教室。为了让孩子和家长第一次进教室就能有一种温馨的感

觉，我在班级里招募“志愿者”，请住得较近的孩子提前一天来校打扫布置教室，还特别招募几名有特长的学生为班级出第一期黑板报，呈现我的带班理念及经家长和学生讨论通过的班训和班名。劳动过程中，我一一拍照，并将照片发到微信群里。

（3）引导学生树立集体观念。对一个新班而言，让孩子们树立集体观念是首要任务。开学前，我在微信群里发起讨论和交流，耐心听取家长的意见。开学第一天，我不急于向孩子们宣布班规，而是先讲解我们的班训和班名。

同时，我还设立了各种为班级服务的“志愿者”岗位，如领取教材“志愿者”、领取校服“志愿者”……孩子们积极报名认领岗位，每个学生都成了班级“志愿者”，班级每一项工作都有“志愿者”在服务。

这样，我班学生的几十颗心很快就凝聚在一起，成为了一个有灵魂的集体，

问题：请结合材料，从教师职业道德的角度，评析“我”的教育行为。（14 分）

32. 材料：

人的认识能力在很大程度上受制于思想环境。不同的人会被不同的见识簇拥和包围，我们会发现，有些人一辈子也没有接触过重要的思想，那些历史上具有划时代意义的重要的思想家的著作，几乎没有稍稍深入地阅读。他们长期以来依赖和接受的所谓“思想”，不过是来自平时生活中人与人之间的交流，或者从各种小报、娱乐媒体上得到的各种“见解”，就是这些构成了一个人最基本的“思想”资源。虽然这其中也可能包含和掺杂了一些重要观念，如古老传统中的先哲思想之类，但大致都是多次转手之物，是凌乱的或被他人改造过的、与种种世俗见解搅拌和嫁接在一起的。所有这一切都可以影响所谓的“思想”的形成，左右日常生活观念。长此以往，一个人看待事物的角度和高度、遵循的标准，不过是取自庸常的似是而非，对社会的判断，对文学艺术的判断，对人的判断，对时事的判断，对诸多问题的判断，不可能具备更高更清晰的思维坐标。

人的力量来自于思想，一般来说，我们需要最起码的阅读，否则就不知道世界之大，历史之长，思想之多，难免将自己封闭在平庸的见识中。求知者的痛苦来自交流的障碍，比如不能阅读其他民族的思想原著，或不能顺畅无碍地接受中国古典。有些译品的确难懂，只好勉强吞咽。许多思想家的原作是平易流畅的，经过译者翻译就变得疙疙瘩瘩了。获取古今中外的思想是我们的权利，获得这样的权利需要一些条件，比如语言的条件，好在我们生活在一个译事发达的时代，孔子、孟子、荀子、韩非子、墨子、程颢、朱熹、王阳明，这些古代哲人的著作虽然难懂，好在都有译文。这些重要的思想家说过什么，主要的观点是什么，当然应该知道。在生活中，有时我们会自认为有

了深刻的发展，却不知早在几千年前他人就已经说过了。国外的思想家，康德、海德格尔、弗洛伊德、达尔文，世界上的几大宗教等，其阅读意义与中国先哲相同。总之争取机会跟人类历史上最高的思想对话，哪怕是浅浅的理解，都是极其有益的事情。我们不会容忍自己的茫然无知，形同懵懂，不知道我们人类历史上有过这么多杰出的思想家、这么多了不起的见解和发现。

思想和知识与艺术理解紧密相连，比如谈到西方文学，有人读得很热，开口即可历数其中的情节人物，但听起来总有点“隔”，总让人觉得不对劲。为什么？因为读者对基督教、天主教知识并没有入门，而西方文学大都滋生于基督教、天主教的文化土壤上，哪怕是反对这些宗教的人也同样如此，有人曾发出感慨：过去读托尔斯泰、陀思妥那夫斯基，觉得一切都懂了，后来深入接触过基督教，回头再看他们的著作就有了更大的自由和方便，简直就是豁然开朗。这是因为真正的理解还要从文化开始。

生活中最重要的是反省，问自己是否闭塞和懒惰，是否错过了一些了不起的思想与智慧。检点下来，我们会发现整体听来的一些见解、主意和方法，都是在世俗风尘中转来递去之物，它们几乎无不带有实用主义的目的、个人的欲望和自私褊狭的认识。即便是转引于思想家的，也往往没能真正地全面地传达出思想家的本意。就精神层面来讲，我们极容易生存在庸俗社会学、市井意识和浅薄机灵交织而成的所谓“见识”之中，并以此构造其个人的思想基础，成为我们的思想来源。思想环境一旦破坏了，也就意味着长期处于低微的精神水准之下。

（摘编自张炜《海边兔子有所思》）

问题：

（1）文章第一段所言“见解”指什么，依据这些“见解”形成的“思想”来为人处世，有什么“后果”？请根据文意，分别作出简要概括。（4分）

（2）文章认为理想的“思想环境”是怎样的，有何意义？请简要分析。（10分）

三、写作题（本大题 1 小题，50 分）

33. 阅读下面的材料，按要求作文。

丹麦队与伊朗队的一场足球赛进行到第 45 分钟时，场上响起了清晰和响亮的结束哨声。伊朗队后卫队员在球门区内捧起足球，准备交给裁判，裁判却立刻判他手球犯规，并示意丹麦队罚点球。原来，此前的哨音是球迷造假的“杰作”。

伊朗队员追着裁判理论，企图说服裁判改变初衷。丹麦队主教练奥尔森悄悄把队长韦格斯特招到场边，告诉他这个点球的来龙去脉和怎样处理这个球。韦格斯特重新回到罚球点，飞起一脚，将球故意踢飞，全场顿时一片哑然，继而爆发出雷鸣般的掌声。在掌声中，裁判吹响了上半场结束的哨音。

综合上述材料所引发的联想和感悟，写一篇论说文。

要求：用规范的现代汉语写作：角度自选，立意自定，标题自拟；不少于 1000 字。

2019年上半年国家教师资格考试
综合素质（中学）真题卷参考答案

一、单项选择题

1. 【答案】A

【解析】本题考查素质教育是促进学生全面的发展的教育。实施素质教育就是通过德育、智育、体育、美育、劳动技术教育等的有机融合，来实现学生的德、智、体、美、劳等方面的全面发展。题干中，校长把素质教育理解为组织课外活动和组建兴趣小组，把发展学生特长当成了素质教育的全部。但是培养合格的人才是实施素质教育必须要达到的目标，受教育者的德、智、体、美、劳等方面都应得到良好的发展。因此，该校校长对素质教育的理解不正确，素质教育不等于开展课外活动，开展课外活动仅仅是素质教育的重要途径之一。因此答案选A。

选项B：兴趣小组属于课外活动中的一部分内容，题干中校长强调的是课外活动，而非兴趣小组，与题干不符，排除。

【考点定位】职业理念——教育观——素质教育的实质——素质教育是促进学生全面的发展的教育

【难度系数】★

2. 【答案】B

【解析】本题考查素质教育是面向全体学生的教育。素质教育是面向全体学生的教育。教师要做到公平公正的爱护每一位学生，不偏袒或歧视个别学生，关注全体学生。题干中，陈涛同学成绩不好，被同学讥笑，老师课下关心他、鼓励他，是关心爱护全体学生，不放弃任何一个学生的表现，并非为了不得罪每一个学生而做出的选择，是正确的。因此答案选B。

【考点定位】职业理念——教育观——素质教育的实质——素质教育是面向全体学生的教育

【难度系数】★

3. 【答案】B

【解析】本题考查"全面发展"的学生观。学校对人的身心发展起主导作用。人的气质差异是先天形成的，受内在因素的制约，而不是受环境的制约。因此答案选B。

【考点定位】职业理念——学生观——"全面发展"与"教育公正"——"全面发展"的学生观

【难度系数】★

4. 【答案】D

【解析】本题考查教师专业发展的阶段。福勒和布朗根据教师的需要和不同时期所关注的焦点问题，把教师的成长划分为关注生存、关注情境和关注学生三个阶段。其中，关注学生阶段的教师能考虑到学生的个别差异，认识到不同年龄阶段的学生处于不同的发展水平，具有不同的情感和社会需求，因此教师应该因材施教。题干中，张老师考虑的问题是对于不同层次的学生，教学材料和方法是否适合，表明张老师认识到不同学生存在差异，这说明张老师处于关注学生阶段。因此答案选 D。

选项 A：关注发展阶段不属于教师专业发展阶段，所以排除。

选项 B：关注生存阶段是教师成长的起始阶段，处于这个阶段的一般是新手型教师，他们非常关注自己的生存适应性，很注重自己在学生、同事以及学校领导心目中的地位。出于这种生存忧虑，教师会把大量的时间用于处理人际关系或者管理学生。与题干不符，排除。

选项 C：处于关注情境阶段的教师一般已经在新的教学岗位上站稳了脚跟，这时教师会将注意力转移到提高教学工作的质量上来，如关注学生学习成绩的提高、关心班集体的建设、关注自己备课是否充分等。一般来说，老教师比新手型教师更关注这个阶段。与题干不符，排除。

【考点定位】职业理念——教师观——教师的专业发展——教师专业发展的阶段

【难度系数】★

5. **【答案】**D

【解析】本题考查《中华人民共和国宪法》第一条“根本制度”。《中华人民共和国宪法》第一条规定：中华人民共和国是工人阶级领导的、以工农联盟为基础的人民民主专政的社会主义国家。社会主义制度是中华人民共和国的根本制度。中国共产党领导是中国特色社会主义最本质的特征。禁止任何组织或者个人破坏社会主义制度。因此答案选 D。

【考点定位】教育法律法规——有关教育的法律法规——《中华人民共和国宪法》——第一条“根本制度”

【难度系数】★★

6. **【答案】**B

【解析】本题考查《中华人民共和国教育法》第三十条“学校义务”。根据《中华人民共和国教育法》第三十条规定，学校及其他教育机构应当履行下列义务：（一）遵守法律、法规；（二）贯彻国家的教育方针，执行国家教育教学标准，保证教育教学质量；（三）维护受教育者、教师及其他职工的合法权益；（四）以适当方式为受教育者及其监护人了解受教育者的学业成绩及其他有关情况提供便利；（五）遵照国家有关规定收取费用并公开收费项目；（六）依法接受监督。题干中，学校未公开收费项目，是不合法的。因此答案选 B。

选项 A：现行的《中华人民共和国义务教育法》明确规定，国家实行九年义务教育制度。实施义务教育，不收学费、杂费。但因为经济发展的不平衡，部分的教材费、作业本费以及校服费用等仍然需要个人负担，但收取费用学校要按规定公开，主动接受学生、家长和社会的监督。因此，“义务教育学校不能收费”的说法不准确。排除。

【考点定位】教育法律法规——有关教育的法律法规——《中华人民共和国教育法》——第三十条“学校义务”

【难度系数】★

7. 【答案】D

【解析】本题考查《中华人民共和国教师法》第八条“教师义务”。根据《中华人民共和国教师法》第八条规定，教师应当履行下列义务:（一）遵守宪法、法律和职业道德，为人师表;（二）贯彻国家的教育方针，遵守规章制度，执行学校的教学计划，履行教师聘约，完成教育教学工作任务;（三）对学生进行宪法所确定的基本原则的教育和爱国主义、民族团结的教育，法制教育以及思想品德、文化、科学技术教育，组织、带领学生开展有益的社会活动;（四）关心、爱护全体学生，尊重学生人格，促进学生在品德、智力、体质等方面全面发展;（五）制止有害于学生的行为或者其他侵犯学生合法权益的行为，批评和抵制有害于学生健康成长的现象;（六）不断提高思想政治觉悟和教育教学业务水平。题干中，老师黄某拒绝参加学校组织的培训活动，没有履行不断提高思想政治觉悟和教育教学业务水平的义务。因此答案选 D。

【考点定位】教育法律法规——有关教育的法律法规——《中华人民共和国教师法》——第八条“教师义务”

【难度系数】★★

8. 【答案】A

【解析】本题考查《中华人民共和国教师法》第十四条“丧失教师资格”。《中华人民共和国教师法》第十四条规定：受到剥夺政治权利或者故意犯罪受到有期徒刑以上刑事处罚的，不能取得教师资格；已经取得教师资格的，丧失教师资格。《教师资格条例》第十八条规定：依照教师法第十四条的规定丧失教师资格的，不能重新取得教师资格，其教师资格证书由县级以上人民政府教育行政部门收缴。因此，学校不得聘用陈某。因此答案选 A。

【考点定位】教育法律法规——有关教育的法律法规——《中华人民共和国教师法》——第十四条“丧失教师资格”

【难度系数】★

9. 【答案】B

【解析】本题考查《中华人民共和国预防未成年人犯罪法（2012 年修订）》第三十五条“工读学校”。《中华人民共和国预防未成年人犯罪法（2012 年修订）》第三十五条规定：对未成年人实施本法规定的严重不良行为的，应当及时予以制止。对有本法规定严重不良行为的未成年人，其父母或者其他监护人和学校应当相互配合，采取措施严加管教，也可以送工读学校进行矫治和接受教育。对未成年人送工读学校进行矫治和接受教育，应当由其父母或者其他监护人，或者原所在学校提出申请，经教育行政部门批准。题干中，其监护人提出申请，将李明送往工读学校进行矫治和接受教育。对于这一申请具有审批权的是教育行政部门。因此答案选 B。

【考点定位】教育法律法规——有关教育的法律法规——《中华人民共和国预防未成年人犯罪法（2012年修订）》——第三十五条“工读学校”

【难度系数】★★

10.【答案】D

【解析】本题考查《中华人民共和国预防未成年人犯罪法（2012年修订）》第四十四条“取消学籍”。《中华人民共和国预防未成年人犯罪法（2012年修订）》第四十四条规定：对犯罪的未成年人追究刑事责任，实行教育、感化、挽救方针，坚持教育为主、惩罚为辅的原则。司法机关办理未成年人犯罪案件，应当保障未成年人行使其诉讼权利，保障未成年人得到法律帮助，并根据未成年人的生理、心理特点和犯罪的情况，有针对性地进行法制教育。对于被采取刑事强制措施的未成年学生，在人民法院的判决生效以前，不得取消其学籍。题干中，17岁的高中生江某涉嫌犯罪被采取刑事强制措施，案件尚在审理阶段，学校不能取消其学籍。因此答案选D。

【考点定位】教育法律法规——有关教育的法律法规——《中华人民共和国预防未成年人犯罪法（2012年修订）》——第四十四条“取消学籍”

【难度系数】★★★

11.【答案】C

【解析】本题考查《学生伤害事故处理办法》第九条“学校承担责任”。根据《学生伤害事故处理办法》第九条规定，因下列情形之一造成的学生伤害事故，学校应当依法承担相应的责任：……（四）学校组织学生参加教育教学活动或者校外活动，未对学生进行相应的安全教育，并未在可预见的范围内采取必要的安全措施的……题干中，学生参加学校组织的春游时发生事故，学校有责任，应当依法对林某赔偿损失。因此答案选C。

【考点定位】教育法律法规——有关教育的法律法规——《学生伤害事故处理办法》——第九条“学校承担责任”

【难度系数】★★★

12.【答案】C

【解析】本题考查《中华人民共和国教育法》第三十一条“校长负责制”。《中华人民共和国教育法》第三十一条规定：学校及其他教育机构的举办者按照国家有关规定，确定其所举办的学校或者其他教育机构的管理体制。学校及其他教育机构的校长或者主要行政负责人必须由具有中华人民共和国国籍、在中国境内定居、并具备国家规定任职条件的公民担任，其任免按照国家有关规定办理。学校的教学及其他行政管理，由校长负责。学校及其他教育机构应当按照国家有关规定，通过以教师为主体的教职工代表大会等组织形式，保障教职工参与民主管理和监督。题干中，学校拟聘请一位外籍人担任学校校长的做法是错误的，违背了《教育法》的要求。因此答案选C。

【考点定位】教育法律法规——有关教育的法律法规——《中华人民共和国教育法》——第

三十一条“校长负责制”

【难度系数】★

13.【答案】A

【解析】本题考查教师职业的劳动特征。教师劳动具有特殊性，主要表现在以下四个方面：①教师劳动的目的和任务的特殊性。教师劳动的目的是把青少年培养成为德、智、体、美、劳全面发展的人。因此，教师在劳动过程中，既要教书，又要育人；既要发展学生的智力和能力，又要培养学生正确的世界观、人生观、价值观、道德观。②教师劳动对象的特殊性。教师劳动的对象，既不是无生命的自然物，也不是一般的动物或植物，而是有思想、有感情、有理性、有个性的活生生的人。③教师劳动工具的特殊性。教师所使用的劳动工具除了教材、教学设备等辅助性工具外，主要是教师的个性，既包括教师个人的思想、品德、情感、意志、信念、世界观、人生观、价值观，也包括教师个体的知识和才能，以及传授知识的技巧和本领。④教师劳动结果的特殊性。教师劳动的结果是培养出掌握一定文化科学知识和形成一定思想品德的人才。题干中王老师发现学生抄袭了一道 1 分的试题，他没有简单地指责学生，采用教学机智，随机应变，因势利导，顺利完成了教学任务，促进了学生发展。所以，题干的描述体现了教师劳动对象的特殊性、劳动任务的特殊性和劳动工具的特殊性。并没有体现阶段的特殊性。因此答案选 A。

【考点定位】职业理念——教师观——教师职业的劳动特征

【难度系数】★★

14.【答案】C

【解析】本题考查为人师表。职业道德“廉洁从教”要求教师要为人师表，做到以身作则，关心集体，尊重家长，作风正派，廉洁奉公。自觉抵制有偿家教，不利用职务之便谋取私利。这一行为要求在教师方面，就是要求教师不从学生那里谋取自己的利益，不得利用职务便利谋取私利。选项 C，“校外兼职不得影响本职工作”不属于廉洁从教的要求。因此答案选 C。

【考点定位】教师职业道德——教师职业道德规范——《中小学教师职业道德规范（2008 年修订）》——为人师表

【难度系数】★

15.【答案】A

【解析】本题考查教师与家长的关系。教师职业道德规范要求教师要为人师表，要求老师在处理与家长关系时应遵循：①主动与学生家长联系；②认真听取家长的意见和建议；③尊重学生家长的人格；④教育学生尊重家长。题干中，方老师要求家长完全按老师说的方法来教育孩子，这是把家长当作自己的“助教”，这种做法是不可取的。因此答案选 A。

【考点定位】教师职业道德——教师职业行为——教师在教育活动中要处理好的几大关系——教师与家长的关系

【难度系数】★

16.【答案】C

【解析】本题考查终身学习。教师职业道德规范要求教师要终身学习，要求教师要潜心钻研业务，勇于探索创新，不断提高专业素养和教育教学水平。在课堂教学中遇到知识的盲点，可以和同学一起学习与探索，真诚面对学生。题干中，王老师在念学生名字时，遇到不认识的字，可以现场虚心向同学请教，这样既能达到学习新知识的目的，也能赢得学生的尊重与爱戴。直接和学生沟通可以建立更好的师生关系。掩饰问题和查字典、手机都没有直接和学生沟通效果更好。因此答案选 C。

【考点定位】教师职业道德——教师职业道德规范——《中小学教师职业道德规范（2008 年修订）》——终身学习

【难度系数】★

17.【答案】B

【解析】本题考查生活中的科学。坏血症是由人体缺乏维生素 C 引起的，表现是毛细血管脆性增加，牙龈肿胀、出血、萎缩，常有鼻出血、月经过多以及便血；还可导致骨钙化不正常及伤口愈合缓慢等。这些都是由于缺乏维生素 C 使体内的胶原蛋白不能正常形成有关。该病预防及治疗就是多食新鲜水果和绿叶蔬菜，补充维生素 C。因此答案选 B。

选项 A：叶酸也叫维生素 B9，是一种水溶性维生素，有促进骨髓中幼细胞成熟的作用，叶酸缺乏会对人体正常的生理活动产生影响。缺乏叶酸与神经管畸形、巨幼细胞贫血、唇腭裂、抑郁症、肿瘤等疾病有直接关系。孕妇尤其需要补充叶酸。与题干不符，排除。

选项 C：谷氨酸是一种酸性氨基酸。有鲜味，微溶于水，大量存在于谷类蛋白质中。谷氨酸在生物体内的蛋白质代谢过程中占重要地位，参与动物、植物和微生物中的许多重要化学反应。味精中含有少量谷氨酸。与题干不符，排除。

选项 D：维生素 B 是 B 族维生素的总称，它们常常来自相同的食物来源，如酵母等，属于水溶性维生素。缺乏维生素 B 可能会带来脚气病，神经炎、贫血等症状。与题干不符，排除。

【考点定位】文化素养——科技常识——生活中的科学

【难度系数】★★

18.【答案】B

【解析】本题考查世界科技常识。勾股定理是一个基本的几何定理，指直角三角形的两条直角边的平方和等于斜边的平方。中国古代称直角三角形为勾股形，并且直角边中较小者为勾，另一长直角边为股，斜边为弦，所以称这个定理为勾股定理。在中国，商朝时期的商高提出了“勾三股四玄五”的勾股定理的特例。在西方，最早提出并证明此定理的为公元前 6 世纪古希腊的毕达哥拉斯，他用演绎法证明了直角三角形斜边平方等于两直角边平方之和。因此这个定律也称为商高定理、毕达哥拉斯定理。

选项 B：欧几里得定理是数论中的基本定理，该定理指出素数的个数是无限的。因此答案选 B。

【考点定位】文化素养——科技常识——世界科技常识

【难度系数】★★

19.【答案】C

【解析】本题考查中国近代史。海上丝绸之路是指古代中国与世界其他地区进行经济文化交流交往的海上通道。海上丝绸之路是由当时东西洋间一系列港口网点组成的国际贸易网。在唐宋元的繁盛期，中国境内主要有泉州、广州、宁波三个主港和其他支线港组成。1974 年在福建泉州后渚港发掘出土的宋代古船，有 13 个水密隔舱，其船型和结构都与徐兢记载的福船致一致，是福船的典型器物。宋元时期，泉州一度成为世界第一大港。泉州是联合国唯一认定的海上丝绸之路起点，列入国家“一带一路”战略的 21 世纪海上丝绸之路先行区。因此答案选 C。

【考点定位】文化素养——历史常识——中国近代史

【难度系数】★★

20.【答案】B

【解析】本题考查世界近代史。俾斯麦是十九世纪德国最卓越的政治家，是德意志帝国第一任宰相。俾斯麦先后策划发动普丹、普奥、普法三次王朝战争，消灭了阻碍德国统一的势力，辅佐德皇威廉一世在凡尔赛宫登基，完成德国统一。选项 B 正确。因此答案选 B。

选项 A：拿破仑，是十九世纪法国伟大的军事家、政治家，是法兰西第一帝国的缔造者。历任法兰西第一共和国第一执政（1799—1804 年），法兰西第一帝国皇帝（1804—1815 年）。与题干不符，排除。

选项 C：黑格尔是德国 19 世纪唯心论哲学的代表人物之一。黑格尔的思想，标志着 19 世纪德国唯心主义哲学运动的顶峰。与题干不符，排除。

选项 D：希特勒，奥地利裔德国人，德意志第三帝国元首、总理，纳粹党党魁，第二次世界大战的发动者。

【考点定位】文化素养——历史常识——世界近代史

【难度系数】★★★

21.【答案】D

【解析】本题考查古代称谓。嫘祖是我们先祖女性中的杰出代表，与炎帝、黄帝生活在同一时代，同为人文始祖，是轩辕黄帝的元妃。在嫘祖的倡导下，人们开始了栽桑养蚕的历史。后世人为了纪念嫘祖这一功绩，就将她尊称为“先蚕娘娘”。被后人奉为“先蚕”圣母。因此答案选 D。

选项 A：黄帝，古华夏部落联盟首领，中国远古时代华夏民族的共主。五帝之首，被尊为中华“人文初祖”。

选项 B：炎帝，中国上古时期姜姓部落的首领尊称，号神农氏，相传炎帝牛首人身，他亲尝百草，发展用草药治病；他发明刀耕火种创造了两种翻土农具，教民垦荒种植粮食作物；他还领导部落人民制造出了饮食用的陶器和炊具。

选项 C：女娲，中国上古神话中的创世女神。相传女娲造人，一日中七十化变，以黄泥仿照自己抟土造人，创造人类社会并建立婚姻制度；因世间天塌地陷，于是熔彩石以补苍天，斩鳌足以立四极，留下了女娲补天的神话传说。

【考点定位】文化素养——文化常识——古代称谓

【难度系数】★★

22.【答案】C

【解析】本题考查中国现当代文学。《孔乙己》是鲁迅继《狂人日记》之后的第二篇白话小说。小说描写了孔乙己在封建腐朽思想和科举制度毒害下，精神上迂腐不堪，麻木不仁，生活上四体不勤，穷困潦倒，在人们的嘲笑戏谑中混度时日，最后被封建地主阶级所吞噬的悲惨形象。图示内容属于《孔乙己》插图。因此答案选 C。

【考点定位】文化素养——文学常识——中国现当代文学

【难度系数】★★

23.【答案】A

【解析】本题考查中国近代史。甲骨文是商周时期写在龟甲或兽骨上的文字，是中国已发现的古代文字中年代最早、体系较为完整的文字。甲骨四堂是指中国近代四位研究甲骨文的著名学者：罗振玉（号雪堂）、王国维（号观堂）、郭沫若（字鼎堂）、董作宾（字彦堂）。著名学者陈子展教授在评价早期的甲骨学家的时候写下“甲骨四堂，郭董罗王”的名句，这一概括已为学界所广泛接受。唐兰曾评价他们的殷墟卜辞研究“自雪堂导夫先路，观堂继以考史，彦堂区其时代，鼎堂发其辞例，固已极一时之盛”。因此答案选 A。

选项 B：孙诒让，浙江瑞安人。中国晚清经学大师、爱国主义者和著名教育家。与俞樾、黄以周合称清末三先生。有“晚清经学后殿”“朴学大师”之誉，章太炎称他“三百年绝等双”。

选项 C：季羡林，中国山东省聊城市临清人，字希逋，又字齐奘。国际著名东方学大师、语言学家、文学家、国学家、佛学家、史学家、教育家和社会活动家。历任中国科学院哲学社会科学部委员、聊城大学名誉校长、北京大学副校长、中国社会科学院南亚研究所所长，是北京大学的终身教授，与饶宗颐并称为“南饶北季”。

选项 D：陈寅恪，字鹤寿，江西修水人。中国现代集历史学家、古典文学研究家、语言学家、诗人于一身的百年难见的人物，与叶企孙、潘光旦、梅贻琦一起被列为清华大学百年历史上四大哲人，与吕思勉、陈垣、钱穆并称为“前辈史学四大家”。

【考点定位】文化素养——历史常识——中国近代史

【难度系数】★★★

24.【答案】B

【解析】本题考查音乐常识。王立平，国家一级作曲，主要作品有:《潜海姑娘》《鸽子》《海港之歌》等。其创作的 87 版电视连续剧《红楼梦》中的音乐作品《枉凝眉》《红豆曲》《葬花吟》等风格各异而又主题鲜明的插曲，道出了红楼儿女的爱恨情仇，至今仍被人们称道。因此答案选 B。

【考点定位】文化素养——艺术常识——音乐常识

【难度系数】★★★

25.**【答案】**B

【解析】本题考查生活中的科学。众数是指在统计分布上具有明显集中趋势点的数值，代表数据的一般水平。众数是一组数据中出现次数最多的数值。观察得分分布可知，得分为 2 的频数 489 是所有频数中最大的，因此该试题得分的众数为 2。因此答案选 B。

【考点定位】文化素养——科技常识——生活中的科学

【难度系数】★

26.**【答案】**D

【解析】本题考查 Word 的运用。在 Word 中，点击“插入”，该工作栏中会出现“符号”功能，“符号”下拉菜单中点击“其他符号”，在“符号”对话框中可以看到众多特殊符号，选中需要的符号，点击插入，完成插入特殊符号过程。题干中的特殊符号“※”也可以通过这种途径添加，因此首先选择的功能菜单是“插入”。因此答案选 D。

【考点定位】教基本能力——信息处理能力——Word 的应用

【难度系数】★

27.**【答案】**A

【解析】本题考查 Excel 的运用。在 Excel 中，点击编辑栏上的  图标，可实现在工作表中插入图表的功能。因此答案选 A。

【考点定位】基本能力——信息处理能力——Excel 的应用

【难度系数】★

28.**【答案】**D

【解析】本题考查数字推理。根据题干数字找规律，利用和、差、商等运算规律。前四个数字形成数列：101，169，305，577。该数列的后一项减去前一项的差形成新数列：68，136，272。新数列中后一项是前一项的 2 倍。因此，填空数字应是相邻两项的差值乘以 2，等于后相邻两项的差值，即 577+272 × 2=1 121 或 2 209–272 × 4=1 121。因此答案选 D。

【考点定位】基本能力——逻辑思维能力——经典逻辑推理——数字推理

【难度系数】★★

29.**【答案】**C

【解析】本题考查命题推理。根据题干要求找“只有本地人当经理，才能把企业搞好”的矛盾命题，原命题“只有……才……”的句式的推理规则是后推前，即企业搞好可以推出本地人当经理，由 a → b 的矛盾命题为 a 且非 b 可知，原命题的矛盾命题为企业搞好，不是本地人当经理，即选项 C 描述符合题意。因此答案选 C。

【考点定位】基本能力——逻辑思维能力——命题——命题推理

【难度系数】★★★

二、材料分析题

30.【参考答案】

材料中李老师的行为遵循了新课程改革背景下教师观的理念。

（1）新课程改革的教师观要求教师要做学生学习的引导者和发展的促进者。现代社会的发展要求教师不仅仅是向学生传播知识和社会规范，更要关注学生人格的健康成长与个性发展，真正成为学生发展的促进者和人生的引路人。材料中，李老师对不喜欢物理但是喜欢计算机知识的学生，耐心引导，调动其积极性，让他对物理学习也充满了信心。

（2）新课程改革的教师观要求在对待师生关系上，强调尊重和赞赏。教师要关心学生、尊重学生的尊严，启发诱导、循循善诱。材料中，学生对物理没有兴趣，成绩也不好，李老师没有批评而是通过向他请教计算机的问题，关系亲近后再引导他学习物理，最终帮助学生在物理方面取得进步，符合教师观的要求。

（3）新课程改革的教师观要求在对待教学上，强调帮助和引导。材料中，李老师在教学中发现学生物理成绩不好并没有一味开展灌输式学习而是循循善诱，通过计算机学习开导学生，引发学生对物理的兴趣。

（4）新课程改革的教师观要求教师在对待自我上，强调反思。材料中，李老师以写教学札记的形式记录自己在教育教学中遇到的问题，遇到问题不是推卸责任而是总结经验，是不断反思不断进步的表现，符合教师观的要求。

总之，李老师的做法是正确的。

【考点定位】教师职业理念——教师观——新课程改革背景下的教师观——教师应该是学生学习和发展的促进者；新课程强调教师帮助、引导、尊重和赞赏学生；在对待自我上，新课程强调反思

【难度系数】★★★★

31.【参考答案】

材料中“我”的教育行为符合教师职业道德规范的要求，是正确的。

（1）“我”的做法体现了爱岗敬业的职业道德规范。爱岗敬业要求教师要做到：勤恳敬业，甘为人梯，乐于奉献。对工作高度负责，认真备课上课，认真批改作业，不得敷衍塞责。材料中，“我”帮学生适应初中的生活，形成班级凝聚力，建微信群、招志愿者等体现老师对待工作高度负责，毫无敷衍非常敬业。

（2）“我”的做法体现了关爱学生的职业道德规范。关爱学生要做到关心爱护全体学生，尊重学生人格，平等公正对待学生。对学生严慈相济，做学生良师益友。材料中“我”考虑到学生刚刚离开小学，为了让孩子和家长第一次进教室就能有一种温馨的感觉，在班级里招募“志愿者”，请住得较近的孩子提前一天来校打扫布置教室体现了周老师对学生心理健康的关爱。

（3）“我”的做法体现了教书育人的职业道德规范。教书育人要做到循循善诱，诲人不倦，因材施教。培养学生良好品行，激发学生创新精神，促进学生全面发展。材料中，“我”在班级设立志愿者岗位，每个学生都成了班级的志愿者、服务者，不仅关注学生成绩还关注学生的劳动、实践能力，促进了学生全面发展。

（4）“我”的做法体现了为人师表的职业道德规范。为人师表包括关心集体，团结协作，尊重同事，尊重家长。材料中，“我”第一步了解学生情况后建立家长微信群，积极与家长沟通，尊重家长。

综上所述，“我”的做法符合教师职业道德规定，为我们树立了良好的榜样，我们应该向其学习。

【考点定位】职业道德——教师职业道德规范——《中小学教师职业道德规范（2008 年修订）》——爱岗敬业、关爱学生、教书育人、为人师表

32.**【参考答案】**

（1）①“见解”是指没有深入阅读的，平时生活中人与人之间的交流，从各种小报、娱乐媒体上得到的凌乱的、他人改造过的观念。

② 产生的后果：长此以往，会左右日常生活观念，一个人看待事物的角度和高度，遵循的标准，对社会的判断，对文学艺术的判断，对人的判断，对时事的判断，对诸多问题的判断，不可能具备更高更清晰的思维坐标。

（2）理想的“思想环境”如下：

① 需要最起码的阅读，否则就不知道世界之大、历史之长，思想之多，难免将自己封闭在平庸的见识中。

② 多读古今中外的名家作品，争取机会跟人类历史上最高的思想对话，哪怕是浅浅，都是极其有益的事情。

③ 思想和知识与艺术理解紧密相连，真正地理解是从文化开始；生活中最重要的思想环境是反省。

意义如下：

① 检点下来，我们会发现整体听来的一些见解、主意和方法，都是在世俗风尘中转来递去之物，它们几乎无不带有实用主义的目的、个人的欲望和自私褊狭的认识。

② 就精神层面而讲，我们极容易生存在庸俗社会学、市井意识和浅薄机灵交织而成的所谓“见识”之中，并以此构造其个人的思想基础，成为我们的思想来源。思想环境一旦破坏了，也就意味

着长期处于低微的精神水准之下。

【考点定位】基本能力——阅读理解能力——概括文章中心思想、筛选并整合主要信息及重要细节、分析观点

【难度系数】★★★★

三、写作题

33.**【参考范文】**

尊重对手

足球赛场上出现了意外的一幕：丹麦队与伊朗队的足球比赛中，因为球迷的“哨声造假”，使伊朗队误以为比赛结束，在球门区内捧起足球，被判手球犯规，丹麦队因此获得点球机会。就在大家为伊朗队愤愤不平时，丹麦队却并没有像别人以为的那样，以输赢作为第一目标，反而故意将球踢飞，全场一片哑然，继而爆发出雷鸣般的掌声。这则故事中，丹麦队虽然丢掉了宝贵的一球，但是赢得了全场所有人的钦佩。因为他们向我们展示了尊重对手、尊重规则的伟大的体育精神。

对手是可贵的。能成为对手是一种缘分。世界这么大，从事某一项目的人数不胜数，只有实力和运气双重在线才能站在同一赛场上。成为对手，就意味着对彼此的重视。人生匆匆如流水，转瞬间已是沧海桑田。如此苦短的人生中，你的对手就一直在你的身边，催促你不要虚度时光。所以，没有对手，没有竞争，人生会少了许多精彩的滋味。

面对对手，我们需要做到尊重。在2019年军运会乒乓球项目的比赛中，中国队的一场比赛令人印象深刻。当时，中国队的对手为斯里兰卡队。中国乒乓球队是当之无愧的世界第一强队，面对实力卓绝的中国队，斯里兰卡队没有胆怯退缩而是认真迎战，发挥出了自己的真正实力，享受比赛直到最后一秒。同时，在面对实力较弱的斯里兰卡队，中国队员也保持了对对手的尊重，并没有放水，而是全力以赴，应对比赛。两队用实力诠释了什么是友谊第一、比赛第二。他们这种对对手的尊重是多么的可贵！现实生活中，人们对自己的对手，是否能做到这样，处于弱势毫不畏惧，处于强势也不掉以轻心，以尊重对手的心态面对每一个挑战呢？像中国乒乓球队这样尊重对手的，又有几人？人类的生活处处充满了竞争，对手之间的关系复杂得让人难以想象。在各种比赛中，对对手满怀嫉妒，使出不正当手段的人比比皆是。我们千万不能成为令自己都鄙夷的那种人。

面对对手，我们还需要调整自己的心态。自古至今有多少人真正做到仰不愧于天，俯不怍于人，心怀坦荡？庞涓嫉妒孙膑的军事才能，把孙膑诓骗到魏国后设计陷害，孙膑因此终身残疾。如果一个人有了对手，就要不择手段地去击垮对手，那么他本身的魅力将丝毫无存，即使取得了胜利也不会赢得大家的尊重和爱戴。让我们将对手当作自己的朋友吧！一生的对手是一生的朋友，场上的对手也是场下的朋友，一起钻研业务，英雄惜英雄。尊重对手的人，自己的潜能也将在竞争中不断焕发出璀璨的光辉。

当今世界的我们不必为了虚名工于心计，尔虞我诈，自然也更不必为了自身利益而失掉对对手的尊重。不管为己为人，合作共赢才是我们如今的主流价值观。所以尊重对手是先进文明的体现，拥有这种气度的个人是优秀的个人，拥有这种气度的国家是能够蒸蒸日上的国家。

规则是约束所有人的规则，对手是你进步的动力源泉，让我们学着尊重规则，学着尊重对手，学会在竞争中寻找美丽的人生吧！

【考点定位】基本能力——写作能力——写作方法——审题立意、结构布局

【难度系数】★★★★★

姓名 ________ 准考证号 ________

2018 年下半年国家教师资格考试
综合素质（中学）真题卷及参考答案

（科目代码：301/301A）

2018 年下半年国家教师资格考试

综合素质（中学）真题卷

注意事项：

1. 考试时间为 120 分钟，满分为 150 分。

2. 请按规定在答题卡上填涂、作答。在试卷上作答无效，不予评分。

一、单项选择题（在每小题列出的四个备选项中只有一个是符合题目要求的，请用 2B 铅笔把答题卡上对应题目的答案字母按要求涂黑。错选、多选或未选均无分。本大题共 29 小题，每小题 2 分，共 58 分）

1. 李老师坚持写“作业札记”，其中记录了学生做作业过程中的一些有趣的、特殊的现象，并据此分析学生在完成作业中的心理变化，然后再将自己的判断结果作为设计、布置、批改和反馈作业的重要依据，从学生观的角度分析，该教师的做法（　　）。

   A. 注重了学生发展的差异性　　B. 发挥了教学的专业自主性

   C. 注重了学生发展的主体性　　D. 提升了布置作业的有效性

2. 关于图 1 反映的情形，正确的说法是（　　）。

   A. 忽视了学生的智力发展

   B. 忽视了学生的全面发展

   C. 忽视了学生的主动发展

   D. 忽视了学生的个性发展

图 1

3. 桂老师专门找朱松谈话，告诉他：“你这段时间虽然学习效果不太好，但比以前刻苦多了，只要你改进学习方法，会有明显的进步的。”桂老师的做法（　　）。

   A. 有利于激发朱松的学习动力　　B. 不利于保护学生的自尊心

   C. 有利于激发朱松的合作意识　　D. 不利于发展学生的个性

4. 青年教师王老师为提高教学水平，从课堂教学设计、教学方法、乃至教学语言都严格认真模仿特级教师李老师的做法，但教学效果仍然不佳。导致王老师教学效果不佳的原因不包括（　　）。

   A. 王老师缺乏反思意识　　B. 王老师忽视学生的差异性

   C. 王老师缺乏教学创新　　D. 王老师缺乏诚恳学习态度

5. 某中学非法招生获利 80 多万元。依据《中华人民共和国教育法》“教育行政部门或其他有关行政部门”可以对该校采取的措施是（　）。

A. 对直接负责的主管人员追究民事责任

B. 令其退回所招学生并退还所收费用

C. 对其他直接责任人员处以罚款

D. 没收其非法所得的财物

6. 某中学规定，教师因休产假不能工作的，其工资由学校扣除，用作其他代课教师的代课费用。该学校的做法（　）。

A. 不合法，侵犯了教师享受国家规定的福利待遇的权利

B. 不合法，代课教师的工资应由学校自筹经费予以保障

C. 合法，学校享有对教师实施奖励或处分的权利

D. 合法，学校享有按照章程进行自主管理的权利

7. 某足球学校是专门招收适龄儿童、少年进行足球专门训练的学校，依据《中华人民共和国义务教育法》对该学校自行对适龄儿童、少年实施义务教育具有审批权的主体是（　）。

A. 市级人民政府　　B. 市级人民政府教育行政部门

C. 县级人民政府　　D. 县级人民政府教育行政部门

8. 为防止学生受到网络伤害，班主任李老师要求班上所有学生将手机上交接受检查，以便及时了解情况。李老师这种做法（　）。

A. 合法，班主任对学生有管教权　　B. 合法，班主任对学生有监护权

C. 不合法，侵犯了学生的隐私权　　D. 不合法，侵犯了学生的财产权

9. 人民法院依法对 14 岁的赵某涉嫌违法犯罪案件进行审理，依据《中华人民共和国预防未成年人犯罪法》，对这一类型的案件（　）。

A. 一律不公开审理　　B. 一般不公开审理

C. 经人民政府批准可公开审理　　D. 经检察机关批准可公开审理

10. 在李老师的课上，学生顾某起立回答问题时，后排的陈某悄悄将顾某的椅子移开，导致顾某坐下时重重摔倒在地上。后经医院检查发现其尾椎骨裂，需要长期治疗。在这起事故中，应当承担相应法律责任的是（　）。

A. 陈某　　B. 老师

C. 陈某和学校　　D. 陈某和老师

11. 依据《中华人民共和国教育法》，学校及其他教育机构中的管理人员应当实行（　）。

A. 教学辅助人员职务制度　　B. 管理职员制度

C. 专业技术职务聘任制度　　D. 教育职员制度

12.《中华人民共和国宪法》规定，国家的法律监督机关是（　）。

A. 中华人民共和国人民检察院　　B. 中华人民共和国监察委员会

C. 全国人民代表大会常务委员会　　　　D. 中华人民共和国人民法院

13. 一直受学生喜欢的韩老师每次板书后，习惯性地将剩余的粉笔头“潇洒地”投向教室后面的垃圾桶，只要一投中就会引起学生啧啧称赞，此举被很多学生模仿，现已成为学生们课后常玩的一个游戏——“旋风粉笔”。这表明韩老师要注重（　）。

A. 加强职业归属感　　　　B. 道德心理优化

C. 增强职业安全感　　　　D. 道德行为内化

14. 初三（1）班的李凡考试成绩一直不佳。班主任召开家长会时说：“我们班有几个像李凡这样的孩子，考试成绩一直落在全班后面，他们今后的发展令人担忧啊！”这位班主任的做法（　）。

A. 不恰当，应当私下提醒家长做好心理准备

B. 不恰当，应综合评价之后再与家长沟通

C. 恰当，能帮助家长正确预期孩子的发展

D. 恰当，能帮助李凡等学生准确定位自己

15. 高二（1）班的历史课上，杨老师与李军发生了语言冲突，双方争执不下。杨老师便把张军拉到班主任办公室。班主任应该（　）。

A. 请政教处老师处理　　　　B. 问清缘由再行处理

C. 先让张军道歉再了解缘由　　　　D. 建议他们相互道歉握手言和

16. 上课时，程老师发现后排的一名学生在偷偷吃零食。刚开始程老师没有理会，但这名学生吃了很长时间也没有停下。程老师忍无可忍，便快速走到这名学生跟前，抢过零食扔出窗外。程老师的做法（　）。

A. 恰当，体现教师的严格要求　　　　B. 恰当，符合学习的管理规定

C. 不恰当，不应简单粗暴处理问题　　　　D. 不恰当，不应干预学生个人行为

17. 豆腐原产于中国，以它为原材料的菜肴，做法多种多样。“文思豆腐”是将柔软脆弱的豆腐切成毛发粗细制作而成，以刀工见长。下列菜系中，擅长制作“文思豆腐”的是（　）。

A. 鲁菜　　B. 苏菜　　C. 粤菜　　D. 徽菜

18. 望远镜的发明推动了近代天文学的发展。1609 年，伽利略亲手制造了和改进了望远镜，并用来巡视天空。他的国籍是（　）。

A. 法国　　B. 英国　　C. 意大利　　D. 奥地利

19. “二战”结束后，在亚洲和欧洲分别对主要战犯进行了审判，亚洲审判史称“东京审判”，欧洲审判称为（　）。

A. “伦敦审判”　　B. “柏林审判”　　C. “纽伦堡审判”　　D. “波茨坦审判”

20. 战国时期，诸侯间的兼并战争愈演愈烈，产生了多种外交、军事策略。下列人物中，主张“远交近攻”策略的是（　）。

A. 孙膑　　B. 苏秦　　C. 张仪　　D. 范雎

21. 农历中的二十四节气，反映气候、物候的变化，用以指导农事。下列节气中，白昼最长的是（　）。

A. 春分　　B. 夏至　　C. 秋分　　D. 冬至

22. 1972 年，考古学家在发掘一座汉墓时发现一具女尸，不仅千年不腐，而且各部位和内脏器官的外形相当完整，各组织细微结构保存较好，为世所罕见，该墓葬的名称是（　）。

A. 满城汉墓　　B. 狮子山墓葬

C. 西汉南越王墓　　D. 马王堆汉墓

23. 为纪念卫国战争胜利 70 周年，俄罗斯 2015 年推出了根据同名小说改编的电影《这里的黎明静悄悄》新版。小说的作者是（　）。

A. 肖洛霍夫　　B. 瓦西里耶夫

C. 法捷耶夫　　D. 帕斯捷尔纳克

24. 图 2 中的人像雕塑出自组雕《地狱之门》，原是法国雕塑家奥古斯特·罗丹为巴黎装饰艺术博物馆大门而作。此雕塑后来被放大三倍复制，成为独立作品，作品的通行名称是（　）。

A.《诗人》　　B.《守门人》

C.《瞭望》　　D.《思想者》

图 2

25. 对图 3 中的解释，下列选项中，不正确的是（　）。

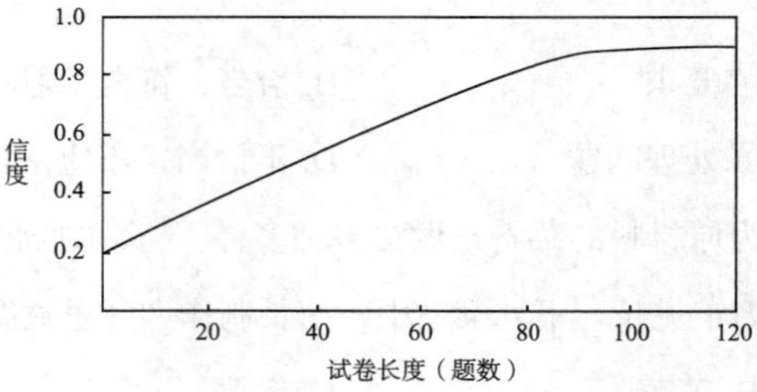

图 3

A. 在一定的试卷长度范围内，改变题量能够明显改变考试结果的信度

B. 当试卷长度达到一定程度后，增加题量不会明显改变考试结果的信度

C. 试卷题量少于 80 时，题量与信度正相关，题量越少考试的信度越低

D. 当试卷长度达到某一极高的程度后，考试结果的信度也会达到极值 1

26. 在 Word 中，要实现对文档进行“替换”，在默认设置下，首选功能菜单是（　）。

A. 工具　　B. 文件　　C. 视图　　D. 编辑

27. 在 Excel 工作表中，单元格区域 B3：E5 的单元格个数（　）。

A.11　　B.12　　C.13　　D.14

28. 找规律填数字是一个很有趣的活动，特别锻炼观察和思考能力。下列选项中，填入数列“11、55、187、583、(　)、5335”空缺处的数字，正确的是（　）。

A. 1771　　B. 1772　　C. 1773　　D. 1774

29. “以事实为根据，以法律为准绳”，不属于同类标准的是（　）。

A. 团队重要，平台也很重要　　B. 品德看言行，知识看谈吐

C. 若想人不知，除非己莫为　　D. 善人必勤俭，恶人必奢华

二、材料分析题（本大题共 3 小题，每小题 14 分，共 42 分）

30. 材料：

陈老师在语文教学中，总是先让学生明确学习目标，然后提出问题，让学生围绕问题各自探索，并在小组内进行交流。大家都解决不了的问题，就由陈老师讲解，一学期下来，很多学生觉得不但收获了知识，解决问题的能力也增强了。

当然，陈老师也会遇到一些“意外”情况，有的同学老是找不到学习的方法，也不愿意发言，习惯当听众，王春就是这样的孩子，陈老师有一次点名让王春发言，王春站起来紧张得面红耳赤，陈老师示意王春坐下，课后，陈老师把王春叫到办公室说：“你既然不愿意在班上公开讲，那我们就私下聊吧，现在只有我们两人，你就补上你的课程发言吧。”在陈老师的多次鼓励下，王春慢慢克服了胆怯，也敢上台发言了。

作为班主任，陈老师号召学生扩大阅读面，他给学生推荐了很多书目，包括古今中外的文学名著，也包括科技史，通俗哲学读物，成功者的励志故事……他还经常组织学生交流阅读体会，一学期下来，学生的视野明显开阔了，知识面也明显拓宽了。

问题：请结合材料，从学生观的角度，评析陈老师的做法。（14 分）

31. 材料：

葛华和李强在课间因为一件小事吵架，葛华挨了两拳，刚要还手，上课铃响了，李强迅速跑进教室。葛华觉得吃了亏，怒不可遏，他站在教室门口指着李强大声叫嚷："有本事你给我出来，我非把你揍扁不可！"此时，正好来上数学课的于老师看到了这一幕，于老师愣了一下，马上和蔼地对葛华说："葛华，你看老师拿了这么多作业本。你能帮老师发给同学们吗？"

葛华虽然还在生气，但是很快接过作业本发了下去，于老师又对全班同学说："刚才葛华虽然和别人闹了点小矛盾，可是他为了不影响上课，愉快地帮助我们发作业，这很好！我相信他下课后会正确处理这件事的。"葛华听到老师的表扬，转怒为喜，上课也非常认真，下课后于老师请李强帮他把教具拿回办公室，趁机问明了事件发生过程。听完李强的诉说，于老师地对他说："虽然双方都有责任，但打人给别人造成了伤害，如果是你被打了，你会感觉怎样？我们已经是中学生了，要学会用自己的智慧友好地解决与他人的冲突，老师相信你会处理好这件事的。"之后，李强主动找葛华道歉，两人重归于好。

问题：请结合材料，从教师职业道德的角度，评析于老师的教育行为。(14分)

32. 材料：

中国古典文学很善于用意象表达作者的思想情感。特别是古典诗词，利用意象传神达意，是诗人的一项重要的艺术手法。历代不乏这方面的大家高手。例如李白《忆秦娥·箫声咽》被后人誉为"怀古咏史诗中无与伦比的典范之作"。这首词运用意象体现作者的所感、所思、所想时，可谓驾轻就熟、出神入化，达到了炉火纯青的程度。作者选择的几个意象，原本有些风马牛不相及，但在作者的大手笔中，不仅活了起来，还一脉相承为一首千古绝唱。

箫声咽，秦城梦断秦楼月。秦楼月，年年柳色，灞陵伤别。乐游原上清秋节，咸阳古道音尘绝。音尘绝，西风残照，汉家陵阙。

不难看出，这首词中有十个意象：箫声、秦城、秦楼月、柳色、灞陵、乐游原、咸阳古道、西风、残照、汉家陵阙。围绕着这些意象，几幅生机盎然的画面，随着深夜的箫声渐次浮现出来。

现代学者浦江清在其《词的讲解》一文中认为，李白的这首《忆秦娥·箫声咽》是几幅"长安素描的合订本"。所谓"合订本"，显然意指词中的画面都是"独立成篇的"，看上去这是事实。然而每吟诵这首《箫声咽》，"秦楼月"的悲苦幽怨中，总是升起一股荡尽千古风尘的浩气，将词中画面一气呵成为色彩浓烈的悲剧，从而使人并不觉得那些画面是支离散乱的，甚至并不感到它们是

"独立成篇的"，那些画面在读者的心神体会中，成为一个密不可分的有机整体，所谓"素描的合订本"中的合订，其实是一种血肉相连的内在联系。这种内在联系是审美的结果。也就是说，词中的十个意象，实质上是作者"阅尽人间春色"后的怀古伤今中的审美选择。没有崇高的审美情操，没有敏锐的审美判断及娴熟的文学技巧，是不可能有这种恰到好处的意象选择的。然而，将十个意象安排在仅有四十六个字的小令中，且浑然天成为一首惊心动魄的绝妙之词，这是妙手偶得，还是神来之笔？都不是。唯一的解释是，这是只有李白这样的大诗人才有的天才的艺术想象的结果。

诗词家常说，意象选择是诗词创作的主要方法，这是经验之谈。然而意象选择的原则是什么？换言之，是什么指导了意象选择？从《忆秦娥•箫声咽》中可以看出，作者选择的十个意象，能在一首小令中得到淋漓尽致的体现——这些意象犹如诸多音符组合在一起，起伏变化成一支优美悦耳的曲子。诚然，这里的思想不是理性思考的结果，而是善感于外界产生的浮想联翩中的看法。毋宁说，一个心智正常的人，这种"看法"绝无可能前后矛盾，而是一以贯之的。这种一以贯之的"看法"，才是《忆秦娥•箫声咽》中十个意象之间内在联系的灵魂。也就是说，唯思想才是诗词创作中意象选择的主导。严格说没有思想的主导，则不会有正确的意象选择，整篇诗词创作也就失败了。李白之所以能在《忆秦娥•箫声咽》中将十个意象完美无缺地排列组合成一首意义深远、气势磅礴的精妙好词，主要得力于他那气贯古今的思想。说实在的，《忆秦娥•箫声咽》中的十个意象，在一般人那里，都是司空见惯的平常物，但这些平常物在李白思想的驾驭中，变得不平常起来，都有了非同寻常的意义，都在思想的指挥下发挥自身的"音阶"功用，汇成了一支既悲苦凄清、又威武苍凉的乐曲。

（摘编自李工《古典文学意象的示范》）

问题：

（1）文章认为中国古典诗词意象选择的原则是什么？请简要概括。（4 分）

（2）请结合文章，对中国古典诗词意象是"合订本"这一特征予以分析。（10 分）

三、写作题（本道题共 1 道题，50 分）

33. 阅读下面的材料，按要求作文。

“木桶原理”认为，一个木桶能装多少水，取决于最短的那个板（图 4），近来又有人提出了“新木桶原理”，认为当木桶倾斜一定角度后所能装的水，才是它的真正容量，也就是说，木桶的长板越长，装的水越多（图 5）。

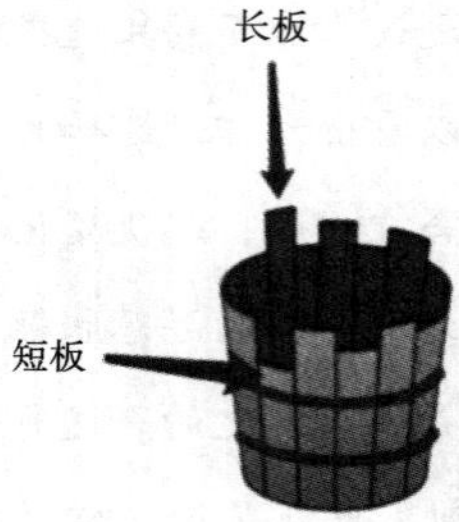

图 4

图 5

综合上述材料所引发的联想和感悟，写一篇议论文。

要求：用规范的现代汉语写作：角度自选，立意自定，标题自拟；不少于 1000 字。

2018年下半年国家教师资格考试

综合素质（中学）真题卷参考答案

一、单项选择题

1. 【答案】C

【解析】本题考查学生是具有独立意义的人。“以人为本”的学生观包括学生是具有独立意义的人。学生是独立的人包括每个学生都是独立于教师之外，不以教师的意志为转移而客观存在的。学生在学习活动中是认识的主体、实践的主体和发展的主体，是学习的主人。材料中，李老师通过“作业札记”，记录学生的现象，从现象出发分析学生的心理，把学生的心理状况作为后期工作的重要依据体现李老师在教学中一切以学生为中心，尊重学生的主体性。因此答案选C。

选项A：注重发展的差异性即素质教育是促进学生个性发展的教育，需要教师因材施教。而素质教育的内涵不属于学生观。与题干不符，排除。

选项B：发挥了教学的专业自主性是从教师观角度进行的分析，不属于学生观，为干扰项。与题干不符，排除。

选项D：提升了作业有效性是从教育观角度进行的分析，不属于从学生观角度进行的分析，为干扰项。与题干不符，排除。

【考点定位】职业理念——学生观——“以人为本”的学生观——学生是具有独立意义的人

【难度系数】★

2. 【答案】B

【解析】本题考查素质教育是促进学生全面发展的教育。素质教育是促进学生包括德智体美等方面全面发展的教育。题干中，一名学生在作优秀学生报告，他讲话的时候有人递毛巾，还有人打伞，漫画中显示心理测验不合格，说明该学生可能智育的理论成绩较为优秀但是生活自理能心理健康等方面还有待提高。因此答案选B。

选项A：图1中的情形是只重视学生智力发展甚至忽视了其他方面的不足，而不是忽视智力发展，为干扰项。与题干不符，排除。

选项C：学生的主动发展的一个重要方面是学生具有巨大的发展潜能，要求我们要坚信每个学生都有潜能，教师要对学生充满信心。选项的表述与图1的情形无关，为干扰项。与题干不符，排除。

选项 D：学生的个性发展的一个重要方面是要认识到学生都有自身的独特性。须根据学生各个方面的情况因材施教。选项的表述与图 1 的情形无关，为干扰项。与题干不符，排除。

【考点定位】职业理念——教育观——素质教育的实质——素质教育是促进学生全面发展的教育

【难度系数】★

3. **【答案】**A

【解析】本题考查教师职业角色的转变。新课程改革背景下的教师观，要求教师应该是学生学习的引导者和学生发展的促进者。题干中，桂老师与学生谈话肯定了学生的学习进步，也指出了不足，对学生的学习起到了激励作用，有利于激发出学生的学习动力。因此答案选 A。

选项 B：桂老师所说的话积极向上，是在鼓励学生，给学生希望。有利于保护朱松的自尊心。与题干不符，排除。

选项 C：桂老师的说法并未体现有利于激发朱松的合作意识，为干扰项。与题干不符，排除。

选项 D：桂老师的做法并未体现是否可以发展朱松的个性，为干扰项。与题干不符，排除。

【考点定位】职业理念——教师观——新课程改革背景下的教师观——教师职业角色的转变

【难度系数】★

4. **【答案】**D

【解析】本题考查教师专业发展的内容和方法。教师专业发展的方法主要包括：①观摩和分析优秀教师的教学活动；②开展微格教学；③进行专门训练；④反思教学经验。教室专业发展的内容包括道德素养、知识素养、能力素养、心理素养。题干中，王老师为了提高教学水平，向特级教师李老师学习，各方面一一模仿李老师，虽然他态度好但是效果差，究其原因可能是没有考虑学生的个别差异，只是照搬别人的教学方法，缺乏创新，所以李老师的方法并不适应他自己班的学生。因此，选项 D“王老师缺乏诚恳学习态度”说法错误，答案选 D。

选项 ABC：题干中，王老师从课堂教学设计、教学方法，乃至教学语言都严格认真特级教师的做法，说明她具有诚恳的学习态度，但通过题干表述还不能完全确定她缺乏反思意识、忽视学生差异性和缺乏教学创新。与题干不符，排除。

【考点定位】职业理念——教师观——教师的专业发展——教师专业发展的内容和方法

【难度系数】★

5. **【答案】**B

【解析】本题考查《中华人民共和国教育法》第七十六条“招收学生问题的法律责任”。《中华人民共和国教育法》第七十六条规定：学校或者其他教育机构违反国家有关规定招收学生的，由教育行政部门或者其他有关行政部门责令退回招收的学生，退还所收费用；对学校、其他教育机构给予警告，可以处违法所得 5 倍以下罚款；情节严重的，责令停止相关招生资格 1 年以上

3 年以下，直至撤销招生资格、吊销办学许可证；对直接负责的主管人员和其他直接责任人员，依法给予处分；构成犯罪的，依法追究刑事责任。因此答案选 B。

【考点定位】教育法律法规——有关教育的法律法规——《中华人民共和国教育法》——第七十六条“招收学生问题的法律责任”

【难度系数】★★

6. **【答案】**A

【解析】本题考查《中华人民共和国教师法》第七条“教师权利”。根据《中华人民共和国教师法》第七条规定，教师享有以下权利：（一）进行教育教学活动，开展教育教学改革和实验；（二）从事科学研究、学术交流，参加专业的学术团体，在学术活动中充分发表意见；（三）指导学生的学习和发展，评定学生的品行和学业成绩；（四）按时获取工资报酬，享受国家规定的福利待遇以及寒暑假期的带薪休假；（五）对学校教育教学、管理工作和教育行政部门的工作提出意见和建议，通过教职工代表大会或者其他形式，参与学校的民主管理；（六）参加进修或者其他方式的培训。题干中，学校将因休产假不能工作的教师工资扣除用作其他代课教的代课费用，是不合法的，侵犯了教师享受国家规定的福利待遇的权利。因此答案选 A。

【考点定位】教育法律法规——有关教育的法律法规——《中华人民共和国教师法》——第七条“教师权利”

【难度系数】★★

7. **【答案】**D

【解析】本题考查《中华人民共和国义务教育法》第十四条“专业训练学校的义务教育”。《中华人民共和国义务教育法》第十四条第二款规定：根据国家有关规定经批准招收适龄儿童、少年进行文艺、体育等专业训练的社会组织，应当保证所招收的适龄儿童少年接受义务教育；自行实施义务教育的，应当经县级人民政府教育行政部门批准。题干中，某足球学校招收适龄儿童、少年进行足球专门训练，具有审批权的主体是县级人民政府教育行政部门。因此答案选 D。

【考点定位】教育法律法规——有关教育的法律法规——《中华人民共和国义务教育法》——第十四条“专业训练学校的义务教育”

【难度系数】★★

8. **【答案】**C

【解析】本题考查《中华人民共和国未成年人保护法（2012 年修订）》第三十九条“保护未成年人的隐私权”。《中华人民共和国未成年人保护法（2012 年修订）》第三十九条规定：任何组织或者个人不得披露未成年人的个人隐私。对未成年人的信件、日记、电子邮件，任何组织或者个人不得隐匿、毁弃；除因追查犯罪的需要，由公安机关或者人民检察院依法进行检查，或者对无行为能力的未成年人的信件、日记、电子邮件由其父母或者其他监护人代为开拆、查阅外，任何组织或者个人不得开拆、查阅。题干中，老师随意检查学生手机，侵犯了隐私权。因此答案选 C。

【考点定位】教育法律法规——有关教育的法律法规——《中华人民共和国未成年人保护法（2012 年修订）》——第三十九条“保护未成年人的隐私权”

【难度系数】★★

9. **【答案】**A

【解析】本题考查《中华人民共和国预防未成年人犯罪法（2012 年修订）》第四十五条“不公开审理”。《中华人民共和国预防未成年人犯罪法（2012 年修订）》第四十五条规定：人民法院审判未成年人犯罪的刑事案件，应当由熟悉未成年人身心特点的审判员或者审判员和人民陪审员依法组成少年法庭进行。对于审判的时候被告人不满 18 周岁的刑事案件，不公开审理。对未成年人犯罪案件，新闻报道、影视节目、公开出版物不得披露该未成年人的姓名、住所、照片及可能推断出该未成年人的资料。题干中 14 岁的赵某涉嫌违法犯罪，一律不公开审理。因此答案选 A。

【考点定位】教育法律法规——有关教育的法律法规——《中华人民共和国预防未成年人犯罪法（2012 年修订）》——第四十五条“不公开审理”

【难度系数】★★★

10. **【答案】**C

【解析】本题考查《学生伤害事故处理办法》第九条“学校承担责任”。依据《学生伤害事故处理办法》第九条规定：因下列情形之一造成的学生伤害事故，学校应当依法承担相应的责任：……（十）学校教师或者其他工作人员在负有组织、管理未成年学生的职责期间，发现学生行为具有危险性，但未进行必要的管理、告诫或者制止的……题干中，陈某是致害人，要承担责任。事故发生在上课期间，作为学校没有尽到必要的管理职责，学校要承担责任。因此答案选 C。

【考点定位】教育法律法规——有关教育的法律法规——《学生伤害事故处理办法》——第九条“学校承担责任”

【难度系数】★★★

11. **【答案】**D

【解析】本题考查《中华人民共和国教育法》第三十六条“员工制度”。《中华人民共和国教育法》第三十六条规定：学校及其他教育机构中的管理人员，实行教育职员制度。学校及其他教育机构中的教学辅助人员和其他专业技术人员，实行专业技术职务聘任制度。因此答案选 D。

【考点定位】教育法律法规——有关教育的法律法规——《中华人民共和国教育法》——第三十六条“员工制度”

【难度系数】★

12.【答案】A

【解析】本题考查《中华人民共和国宪法》第一百三十四条“检察院的地位”。《中华人民共和国宪法》第一百三十四条规定：中华人民共和国人民检察院是国家的法律监督机关。因此答案选 A。

选项 B：中华人民共和国国家监察委员会是最高监察机关，领导地方各级监察委员会的工作。

选项 C：全国人民代表大会是最高国家权力机关。全国人民代表大会常务委员会简称“全国人大常委会”，是全国人民代表大会的常设机构，行使国家立法权。

选项 D：中华人民共和国人民法院是国家的审判机关。最高人民法院是最高审判机关。与题干不符，排除。

【考点定位】教育法律法规——有关教育的法律法规——《中华人民共和国宪法》——第一百三十四条“检察院的地位”

【难度系数】★★

13.【答案】D

【解析】本题考查为人师表。为人师表强调教师要严于律己，以身作则。衣着得体，语言规范，举止文明。材料中，韩老师扔粉笔头的行为被很多学生模仿，甚至成为了一股“潮流”这表明韩老师的行为已经给学生造成了负面影响，因此韩老师需要注意改正自己的行为。因此答案选 D。

选项 A：加强职业归属感强调的是让新老师认同学校的教育理念，激发教师工作热情。

选项 B：道德心理是道德知识、道德行为、社会道德要求以及道德文化的心理反应。

选项 C：职业安全感是指一个人在职业中获得的信心、安全和自由，特别是满足一个人现在或将来各种需要。

【考点定位】教师职业道德——教师职业道德规范——《中小学教师职业道德规范（2008 年修订）》——为人师表

【难度系数】★

14.【答案】B

【解析】本题考查教书育人。教书育人要求老师遵循教育规律，实施素质教育。循循善诱，诲人不倦，因材施教。培养学生良好品行，激发学生创新精神，促进学生全面发展。不以分数作为评价学生的唯一标准。题干中，班主任仅仅因为分数低就对李凡等学生在公开场合出言讽刺，这种只看成绩的评价不符合教书育人的要求。因此，班主任的做法不恰当，应综合全面了解、评价学生之后再与家长沟通。因此答案选 B。

【考点定位】教师职业道德——教师职业道德规范——《中小学教师职业道德规范（2008 年修订）》——教书育人

【难度系数】★

15.【答案】B

【解析】本题考查教师需要“教育机智”。班级突发事件处理方法包括沉着冷静面对、机智果断应对、公平民主处理、善于总结引导。题干中，任课老师与学生发生冲突，作为班主任，应该本着尊重和关爱学生的原则，了解清楚事情真相，再进行沟通处理。妥善解决二人之间的矛盾，并防止以后再次发生类似问题。选项B有利于消除任课老师和学生之间的矛盾，因此答案选B。

选项A：政教处的老师主要管理班主任和全校学生思想政治、道德品质、法纪教育和心理健康教育。杨老师与张军只是简单的沟通矛盾，性质并不严重，班主任沟通协调就可以解决，没必要请政教处老师处理，这样有可能对学生造成心理压力。与题干不符，排除。

选项C：如果不问缘由就先让张军道歉这种做法对学生不公平，可能激发学生的逆反心理，给学生造成心理压力。与题干不符，排除。

选项D：杨老师和学生在课上发生冲突，双方争执不下，杨老师把学生拉到班主任办公室。这些信息表明杨老师和学生的矛盾已经比较大了，班主任需要仔细处理，找到矛盾的起因和解决方法。不了解矛盾、不解决矛盾，只是单纯地建议他们相互道歉握手言和，起不到多少实际效果。与题干不符，排除。

【考点定位】职业理念——教师观——教师职业的劳动特征——教师劳动的创造性——教师需要“教育机智”

【难度系数】★

16.【答案】C

【解析】本题考查教师与学生的关系。教师在教育活动中要处理好教师与学生的关系。尊重学生是教师建立师生间平等关系的表现。题干中，程老师对待学生的不良行为缺乏耐心和引导，没有在发现问题时及时进行沟通和制止，最后情绪爆发，没有预先提醒就突然把学生的物品扔出窗外，这种方式简单粗暴，不仅伤害学生的自尊心还容易激发学生的逆反心理。老师的做法是不恰当的。因此答案选C。

【考点定位】教师职业道德——教师职业行为——教师在教育活动中要处理好的几大关系——教师与学生的关系

【难度系数】★

17.【答案】B

【解析】本题考查民族风俗。文思豆腐是一道江苏传统名菜，起源于扬州和淮安。因此答案选B。

【考点定位】文化素养——文化常识——民族风俗

【难度系数】★

18.【答案】C

【解析】本题考查世界科技常识。伽利略是意大利物理学家、天文学家，科学革命的先驱。他深入而系统地研究了落体运动、抛射体运动、静力学等，研制了温度计、摆针和望远镜。在科学上为人类作出过巨大贡献，是近代实验科学的奠基人之一。因此答案选 C。

【考点定位】文化素养——科技常识——世界科技常识

【难度系数】★★

19.【答案】C

【解析】本题考查世界现代史。欧洲国际军事法庭指的是 1945 年 11 月 21 日至 1946 年 10 月 1 日间，由第二次世界大战战胜国对欧洲轴心国的军事、政治和经济领袖进行数十次军事审判。由于审判主要在德国纽伦堡进行，故总称为纽伦堡审判。因此答案选 C。

【考点定位】文化素养——历史常识——世界现代史

【难度系数】★★

20.【答案】D

【解析】本题考查中国古代史。范雎是战国时期的军事家，他主张“远交近攻”策略：先把斗争重点放在离秦国较近的韩、赵、魏三家，而暂时对较远的齐、楚置之不顾。因此答案选 D。

【考点定位】文化素养——历史常识——中国古代史

【难度系数】★

21.【答案】B

【解析】本题考查天文历法。夏至是二十四节气之一，在每年公历 6 月 21 日前后。夏至这天，太阳直射北回归线，直射地面的位置到达一年的最北端，此时，北半球各地的白昼时间达到全年最长。对于北回归线及其以北的地区来说，夏至日也是一年中正午太阳高度最大的一天。

选项 A：春分时间为每年公历 3 月 20 日前后，春分这一天太阳直射赤道，南北半球季节相反，但是全球各地昼夜等长。

选项 C：秋分为每年公历 9 月 22 日前后。这一天太阳直射赤道，全球各地昼夜等长。秋分过后，太阳直射点继续由赤道向南半球推移，北半球各地开始昼短夜长，即一天之内白昼开始短于黑夜；南半球相反。故秋分也称降分。

选项 D：冬至为每年公历 12 月 23 日前后，冬至这一天太阳直射南回归线，北半球昼最短，夜最长。

因此答案选 B。

【考点定位】文化素养——文化常识——天文历法

【难度系数】★

22.【答案】D

【解析】本题考查墓葬文化。马王堆汉墓位于湖南省长沙市马王堆乡，是西汉初期长沙国丞相、轪侯利苍的家族墓地。被评为世界十大古墓稀世珍宝之一。出土的重要考古成就有：素纱禅衣、马王堆千年女尸、《五十二病方》。因此答案选 D。

【考点定位】文化素养——艺术常识——墓葬文化

【难度系数】★★

23.【答案】B

【解析】本题考查外国文学。《这里的黎明静悄悄》根据苏联作家瓦西里耶夫的同名小说改编。瓦西里耶夫是苏联当代作家，他也是中国改革开放后最早被介绍到国内的苏联当代作家之一。《这里的黎明静悄悄》讲述了苏联卫国战争时期，准尉瓦斯科夫带领五位女战士在广袤的森林中进行激烈残酷的阻击战，最终战胜数倍于己的纳粹侵略者的故事。因此答案选 B。

选项 A：肖洛霍夫是苏联著名作家，20 世纪苏联文学的杰出代表，1965 年的诺贝尔文学奖得主，代表作是《静静的顿河》。

选项 C：法捷耶夫是苏联著名作家，代表作是《毁灭》《青年近卫军》等。

选项 D：帕斯捷尔纳克是苏联作家、诗人、翻译家，主要作品有诗集《云雾中的双子座星》《生活是我的姐妹》、长篇小说《日瓦戈医生》。

【考点定位】文化素养——文学常识——外国文学

【难度系数】★★

24.【答案】D

【解析】本题考查美术常识。图中的雕塑为《思想者》,《思想者》是法国雕塑家奥古斯特罗丹创作的雕塑，该模型在罗丹的指导下有多个雕塑，最主要的雕像为青铜，底座为大理石材料，现藏于巴黎博物馆。雕塑人物全身赤裸，腰身微弓，左手在左膝上自然放置，右腿支撑着右臂，右手脱在有着凌厉线条的下巴雕像上，握紧的拳头用力地顶在嘴唇上，本身就十分健美的肌肉此时更是紧张地隆起，露出饱满的线条。他神态庄严肃穆，似在审视着宇宙中的一切。1880 年制作的《思想者》石膏模型，现藏于巴黎罗丹美术馆。因此答案选 D。

【考点定位】文化素养——艺术常识——美术常识

【难度系数】★

25.【答案】D

【解析】本题考查生活中的科学。图形的曲线体现的是试卷长度与信度之间的关系。从图中可知，当试卷题目数在 80 以下时，题量越多考试信度越高，题量越少考试的信度越低。当题目数量达到 80 以上时，题目增加，信度的变化已经比较小。因此，选项 ABC 描述均符合图形内容。因此答案选 D。

【考点定位】文化素养——科技常识——生活中的科学

【难度系数】★★★

26.【答案】D

【解析】题考查 Word 的应用。在 Word 中，要实现对文档中的文字进行“替换”，需在默认设置下，打开要用的文档，然后选择菜单中的“编辑”——“替换”命令，输入替换内容，选择全部替换即可完成。因此答案选 D。

【考点定位】基本能力——信息处理能力——Word 的应用

【难度系数】★

27.【答案】B

【解析】本题考查 Excel 的应用。在 Excel 表格中，每个单元格用它所在的列号加行号来命名，行用阿拉伯数字表示，列用大写英文字母表示，例如，“B3”单元格表示第 3 行第 2 列的单元格。因此，单元格区域 B3：E5 所包含的单元格应为第 3 行到第 5 行和第 2 列到第 5 列交汇的单元格，即纵向包括 4 格，横向包括 3 格，在这个范围内单元格的个数是 12 个。因此答案选 B。

【考点定位】基本能力——信息处理能力——Excel 的应用

【难度系数】★

28.【答案】A

【解析】本题考查数字推理。观察数字规律可知：“11×3+22=55”“55×3+22=187”“187×3+22=583”，规律应为前一个数乘以 3 加上 22 等于后一个数。因此，“583×3+22=1771”，进一步验证“1771×3+22=5335”。因此答案选 A。

【考点定位】基本能力——逻辑思维能力——经典逻辑推理——数字推理

【难度系数】★★

29.【答案】C

【解析】本题考查命题推理。根据逻辑联结词的不同，复言命题分为联言命题、选言命题、假言命题和负命题四种。联言命题是陈述事物同时存在的命题，一般的形式为“p 且 q”。题干中，“以事实为根据，以法律为准绳”的形式为“p 且 q”，是联言命题。选项 ABD 都是复言命题中的联言命题。选项 C“若要人不知，除非己莫为”是假言命题。因此答案选 C。

【考点定位】基本能力——逻辑思维能力——命题——命题推理

【难度系数】★★★

二、材料分析题

30.【参考答案】

材料中陈老师做到了“以人为本”的学生观要求，值得我们学习。

（1）以人为本的学生观要求认识到学生是发展中的人。学生的身心发展是有规律的，学生具有巨大的发展潜能，要充分肯定学生相信学生。学生是处于发展过程中的人，要用发展的眼光看待学生。材料中陈老师针对王春的特殊情况，陈老师没有批评他，而是细心教导，鼓励学生，帮助学生得到发展。

（2）以人为本的学生观要求认识到学生是独特的人。学生是完整的人，每个学生都有自身的独特性，学生与成人之间存在巨大的差异。要承认学生发展的差异性和个性，使得学生的个性潜能得到充分开发。材料中，陈老师组织学生读书，交流读书心得，丰富了学生精神生活，开拓了学生的眼界。对王春同学的教导也体现出了陈老师可以因材施教，重视学生的个别差异性。

（3）以人为本的学生观要求学生是具有独立意义的人。学生是学习的主体。材料中陈老师先让学生明确学习目标，然后提出问题，让学生围绕问题各自探索，并在小组内进行交流。大家都解决不了的问题，再由陈老师讲解。体现了陈老师尊重学生是学习的主体，鼓励学生自主学习。

综上所述，陈老师践行了“以人为本”的学生观，有利于促进学生的发展。

【考点定位】教师职业理念——学生观——“以人为本”的学生观——学生是发展的人，学生是独特的人，学生是具有独立意义的人

【难度系数】★★★★

31.**【参考答案】**

于老师的教育行为符合教师的职业道德规范，值得我们提倡与学习。

（1）教师职业道德规范要求关爱学生。要关心爱护全体学生，尊重学生人格，平等公正对待学生。对学生严慈相济，做学生良师的益友。不讽刺、挖苦、歧视学生，不体罚或变相体罚学生。材料中于老师在葛华与李强打架的时候没有直接粗暴的批评，而是先转移他的注意力，并且向全班同学表扬葛华配合他工作，等他心情好转后再进行开导，使葛华主动认识到自己的错误。体现了对学生的关爱。

（2）教师的职业道德规范要求教书育人。要遵循教育规律，实施素质教育。循循善诱，诲人不倦，因材施教。材料中于老师在葛华与李强打架之后，没有采用容易激发学生逆反心理的直接批评，而是在课后耐心教导，通过说服教育的方法引导学生认识到自己的问题，最终帮助学生解决问题。做到了循循善诱，符合教书育人。

（3）材料中于老师还做到了爱岗敬业，忠诚于人民教育事业，志存高远，勤恳敬业，甘为人梯，乐于奉献。对工作高度负责，认真备课上课，认真批改作业，认真辅导学生。不得敷衍塞责。于老师对待教育工作兢兢业业，从理念到具体措施都体现了他对工作高度负责。

总之，于老师的行为是符合职业道德要求的，值得我们学习和提倡。

【考点定位】职业道德——教师职业道德规范——《中小学教师职业道德规范（2008年修

订)》——爱岗敬业、关爱学生、教书育人

【难度系数】★★★★

32.**【参考答案】**

(1)思想才是诗词创作中意象选择的主导。具体来说:

① 思想不是理性思考的结果,而是善感于外界产生的浮想联翩中一以贯之的看法。

② 没有思想的主导,则不会有正确的意象选择,整篇诗词创作也就失败了。

(2)对中国古典诗词意象是"合订本"这一特征的分析:

① 所谓"合订本",意指诗词中的画面都是"独立成篇"的,但是并不让人觉得画面是支离散乱的,甚至并不感觉它们是"独立成篇的"。

② 那些画面在读者的心神体会中,成为一个密不可分的有机整体,其实是一种血肉相连的内在联系。这种内在的联系是审美的结果,如李白《箫声咽》中的十个意象,实质上是作者"阅尽人间春色"后的怀古伤今中的审美选择。

③ 中国古典诗词中恰到好处的意象选择,还需要作者崇高的审美情操、敏锐的审美判断及娴熟的文学技巧。

所以,中国古典诗词就是普遍采用多个意象来表达作者的思想感情,是"合订本"。

【考点定位】基本能力——阅读理解能力——概括文章中心思想、筛选并整合主要信息及重要细节、分析观点

【难度系数】★★★★

三、写作题

33.**【参考范文】**

新木桶理论:扬长避短

"木桶理论"是管理学的一个概念,它是指一只木桶的容水量多少,不是取决于那块最长的木板,而是取决于那块最短的木板。但是现在又有人提出,只要你最长的木板一直变长,那么装的水始终也在增加。木桶的容量是由长板还是短板决定,可以用数字去测量,而人才能的发挥,到底是取决于长处,还是受制于短处呢?其实我认为,一个人最好的状态是能发扬长处,避开短处。同理,作为一名老师要去教育学生,既要看到学生的长处,也要关注到学生的短处,扬长避短,健康成长。

教师要做到扬长避短,不能只关注学生的缺点。老师在教育学生时,不要只看到学生的短处,若是这样学生的缺点就会被无限放大,而忽略了其优点。很多世界知名的科学家在生活中未必是十全十美的人。陈景润数学天赋惊人,但是同时他又是一个生活自理能力不高、不谙世事的人,如果

他整日都把时间放在如何处理生活琐事方面，可能就会减少研究数学的时间，也就可能无法达到如此高的成就。老鹰可以飞上高空一览众山小，但若是拔掉它的羽毛逼它学游泳呢？那么鹰就会失去空中霸主的威风，游泳方面不仅不能一鸣惊人甚至生命安全都难以得到保障。因此，作为一名教师一定不要只看到学生的短板，一味地让他去弥补短板，而忽视了长板的天赋。

教师要做到扬长避短，就是要多关注学生的优点，只有多关注学生的长板，才能促进学生成才。教师一定要善于发现学生的优势和长处，使其长处发挥出真正的实力。不仅仅是自然界，人类中的各行各业也是一样的道理。有些人生来内向，喜欢安静地读书，这种人就不适合做接待、销售类的工作；有些人生性喜欢在聚光灯下得到众人的关注与夸赞，受不了无人关注的清静人生，这种人也不适合进行科研工作；还有人擅长体育，缺乏音乐天赋那么就适合在体育场上挥洒汗水而不是做一名只有努力的歌手……身为教师的我们要意识到，个性发展、因材施教并非对学生不公正，恰恰相反，让每个学生接收适合的教育才是对学生真正的爱。作为教师，我们需要有一双善于发现的眼睛，来发掘学生的闪光点。

没有十全十美的学生，但是每个学生都有其特有的闪光点。不要因为学生的不足就对他们冷漠，也不要因为学生的优点而过度吹捧他们，善于发现学生闪光点的教师才是一名优秀的教师。克服缺点，发扬优点，木桶能装多少水，长板、短板都很重要。作为一名优秀教师，一定要促使学生学会正确看待自己的长处与短处，扬长避短，促进学生成才！

【考点定位】基本能力——写作能力——写作方法——审题立意、结构布局

【难度系数】★★★★★

高顿教育 GOLDEN EDUCATION

姓名 ________ 准考证号 ________

2018 年上半年国家教师资格考试
综合素质（中学）真题卷及参考答案

（科目代码：301/301A）

2018年上半年国家教师资格考试
综合素质（中学）真题卷

注意事项：

1. 考试时间为120分钟，满分为150分。

2. 请按规定在答题卡上填涂、作答。在试卷上作答无效，不予评分。

一、单项选择题（在每小题列出的四个备选项中只有一个是符合题目要求的，请用2B铅笔把答题卡上对应题目的答案字母按要求涂黑。错选、多选或未选均无分。本大题共29小题，每小题2分，共58分）

1. 在全县校长经验交流会上，某校校长介绍完教学改革的情况后，强调素质教育就是减负和增加课外活动，该校长的认识（　）。

   A. 是对素质教育的片面理解　　B. 体现素质教育与学科教学的结合

   C. 符合提升教学实力的需要　　D. 符合凝练学校办学特色的需要

2. 刚开学，班主任周老师言辞恳切地对学生讲："迎接中考是这一年的重中之重，关系到人生发展，大家不要把时间浪费在课外活动上。"周老师的说法（　）。

   A. 合理，有利于学生复习应考　　B. 合理，体现了强烈的责任心

   C. 不合理，不利于学生全面发展　　D. 不合理，不利于学生主动发展

3. 张老师在班上鼓励学生进行课外阅读，开展"分享知识"的活动，引导学生在班上分享收获，并及时加以点评。张老师的做法（　）。

   A. 减轻了教师教学负担　　B. 拓展了学生学习资源

   C. 加重了学生学习负担　　D. 促进了教师专业发展

4. 某班主任制定的班干部竞选条件中规定，成绩在后10名的不能参选，理由是"连自己都管不好，怎么能管好别人"。这种做法（　）。

   A. 正确，有利于学困生安心学习　　B. 正确，有利于刺激学困生上进

   C. 不正确，不能促进学生个性发展　　D. 不正确，未能平等对待所有学生

5.《国家中长期教育改革和发展规划纲要（2010—2020年）》提出了教育战略目标。下列关于教育战略目标的选项中不正确的是（　）。

   A. 到2020年，进入人力资源强国行列　　B. 到2020年，基本形成学习型社会

C. 到2020年，终身教育体系全面形成　　D. 到2020年，基本实现教育现代化

6. 某中学违规向学生收取补课费。依据《中华人民共和国教育法》，责令该校退还费用的机关是（　）。

A. 教育行政部门　　B. 工商管理部门

C. 纪检部门　　D. 公安部门

7. 中学教师黄某认为当地教育行政部门侵犯其权利而提出申诉。依据《中华人民共和国教师法》，受理其申诉的机关是（　）。

A. 同级教育行政部门　　B. 同级人民政府

C. 上级人民政府　　D. 同级纪律检查部门

8. 某初级中学向学生推销学习用品谋取利益。依据《中华人民共和国义务教育法》，下列处理此事的方式不正确的是（　）。

A. 给予通报批评

B. 没收违法所得

C. 对直接负责的主管人员依法给予处分

D. 对其他直接责任人给予行政处罚

9. 15岁的初二学生梁某因抢劫被判处有期徒刑3年，依据《中华人民共和国未成年人保护法》，应当（　）。

A. 在梁某服刑期间对其进行义务教育

B. 在梁某服刑完毕对其进行义务教育

C. 剥夺梁某接受义务教育的权利

D. 免除梁某接受义务教育的义务

10. 初中生冯某经常夜不归宿，其父母放任不管。依据《中华人民共和国预防未成年人犯罪法》，应由公安机关对冯某父母（　）。

A. 予以拘留　　B. 予以罚款

C. 予以训诫　　D. 予以劝诫

11. 某初中根据学生分数开设了两个重点班，实行末位淘汰制，非重点班学生根据成绩可以补缺。该校的做法（　）。

A. 合法，利于因材施教

B. 合法，利于激励学生

C. 不合法，义务教育学校不得分设重点班

D. 不合法，义务教育学校不得实行动态管理

12. 初中生孙某在课间活动时跌倒摔伤，其亲属在事故处理过程中无理取闹，扰乱学校教学秩序。依据《学生伤害事故处理办法》，此种情形下，学校应当（　）。

A. 根据教育行政部门处理

B. 报告公安机关处理

C. 报告纪检监察部门处理

D. 报告人民法院处理

13. 晚自习，刘老师在辅导学生学习时，不知哪位同学将一张“老虎贴纸”粘在刘老师背上，引起同学们一阵窃笑。经调查，这个恶作剧是李钰搞的，此后，刘老师对李钰不闻不问。刘老师的行为（ ）。

A. 正确，可以促进李钰的自我反思

B. 正确，可以警示班上其他同学

C. 不正确，这样压制了李钰的个性

D. 不正确，这是对李钰的不当惩罚

14. 夏老师工作很努力，教学能力强，业余时间经常自学教育教学理论和专业知识，但他对教学能力差的同事不屑一顾，致使一些老师不愿意搭理他。夏老师应该（ ）。

A. 置之不理，继续提高自己的教学水平

B. 反思自己，想办法改善与同事的关系

C. 团结同事，降低自身专业发展要求

D. 减少往来，避免与同事发生正面冲突

15. 有三十多年丰富教学经验的段老师，特别重视外出学习，一有机会就向其他老师取经、观摩别人的课堂，反思自己的教学方法，努力提高教育教学水平，这说明段老师具有（ ）。

A. 模仿其他老师意识

B. 关心学生意识

C. 实施素质教育意识

D. 追求进步意识

16. 面对一张张充满期待的面孔，新来的班主任说：“新学年到来了，你们的人生也翻开了新的篇章。以前的你是怎样的，我不想知道，老师只想看到现在的你有多棒！”这表明班主任（ ）。

A. 关爱全体学生

B. 未能严慈相济

C. 保护学生隐私

D. 未能因材施教

17、中国、俄罗斯、美国和欧盟都发展了自己的全球卫星定位系统。下列选项中，国家或组织与卫星定位系统对应正确的是（ ）。

A. 中国——“GPS”

B. 俄罗斯——“北斗”

C. 美国——“格洛纳斯”

D. 欧盟——“伽利略”

18. 量子概念的提出，第一次把能量的不连续性引入人类对自然过程的深入认识，对其后量子理论的进一步发展起到重要作用，这一概念的提出者是（ ）。

A. 普朗克

B. 洛伦兹

C. 爱因斯坦

D. 麦克斯韦

19. 公元 395 年，罗马帝国分裂为东、西两部分，其中东罗马帝国地处亚、非、欧交界处延续了千年之久，东罗马帝国的首都是（ ）。

A. 罗马

B. 安条克

C. 大马士革

D. 君士坦丁堡

20. 春秋时代统治阶级内部分为不同阶段，下列选项中，其等级由高到低的排序，正确的是（　）。

A. 公、王、大夫、士　　　　B. 公、王、士、大夫

C. 王、公、士、大夫　　　　D. 王、公、大夫、士

21. 图 1 为 2005 年正式公布中国文化遗产标志，标志图案取自出土文物“四鸟绕日”金饰，该金饰被视为中国先民“天人合一”的哲学思想、丰富想象力、非凡的艺术创造力和精湛的工艺水平的完美结合。它出土的地点是（　）。

图 1

A. 陕西半坡遗址　　　　B. 四川金沙三星堆遗址

C. 河南安阳殷墟　　　　D. 湖南长沙马王堆汉墓

22. 中国古代有一种被称为诗余、长短句、曲子的文学样式，其特点是：调有定格，句有定数，字有定声。这种文学样式的名称是（　）。

A. 诗　　B. 词　　C. 曲　　D. 赋

23. 下列选项中，作家与作品对应不正确的是（　）。

A. 曹禺——话剧《原野》　　　　B. 鲁迅——散文集《野草》

C. 沈从文——小说《边城》　　　　D. 闻一多——新诗集《女神》

24. 欧洲绘画流派众多，出现过很多伟大的画家和作品。下列画家中，把科学知识和艺术想象有机结合起来，使当时的绘画表现水平发展到一个新阶段的是（　）。

A. 拉斐尔　　　　B. 凡·高

C. 达·芬奇　　　　D. 毕加索

25. 汉画像石是汉化的石刻画，主要用于墓室、墓前祠堂、石阙等墓葬建筑的建造，其内容丰富多彩。图 2 是以汉画像为图案的纪念邮票，该图表现的神话故事是（　）。

图 2

A. 女娲补天　　　　B. 精卫填海

C. 嫦娥奔月　　　　D. 羲和浴日

26. 在 Word 编辑状态下， 点击可完成的操作是（　）。

A. 左对齐　　　　B. 右对齐

C. 居中对齐　　　　D. 分散对齐

27. 在 Excel 中，下列选项与公式“=SUM（A1：A4）”等值的是（　）。

A.SUM（A1+A4）　　　　B.SUM（A1*A2*A3*A4）

C.SUM（A1/A4）　　　　D.SUM（A1+A2+A3+A4）

28. 下列选项中，与“教授”和“科学家”两概念的关系一致的是（　）。

A.“图书”和“英文书”　　　　B.“昆明”和“春城”

C.“学生”和“运动员”　　　　D.“足球”和“篮球”

29. 下面图形组合的变化呈现出一定的规律性，下列选项中，最适合填在问号处的是（　　）。

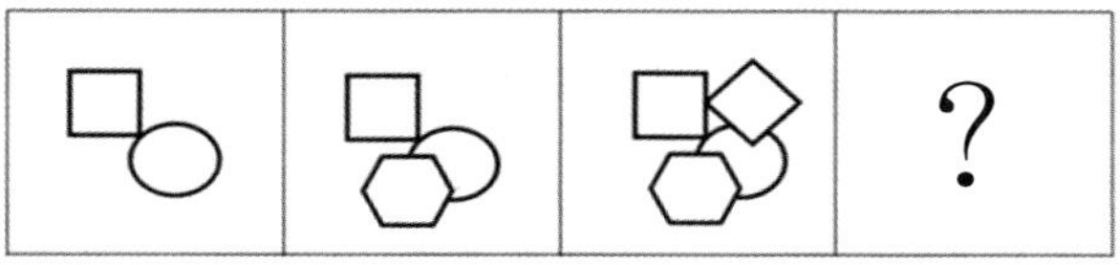

A. 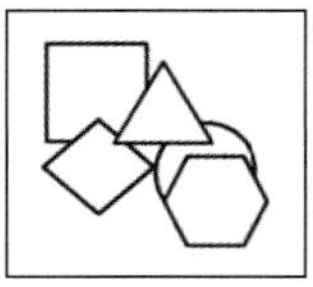　B. 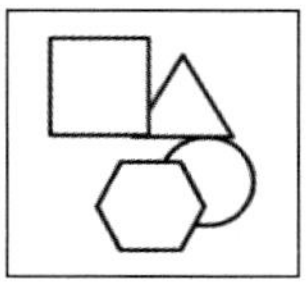　C. 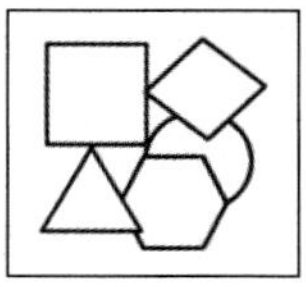　D. 

二、材料分析题（本大题共 3 小题，每小题 14 分，共 42 分）

30. 材料：

有一天，我请学生读课文，只有四名学生举手，我说："杨萌你读。"她大大方方读起来，等她坐下后，我说："还有谁愿意读？"一个举手的都没有了，是什么原因呢？

课后，我就这一问题与学生聊起来。一位学生说："老师，您每堂课总是先提问杨萌，我们这些无名小卒没有她答得好，就不想回答了。"我恍然大悟，是啊，让杨萌先回答问题已经成了习惯。她的语文功底好，回答问题准确严密，简洁利落。

下午，我组织了一次"为老师出主意"的班会。大家畅所欲言，我详细记录大家的想法。收获了好多方法，我还请大家通过打电话，发信息、发邮件等形式继续给我提建议。

以后的课堂互动中，我鼓励学生积极回答问题，有的学生说话不流畅，我会引导他组织语言；有的学生不敢站起来回答，我就让他坐着说；有的学生内向、声音小，我就到他身边听清楚后复述给大家……

后来，我又尝试让学生参与组织教学，共同探索出了"辩论教学""说书教学""戏剧教学"等以前没有尝试过的形式。

慢慢地，我的课堂再也不是死水一潭了。

问题：结合材料，从学生观角度，评析"我"的教育行为。（14 分）

31. 材料：

在一堂语文公开课上，当我讲到“一千万万颗流星”这句话，班上最调皮的赵强同学突然阴阳怪气地问道：“老师，‘万万’是什么意思？”惹得全班同学哄堂大笑。面对听课老师们关切的目光，我平静地说道：“大家都知道‘万万’等于‘亿’，那么，这里为什么不用‘亿’而用‘万万’呢？”全班同学的注意力一下子被吸引过来，没有人再发笑了，大家都认真地思考起来，并且发表了自己的看法。在大家讨论完后，我进行了总结。最后老师又问了一句：“请大家想想，今天这一‘额外’的收获是怎么来的呢？大家要感谢谁呢？请让我们用掌声表达对他的谢意！”大家把目光转向那位同学，对他鼓起掌来。赵强不好意思地低下了头。

为了进一步了解赵强的情况，我决定进行家访。他知道后，立刻紧张起来，特意找到我，叫我千万别跟他爸妈告状。因为从前老师经常告状，事后他总免不了皮肉之苦，所以至今心有余悸。我安慰他：“不用担心，我只是想更多了解你。”那天，我在他家，他因为害怕，躲在房间里不肯出来，但不时探出头来听我讲些什么。在他爸妈的面前，我不但没告状，反而夸他进步。回到学校，他说：“老师，你真够朋友，以后瞧我的！”此后，我经常在课后找机会针对他学习的问题进行辅导，还专门针对他的学习情况制订教学计划。赵强很努力，在各方面都有进步，像变了个人似的。

问题：结合材料，从教师职业道德角度，评析“我”的教育行为。（14分）

32. 材料：

“风萧萧兮易水寒，壮士一去兮不复还。”

荆轲以此得名，而短短的两句诗乃永垂于千古。在诗里表现雄壮的情绪之难，在于令人心悦诚服，而不在嚣张夸大；在能表现出那暂时的感情后面蕴藏着的更永久、更普遍的情操，而不在那一时的冲动。大约悲壮之辞往往易于感情用事，而人在感情之下便难于辨别真伪，于是字里行间不但欺骗了别人，而且欺骗了自己。许多一时兴高采烈的作品，事后自己读起来也觉得索然无味，正是那表现欺骗了自己的缘故。《易水歌》以轻轻二句遂为千古绝唱，我们读到它时，何尝一定要有荆轲的身世。这正是艺术的普遍性，它超越了时间与空间，而诉之于那永久的情操。

“萧萧”二字诗中常见。古诗“白杨多悲风，萧萧愁杀人”，“风萧萧”三字所以自然带起了一片高秋之意。古人说“登山临水兮送将归”，而这里说“壮士一去兮不复还”，它们之间似乎是一个对照，又似乎是一个解释，我们不便说它究竟是什么，但我们却寻出了另外的一些诗句。这里我们首先记得那“明月照积雪”的辽阔。

“明月照积雪”，清洁而寒冷，所谓“琼楼玉宇，高处不胜寒”。《易水歌》点出了“寒”字，谢诗没有点出，但都因其寒而高，因其高而更多情致。杜诗说“风急天高猿啸哀”，“猿啸”为什么要哀，我们自然无可解释。然而我们不见那“朔风劲且哀”吗？“朔风”是北风，它自然要刚劲无比，但这个“哀”字却正是此诗的传神之处。那么壮士这一去又岂可还乎？“一去”正是写个劲字，“不复还”岂不又是一个哀字？天下巧合之事必有一个道理，何况都是名句，何况又各不相关。各不相关而有一个更深的一致，这便是艺术的普遍性。我们每当秋原辽阔，寒水明净，独立在风声萧萧之中，即使我们并非壮士，也必有壮士的胸怀，所以这诗便离开了荆轲而存在。它虽是荆轲说出来的，却属于每一个人。“枯桑知天风，海水知天寒”，我们人与人之间的这一点相知，我们人与自然间的这一点相得，这之间似乎可以说，又似乎不可以说，然而它却把我们的心灵带到了一个更辽阔的世界去。那广漠的原野乃是生命之所自来，我们在狭小的人生中早已把它忘记，在文艺上乃又认识了它，我们生命虽然短暂，在这里却有了永生的意味。

专诸刺吴王，身死而功成，荆轲刺秦王，身死而事败。然而我们久已忘掉了专诸，而在赞美着荆轲。士固不可以成败论，而我们之更怀念荆轲，岂不正因为这短短的诗吗？诗人创造了诗，同时也创造了自己；它属于荆轲，也属于一切的人们。

（选编自林庚《说〈易水歌〉》）

问题：

（1）文章论述的中心观点是什么，请简要概括。（4 分）

（2）怎样理解“诗人创造了诗，同时也创造了自己；它属于荆轲，也属于一切的人们”？请结合文本内容简要分析。（10 分）

三、写作题（本大题 1 小题，50 分）

33. 阅读下面的材料，按要求作文。

2016 年里约奥运会上，中国女排在前期战局不利、对手强大的情况下，艰苦拼搏，最终战胜塞尔维亚队，又一次登上世界女排的顶峰。国人沸腾，自然而然地称赞“女排精神”。记者采访女排主教练郎平，希望她谈谈“女排精神”。她回答：“不要因为我们赢了一场就谈女排精神，也要看到我们努力的过程。女排精神一直在，单靠精神不能赢球，还必须技术过硬。”

结合材料的内容，联系社会生活，写一篇议说文。

要求：用规范的现代汉语写作，角度自选，立意自定，标题自拟，不少于 1000 字。

2018年上半年国家教师资格考试

综合素质（中学）真题卷参考答案

一、单项选择题

1. 【答案】A

【解析】本题考查素质教育是促进学生全面发展的教育。素质教育是依据人的发展和社会发展的实际需要，以全面提高全体学生的基本素质为根本目的，以尊重学生主体性和主动精神，以提高国民素质为根本宗旨，面向全体学生的，促进学生全面发展和个性发展，以培养学生的创新精神和实践能力为重点的教育。题干中校长将素质教育理解为仅仅是“减负”和“增加课外活动”是对素质教育的曲解和误解，因此答案选A。

【考点定位】职业理念——教育观——素质教育的实质——素质教育是促进学生全面发展的教育

【难度系数】★

2. 【答案】C

【解析】本题考查素质教育是促进学生全面发展的教育。中小学实施素质教育，必须以促进学生全面发展为目标。学生全面发展的教育是指德、智、体、美、劳的全面发展。从题干中可以看出，周老师只重视智育的发展，忽视了其他方面的发展，违背了素质教育。因此答案选C。

选项AB：周老师为了迎战中考，不建议同学们参加课外活动的说法与促进学生全面发展的教育目的相违背，做法是不合理的。排除。

选项D：周老师不让学生把时间花在课外活动上的做法，与学生的主动发展无关，为干扰项。排除。

【考点定位】职业理念——教育观——素质教育的实质——素质教育是促进学生全面发展的教育

【难度系数】★

3. 【答案】B

【解析】本题考查教师职业角色的转变。新课程改革要求教师的角色应当进行转变，做学生学习的促进者，课程的建设者和开发者，教育教学的研究者等。题干中，张老师通过鼓励学生进行课外阅读，开展“分享知识”的活动，让学生们除了自己的学习资源还了解到了其他同学的教育资源，也就是拓展了学生学习的资源。因此答案选B。

选项A：张老师开展的活动需要老师自身做好阅读知识储备，反而对教师提出了更高的学习要求。与题干不符，排除。

选项 C：张老师开展的活动旨在鼓励学生进行课外阅读，丰富学生的课外生活，能培养良好的阅读习惯和学习习惯，长此以往有利于高效率学习，并非加重了学生的学习负担。与题干不符，排除。

选项 D：张老师开展的活动主要是为了促进学生的发展，与教师专业发展无关。与题干不符，排除。

【考点定位】职业理念——教师观——新课程改革背景下的教师观——教师职业角色的转变

【难度系数】★

4. **【答案】**D

【解析】本题考查素质教育是面向全体学生的教育。教师要关心爱护全体学生，尊重学生的人格尊严，平等公平地对待学生，不讽刺挖苦学生。题干中，班主任制定的竞选条件中规定，不允许成绩在后 10 名的同学参选，说明该老师以学习成绩作为评价学生的唯一标准，剥夺了成绩靠后的学生参与竞选的权利。这是不公平的，新课程改革强调教师要尊重和赞赏同学，平等对待所有学生，该班主任的做法，没有做到平等对待所有学生。因此答案选 D。

选项 AB：该班主任不让成绩在后 10 名的学生参选班干部的做法，容易造成后进生自暴自弃，不利于其安心学习和养成上进的学习态度。与题干不符，排除。

选项 C：素质教育是促进学生的个性发展的教育，教师应当根据每个学生的个性差异和成长规律，针对不同的特点，进行因材施教。该班主任的做法与促进学生的个性发展无关，为干扰项。与题干不符，排除。

【考点定位】职业理念——教育观——素质教育的实质——素质教育是面向全体学生的教育

【难度系数】★

5. **【答案】**C

【解析】本题考查《国家中长期教育改革和发展规划纲要（2010—2020 年）》第三条“战略目标”。《国家中长期教育改革和发展规划纲要（2010—2020 年）》提出了教育战略目标。到 2020 年，我国基本实现教育现代化，基本形成学习型社会，进入人力资源强国行列。不包括终身教育体系全面形成。因此答案选 C。

选项 ABD：均属于《国家中长期教育改革和发展规划纲要（2010—2020 年）》中提出的教育战略目标。与题干不符，排除。

【考点定位】教育法律法规——有关教育的法律法规——《国家中长期教育改革和发展规划纲要（2010—2020 年）》第三条“战略目标”

【难度系数】★★

6. 【答案】A

【解析】本题考查《中华人民共和国教育法》第七十八条“收取受教育者费用问题的法律责任”。《中华人民共和国教育法》第七十八条规定：学校及其他教育机构违反国家有关规定向受教育者收取费用的，由教育行政部门或者其他有关行政部门责令退还所收费用，对直接负责的主管人员和其他直接负责人员，依法给予处分。题干中，该中学违规向学生收取补课费，应当由教育行政部门责令该校退还所收费用。因此答案选 A。

选项 BCD：依据《中华人民共和国教育法》的相关规定，工商管理部门、纪检部门和公安部门均不属于责令该校退还所收费用的机关。与题干不符，排除。

【考点定位】教育法律法规——有关教育的法律法规——《中华人民共和国教育法》——第七十八条“收取受教育者费用问题的法律责任”

【难度系数】★★

7. 【答案】B

【解析】本题考查《中华人民共和国教师法》第三十九条“教师申诉”。《中华人民共和国教师法》第三十九条规定，教师对学校或者其他教育机构侵犯其合法权益的，或者对学校、其他教育机构作出的处理不服的，可以向教育行政部门提出申诉，教育行政部门应当在接到申诉的 30 日内，作出处理。教师认为当地人民政府有关行政部门侵犯其根据本法规定享有的权利的，可以向同级人民政府或者上一级人民政府有关部门提出申诉，同级人民政府或者上一级人民政府有关部门应当作出处理。题干中，中学教师黄某认为当地教育行政部门侵犯其权利而提出申诉。受理机关是同级人民政府或者上一级人民政府有关部门。因此答案选 B。

【考点定位】教育法律法规——有关教育的法律法规——《中华人民共和国教师法》——第三十九条“教师申诉”

【难度系数】★

8. 【答案】D

【解析】本题考查《中华人民共和国义务教育法》第五十六条“非法获利的法律责任”。《中华人民共和国义务教育法》第五十六条规定：学校以向学生推销或者变相推销商品、服务等方式谋取利益的，由县级人民政府教育行政部门给予通报批评；有违法所得的，没收违法所得；对直接负责的主管人员和其他直接责任人员依法给予处分。选项 D，正确的表述应当是对其他直接负责人员依法给予处分（并非行政处罚）。因此答案选 D。

【考点定位】教育法律法规——有关教育的法律法规——《中华人民共和国义务教育法》——第五十六条“非法获利的法律责任”

【难度系数】★★

9. 【答案】A

【解析】本题考查《中华人民共和国未成年人保护法（2012年修订）》第五十七条“对羁押、服刑的未成年人进行义务教育”。《中华人民共和国未成年人保护法（2012年修订）》第五十七条规定：对羁押、服刑的未成年人，应当与成年人分别关押。羁押、服刑的未成年人没有完成义务教育的，应当对其进行义务教育。解除羁押、服刑期满的未成年人的复学、升学、就业不受歧视。题干中，15岁的初二学生梁某属于未成年人，在其服刑期间应当进行义务教育。因此答案选A。

【考点定位】教育法律法规——有关教育的法律法规——《中华人民共和国未成年人保护法（2012年修订）》——第五十七条“对羁押、服刑的未成年人进行义务教育”

【难度系数】★★

10. 【答案】C

【解析】本题考查《中华人民共和国预防未成年人犯罪法（2012年修订）》第四十九条“未成年人的父母或者其他监护人不履行监护职责的法律责任”。《中华人民共和国预防未成年人犯罪法（2012年修订）》第四十九条规定：未成年人的父母或者其他监护人不履行监护职责，放任未成年人有本法规定的不良行为或者严重不良行为的，由公安机关对未成年人的父母或者其他监护人予以训诫，责令其严加管教。题干中，初中生冯某经常夜不归宿，其父母放任不管。应由公安机关对冯某父母予以训诫。因此答案选C。

【考点定位】教育法律法规——有关教育的法律法规——《中华人民共和国预防未成年人犯罪法（2012年修订）》——第四十九条“未成年人的父母或者其他监护人不履行监护职责的法律责任”

【难度系数】★★

11. 【答案】C

【解析】本题考查《中华人民共和国义务教育法》第二十二条“均衡发展”。《中华人民共和国义务教育法》第二十二条规定：县级以上人民政府及其教育行政部门应当促进学校均衡发展，缩小学校之间办学条件的差距，不得将学校分为重点学校和非重点学校。学校不得分设重点班和非重点班。题干中，某初中根据学生分数开设了两个重点班，实行末位淘汰制，非重点班学生根据成绩可以补缺。学校的做法是违法的，不应分设重点班和非重点班。因此答案选C。

【考点定位】教育法律法规——有关教育的法律法规——《中华人民共和国义务教育法》——第二十二条“均衡发展”

【难度系数】★

12. 【答案】B

【解析】本题考查《学生伤害事故处理办法》第三十六条“受伤害学生的监护人扰乱学校正常教育教学秩序”。《学生伤害事故处理办法》第三十六条规定：受伤害学生的监护人、亲属或者其他有关人员，在事故处理过程中无理取闹，扰乱学校正常教育教学秩序，或者侵犯学校、学校教师或者其他工作人员的合法权益的，学校应当报告公安机关依法处理；造成损失的，可以依法要求赔偿。题干中，孙某课间活动时摔伤，家长对学校处理的方式不满而扰乱学校教育教学秩序，依照《学生伤害事故处理办法》，学校应当报告公安机关依法处理。因此答案选 B。

选项 ACD：均为干扰项。与题干不符，排除。

【考点定位】教育法律法规——有关教育的法律法规——《学生伤害事故处理办法》——第三十六条“受伤害学生的监护人扰乱学校正常教育教学秩序”

【难度系数】★★

13.**【答案】**D

【解析】本题考查关爱学生。教师职业道德要求教师要关爱学生，关心热爱全体学生，尊重学生的人格尊严，不体罚和变相体罚学生。题干中，刘老师因为学生李钰搞恶作剧，从此就对李钰不闻不问，置之不理。刘老师的这种忽视学生的“冷暴力”做法不仅不会促使学生反思，反而容易激发学生的厌学心理，影响学生的心理健康发展。因此答案选 D。

选项 C：个性指个人因先天禀性、环境影响、接受教育的内化过程等方面存在诸多差异，因而人与人之间存在不同的性格，因此要求老师做到因材施教。题干的信息并未体现出个性的内容。与题干不符，排除。

【考点定位】教师职业道德——教师职业道德规范——《中小学教师职业道德规范（2008 年修订）》——关爱学生

【难度系数】★

14.**【答案】**B

【解析】本题考查教师与同事的关系。现代教育观提倡教师要具有合作的精神和素养，这是教师劳动合作性的体现，也是新时期教师专业素养的要求。教师应做到与其他同事团结合作。题干中，夏老师自己虽然能力强，但是他对教学能力差的同事不屑一顾，致使一些老师不愿意搭理他，这时他应该反思自己的问题，为自己以前的态度问题向同事道歉，想办法改善与同事的关系。日后工作中与同事互相尊重。选项 B 正确。因此答案选 B。

选项 AD：教师与同事之间应多沟通、多合作，共同学习进步。置之不理和减少往来这两种做法只会加大彼此的隔阂，长此以往不利于教师之间的合作。与题干不符，排除。

选项 C：团结同事表述正确，但是不应该降低自己对专业发展的要求，《中小学教师职业道德规范》中终身学习规定教师应潜心钻研业务，勇于探索创新，不断提高专业素养和教育水平。这是教师专业发展的不竭动力。与题干不符，排除。

【考点定位】教师职业道德——教师职业行为——教师在教育活动中要处理好的几大关系——教师与同事的关系

【难度系数】★

15.【答案】D

【解析】本题考查终身学习。教师职业道德要求教师要终身学习。教师应潜心钻研业务，勇于探索创新，不断提高专业素养和教育水平。题干中，段老师虽有三十多年丰富教学经验，还是一有机会就向其他老师取经、观摩别人的课堂，反思自己的教学方法，努力提高教育教学水平，符合终身学习要求，说明段老师有追求终身学习的理念。因此答案选 D。

选项 A：段老师虚心学习，但题干所述行为并不是单纯模仿其他教师。与题干不符，排除。

选项 B：题干信息强调的是教师的专业发展，没有体现关心学生。与题干不符，排除。

选项 C：题干信息并没有体现出素质教育理念的内容。与题干不符，排除。

【考点定位】教师职业道德——教师职业道德规范——《中小学教师职业道德规范（2008 年修订）》——终身学习

【难度系数】★

16.【答案】A

【解析】本题考查关爱学生。教师职业道德要求教师要关心爱护全体学生，尊重学生人格，平等公正对待学生。对学生严慈相济，做学生良师益友。保护学生安全，关心学生健康，维护学生权益。不讽刺、挖苦、歧视学生，不体罚或变相体罚学生。新来的班主任老师，不去追究学生之前的好与坏，证明老师能够用平等的眼光看待学生，做到了尊重学生，关爱全体学生。因此答案选 A。

选项 B：“严慈相济”指的是教师的严格要求与慈爱相互交融。题干中体现的是班主任的慈爱和对全班学生的期望，与严慈相济无关。属于干扰项，排除。

选项 C：题干中虽提到了“不想知道以前的你是怎样的”，但是本质上是关爱每一位学生，为了鼓励学生重新出发，不是为了保护隐私。与题干不符，排除。

选项 D：因材施教是指在教学中根据不同学生的认知水平、学习能力和自身素质，教师选择适合每个学生特点的学习方法来有针对性地教学。题干中班主任的言论不涉及因材施教。与题干不符，排除。

【考点定位】教师职业道德——教师职业道德规范——《中小学教师职业道德规范（2008 年修订）》——关爱学生

【难度系数】★

17.【答案】D

【解析】本题考查世界科技常识。中国、俄罗斯、美国和欧盟都发展了自己的全球卫星定位系统，分别是中国北斗卫星导航系统、俄罗斯的格洛纳斯全球卫星导航系统、美国的 GPS 卫星定位系统和欧盟的伽利略卫星定位系统。因此答案选 D。

【考点定位】文化素养——科技常识——世界科技常识

【难度系数】★★

18.【答案】A

【解析】本题考查世界科技常识。量子是现代物理的重要概念。由德国物理学家普朗克在 1900 年提出，他假设黑体辐射中的辐射能量是不连续的，只能取能量基本单位的整数倍，从而很好地解释了黑体辐射的实验现象。因此答案选 A。

选项 B：洛伦兹是近代卓越的理论物理学家、数学家，经典电子论的创立者。他填补了经典电磁场理论与相对论之间的鸿沟，是经典物理和近代物理间的一位承上启下式的科学巨擘，是第一代理论物理学家的领袖。与题干不符，排除。

选项 C：爱因斯坦是继伽利略、牛顿以来最伟大的物理学家。为核能开发奠定了理论基础，开创了现代科学技术新纪元，他所提出的相对论是二十世纪以来最伟大的科研成果。与题干不符，排除。

选项 D：麦克斯韦被普遍认为是对物理学最有影响力的物理学家之一，他创立了经典电动力学，预言了电磁波的存在。与题干不符，排除。

【考点定位】文化素养——科技常识——世界科技常识

【难度系数】★★

19.【答案】D

【解析】本题考查世界近代史。拜占庭帝国即东罗马帝国，又称新罗马，帝国核心位于君士坦丁堡和欧洲东南部的巴尔干半岛，它的首都是君士坦丁堡。因此答案选 D。

【考点定位】文化素养——历史常识——世界近代史

【难度系数】★★

20.【答案】D

【解析】本题考查中国古代史。春秋时期天子称王，而不称帝。这个时期人分成十等，等级由高到低依次为王、公、大夫、士、皂、舆、隶、僚、仆、台。因此答案选 D。

【考点定位】文化素养——历史常识——中国古代史

【难度系数】★★

21.【答案】B

【解析】本题考查墓葬文化。“四鸟绕日”金饰 2001 年出土于四川成都金沙三星堆遗址，画面是四只神鸟围绕着太阳飞行，专家将其命名为“太阳神鸟”。这是本世纪中国考古的一个重大发现。这一金饰图案构图严谨、线条流畅、极富美感。选项 B 正确。因此答案选 B。

【考点定位】文化素养——艺术常识——墓葬文化

【难度系数】★★

22.【答案】B

【解析】本题考查中国古代文学。词又称为诗余、长短句、曲子、曲子词、乐府等。其特点为调有定格、句有定数、字有定声。因此答案选 B。

【考点定位】文化素养——文学常识——中国古代文学

【难度系数】★★

23.【答案】D

【解析】本题考查中国现当代文学。《女神》是郭沫若的第一部新诗集，也是中国现代文学史上一部具有突出成就和巨大影响的新诗集。闻一多是新月派代表诗人，其作品主要收录在《闻一多全集》中。选项 D 对应关系不正确。因此答案选 D。

【考点定位】文化素养——文学常识——中国现当代文学

【难度系数】★★

24.【答案】C

【解析】本题考查美术常识。意大利文艺复兴时期画家达·芬奇不仅是艺术家，也是自然科学家和工程师，他的绘画把科学知识和艺术想象有机地结合起来，使当时绘画的表现水平发展到一个新阶段。在绘画理论方面，他把解剖、透视、明暗和构图等零碎的知识，整理成为系统的理论，对欧洲绘画的发展影响很大。因此答案选 C。

【考点定位】文化素养——艺术常识——美术常识

【难度系数】★★

25.【答案】C

【解析】本题考查成语典故。画面左上方一轮明月，内有蟾蜍；中刻一人首蛇身的嫦娥，头梳高髻，身穿宽袖长襦，身后长尾屈曲蜿蜒，嫦娥拱手向月轮飞奔而去。该画面说的是嫦娥奔月的神话故事。因此答案选 C。

【考点定位】文化素养——文化常识——成语典故

【难度系数】★★

26.【答案】B

【解析】本题考查 word 的运用。段落格式是文档段落的属性，包括对齐方式、缩进方式、行间距与段间距等。可以使用“开始”选项卡中的段落功能区进行设置，也可以选中文字，在右键快捷菜单中选择“段落”，在弹出的“段落”对话框中设置。题干中图标为段落功能区的右对齐。因此答案选 B。

【考点定位】基本能力——信息处理能力——Word 的应用

【难度系数】★

27.【答案】D

【解析】本题考查 Excel 的应用。SUM 函数的功能是计算所有参数数值的和。其使用格式为 SUM（Number1，Number2），其中 Number1、Number2 代表需要计算的值，可以是具体的数值、引用的单元格（区域）、逻辑值等。题干中的公式“=SUM（Al：A4）”意为对Al、A2、A3、A4四个单元格区域进行求和，等值的是SUM（A1+A2+A3+A4）。因此答案选D。

【考点定位】基本能力——信息处理能力——Excel的应用

【难度系数】★

28.【答案】C

【解析】本题考查概念间的逻辑关系。概念间关系包括全同关系、全异关系、包含关系和交叉关系。题干中“教授”和“科学家”为交叉关系；“图书”和“英文书”为包含关系；“昆明”和“春城”为全同关系；“学生”和“运动员”为交叉关系；“足球”和“篮球”为全异关系。因此答案选C。

【考点定位】基本能力——逻辑思维能力——概念——概念间的逻辑关系

【难度系数】★★

29.【答案】C

【解析】本题考查图形推理。题干中的三幅图，第一幅图是由一个正方形和一个圆形组成，第二幅图是在第一幅图的基础上增加了一个正六边形，第三幅图是在第二幅图的基础上增添了一个菱形。前三幅图的图形位置结构不变，图形数量依次递增。因此，可以推理第四幅图是在第三幅图的基础上增加一个新图形。因此答案选C。

【考点定位】基本能力——逻辑思维能力——经典逻辑推理——图形推理

【难度系数】★★

二、材料分析题

30.【参考答案】

材料中“我”的行为践行了“以人为本”的学生观。

（1）学生是发展的人。学生具有巨大的发展潜能，教师要用发展的眼光看待学生，发现学生的潜能。材料中老师不仅关注杨萌这种优等生，还鼓励其他学生积极回答问题，对说话不流畅的学生、不敢站起来回答问题的学生都鼓励他们学习。老师能透过学生暂时有待提高的表象看到他们的潜力，把所有的学生都看成是发展中的人。

（2）学生是独特的人。学生有自身的独特性，他们具有个别差异性，教师在教育过程中应当针对学生的独特性、差异性进行教育，做到因材施教。材料中，教师针对说话不流畅的学生，引导他组织语言；对不敢站起来回答问题的学生就让他坐着说……体现了他尊重每个学生自身的独特性。

（3）学生是具有独立意义的人。学生是学习的主体。教师在教学过程中应当尊重学生在学习中的主观能动性，促使学生全面发展。材料中老师尝试让学生参与组织教学，共同探索出了“辩论教学”“说书教学”“戏剧教学”等以前没有尝试过的形式，体现了教师尊重学生是学习的主体。

综上所述，“我”的行为符合“以人为本”的学生观，值得大家学习借鉴。

【考点定位】教师职业理念——学生观——“以人为本”的学生观——学生是发展的人，学生是独特的人，学生是具有独立意义的人

【难度系数】★★★★

31. **【参考答案】**

材料中的“我”遵守了教师职业道德规范，有利于促进学生进步。

（1）教师职业道德规范包括关爱学生、关心爱护全体学生、尊重学生人格、平等公正对待学生。材料中，学生赵强在课堂上阴阳怪气地发问惹得全班同学哄堂大笑，“我”并没有指责他，而是因势利导，借机引发学生思考并感谢了赵强的提问。随后“我”在家访的过程中也维护赵强的自尊心。体现了对学生的关爱。

（2）教师职业道德规范包括教书育人，在教学过程中开展素质教育，循循善诱，诲人不倦，遵循教育教学规律。面对课堂上赵强关于“万万”的提问，“我”及时引导学生思考，尊重学生是学习的主体；随后通过感谢赵强消除了他的抵触心理，有利于学生的学习。

（3）教师职业道德包括爱岗敬业，勤恳敬业，对工作高度负责，不敷衍塞责。材料中“我”因为赵强在课堂上的异常表现，为了了解他的情况主动进行家访，体现了“我”对工作的高度负责。

总之，“我”的行为符合教师职业道德规范，应继续保持。

【考点定位】职业道德——教师职业道德规范——《中小学教师职业道德规范（2008年修订）》——爱岗敬业、关爱学生、教书育人

【难度系数】★★★★

32. **【参考答案】**

（1）文章论述的中心观点：

① 艺术具有普遍性，它超越了时间与空间而诉之于那永久的情操，不同的作品虽各不相关却有一个更深的一致；

② 一首诗可以离开一个人而存在。比如虽然一首诗是针对荆轲而作，却属于每一个人。诗可以赋予人永生的意味：在狭小的人生中可能已将一些事情忘记，但是在文艺上又认识了它。

（2）①“诗人创造了诗，同时也创造了自己”的含义：

诗人在创作诗句的时候，都会融入自己的感情与情操，会把自己的思想通过诗句表达出来，所以说诗人创造诗的同时也创造了自己。

②“它属于荆轲，也属于一切的人们”的含义：

“它属于荆轲”意思是说诗人的这两句诗表达的是主人公荆轲大义凛然、义无反顾、抱定必死决心深入虎穴的献身精神，体现的是荆轲的壮举。

“也属于一切人们”是指：由于艺术具有普遍性，使得尽管一首古诗所描写的是某一个人物，

但是也能使阅读古诗的人们产生共鸣。我们每个人即使并非壮士，也必有壮士的胸怀，所以这首诗虽然是荆轲说出来的，却属于每一个人。

【考点定位】基本能力——阅读理解能力———概括文章中心思想、筛选并整合主要信息及重要细节、分析观点

【难度系数】★★★★

三、写作题

【参考范文】

唯有努力，方能有奇迹

奇迹是努力的另一个名字，幸运是努力和实力换来的。在2016年的里约热内卢奥运会中，女排姑娘们在小组赛战局不利、淘汰赛对手强大的情况下，并没有自暴自弃，而是努力拼搏，最终取得胜利，登上冠军的宝座，这是她们努力拼搏的结果。这份拼搏的精神激励着各行各业的每一位国人。作为一名教师，更应该向女排姑娘学习，学习她们的努力，使自己拥有更强的教育教学实力。

教师要努力做到有实力，就要做到终身学习。在南非撒比森国家森林保护区，有一只叫马库鲁的小狮子，它的父亲在外来狮群的杀戮中死亡，它不得不离家流浪。为了生存，马库鲁学会了顺从，用温顺乖巧的性格融入了一支新狮群。好景不长，新狮群在面对水牛的报复中损失惨重，马库鲁为了求生，带着新狮群的五个弟弟开始独立生活。此时，四岁多的马库鲁还没有成年，但是已经是兄弟几个中最大的哥哥了。为了生存，马库鲁学会了抓捕猎物（自然界中，一般母狮负责捕猎，公狮负责对抗外来侵略者保护狮群安全）；它学会并教会了弟弟们合作捕猎包括长颈鹿、水牛在内的大型猎物；它学会了如何巡视领地；学会了对抗外来侵略者。后来马库鲁还学习了如何做一个好爸爸，这在普遍由母狮负责照顾后代的狮群是非常难得的。马库鲁的一生就是不断学习的一生，最终马库鲁从一只艰难求生的小狮子成长为被誉为“恩格拉拉里克”的一代狮王。马库鲁活到了十二岁，这对于野外生存的雄狮来说非常不容易。马库鲁的终生学习精神值得我们学习，这种活到老学到老的精神是我们每个老师都应该具备的，只有这样，教师才能跟上时代的步伐，教师的知识储备才追得上时代的进步，才能掌握最新的教学知识，更好地为学生的学习提供指导。

老师要努力做到有实力，就要做到爱岗敬业。爱岗敬业是作为一名老师应该具备的最基本的专业精神之一，老师的实力都是在一点点的工作中积累、磨炼出来的，只有做好本职工作，才能提升实力。爱岗敬业不只是一句口号，而是要落实到行为上。每年的乡村教师、最美教师表彰大会上的获奖名单都值得珍藏，名单上的每一个名字都是我们学习的榜样。比如张桂梅校长，她不顾自己病弱的身体，一次次亲自跑到学生家里劝学，劝回了一个个有辍学想法的学生并教育她们好好学习，并努力靠学习改变人生。有许多女孩子，原本的人生轨道可能是早婚早育，在乡间浑浑噩噩过一生，张校长努力地“逼”着她们学习，就是为了让这些女孩子能够摆脱贫困，获得新生，推动社会

进步。张老师是在真正践行教育的真谛，用教育改变人生，这是许多乡村女孩唯一的出路，作为老师一定要坚守自己的教育阵地，爱岗敬业，帮助学生成长。

悬崖峭壁上的花朵开得最惊艳，因为它们的根系浸透了奋斗的力量，看似柔弱的花骨朵上承载的是拼搏的精神，山风中它们摇曳着的美妙姿态仿佛在宣告着努力和不屈。绝境之中，只有努力才能有奇迹，只有努力才能提高实力，才能获得更灿烂的阳光，呼吸到更新鲜的空气，翱翔在更广阔的天空，最终走向成功的康庄大道！

作为一名教师，一定要做到软实力与硬实力并抓，不断地自我提升，才能取得教学活动最大的成功，才能使学生获得更好的帮助！

【考点定位】基本能力——写作能力——写作方法——审题立意、结构布局

【难度系数】★★★★★

高顿教育
GOLDEN EDUCATION

姓名 __________ 准考证号 __________

2017年下半年国家教师资格考试
综合素质（中学）真题卷及参考答案

（科目代码：301/301A）

2017年下半年国家教师资格考试

综合素质（中学）真题卷

注意事项：

1. 考试时间为120分钟，满分为150分。

2. 请按规定在答题卡上填涂、作答。在试卷上作答无效，不予评分。

一、单项选择题（在每小题列出的四个备选项中只有一个是符合题目要求的，请用2B铅笔把答题卡上对应题目的答案字母按要求涂黑。错选、多选或未选均无分。本大题共29小题，每小题2分，共58分）

1. 在生物实验课上，韩老师自始至终引导学生完成事先准备好的填空题："实验一：从 _____ 号烧瓶倒入 _____ 号烧瓶……""显微镜的取镜和放置：右手紧握 ____ 左手托住 _____……"这说明韩老师（　）。

   A. 教学理念偏失　　B. 教学态度不端

   C. 教学评价不当　　D. 教育行为失范

2. 在综合实践活动中，段老师设计了主题为"社会旅游资源"的调查，有部分同学对其中一座古塔的建筑材料、风格产生了兴趣。在指导大家完成调查报告之后，段老师又指导这部分同学确定了新课题——"古塔建筑材料、风格与保护"。对于段老师的做法，下列评价不恰当的是（　）。

   A. 尊重了学生的学习需要　　B. 培养了学生的探究意识

   C. 激发了学生的学习兴趣　　D. 纠正了学生的研究方法

3. 下列教学用语中，不利于促进学生学习的是（　）。

   A. "你读得很响亮，若再有感情一点就好了，你再试试"

   B. "刚才这位同学概括得不准确，还是我来吧"

   C. "这位同学的发言没有重复前面同学说过的话，有自己的观点，非常好"

   D. "请大家想一想，刚才这两位同学报告的结论，有何不同？"

4. 多年来，曾老师坚持让学生采用反思记录表、学习日志或成长记录袋等多种方法来记录学习过程，并不断指导学生优化记录的方法，曾老师的做法（　）。

   A. 忽视了学生的发展性　　B. 忽视了学生的差异性

C. 尊重了学生的创造性　　　　　　　D. 尊重了学生的自主性

5. 《国家中长期教育改革和发展规划纲要（2010—2020 年）》提出，要把教育摆在优先发展的战略地位。对于教育优先发展战略的理解，下列选项中不恰当的是（　）。

A. 财政资金优先保障教育投入

B. 社会资源优先向教育领域倾斜

C. 经济社会发展规划优先安排教育发展

D. 公共资源优先满足教育和人力资源开发需要

6. 中学生邹某上课时玩手机游戏，班主任王老师发现后，当场删除了邹某的游戏账号和他购买的游戏装备，并告诫邹某不要在上课时玩游戏。课后，王老师将手机返还给了邹某。王老师的做法（　）。

A. 合法，教师有权批评和管教学生　　　　B. 不合法，侵犯了邹某的财产权

C. 合法，教师无权没收学生的手机　　　　D. 不合法，侵犯了邹某的隐私权

7. 某地区教育行政部门未经公开招标，直接将当地两所较为薄弱的公办学校移交给一家民办教育集团承办，并规定对该校所有学生按市场价格收费。该地区教育行政部门的做法（　）。

A. 合法，有利于促进薄弱学校本身的内涵发展

B. 合法，有利于实现优质教育资源的均衡共享

C. 不合法，不得以任何名义改变或变相改变公办学校的性质

D. 不合法，不得以任何方式或理由规避公开招标的原则要求

8. 某中学规定，凡主动参加所在地区教研室组织的教研活动的教师，在职称晋升、评优评先中予以优先考虑。该学校的做法（　）。

A. 合法，有利于教师科学研究权的落实和保障

B. 合法，有利于教师教学自由权的落实和保障

C. 不合法，侵犯了其他教师享受平等待遇的权利

D. 不合法，违反了教师考核评价的客观公正原则

9. 某中学化学老师宋某正组织学生上实验课，学生李某因借用坐在实验桌对面的同学的钢笔，碰倒了酒精灯，酒精溅在本组同学韩某的手上并燃烧，致使韩某手部皮肤被灼伤。在这起事故中，应当承担赔偿责任的是（　）。

A. 学校和宋某　　　　　　　　B. 宋某和李某的监护人

C. 学校和李某的监护人　　　　D. 李某的监护人和韩某的监护人

10. 林某长期辱骂、虐待亲生儿子晓光，经有关单位教育后仍拒不悔改。依据《中华人民共和国未成年人保护法》，当地人民法院可以采取的措施是（　）。

A. 撤销林某的监护人资格　　　　B. 给予林某行政处分

C. 责令林某赔礼道歉　　　　　　D. 要求林某赔偿损失

11. 为了提高学生的法律意识，预防可能发生的未成年人犯罪事件，学校拟采取应对措施，下列说法不正确的是（　）。

A. 聘用优秀的教师担任法制教育的兼职教师

B. 聘任当地派出所干警担任校外法律辅导员

C. 要求未成年人的父母配合开展法制教育

D. 要求班主任承担未成年学生的监护责任

12. 在一次雷雨天气中，某中学教学楼遭到雷击，多名学生不同程度地被击伤。后经调查得知，由于教学楼没有采取防雷措施，这才导致学生被雷击伤。对于这起事故的法律责任，下列说法中正确的是（　）。

A. 学校无法律责任　　B. 学校应承担过错责任

C. 学校应承担无过错责任　　D. 学校应承担补偿责任

13. 体育课上，苏老师发现张刚坐在操场边发呆，便询问情况，张刚说："我最好的朋友走了，我很难过！"苏老师从此注意观察张刚，跟他聊天。有一天，张刚哭着告诉苏老师："我最好的朋友就是我爸爸，他出车祸去世了！"于是，苏老师经常开导他，帮他从悲伤中走了出来。对于苏老师的行为，下列说法正确的是（　）。

A. 偏爱张刚，未能关注其他学生　　B. 专心教学，不必承担其他责任

C. 细心观察，适时捕捉教育契机　　D. 侵犯隐私，干扰学生私人生活

14. 李老师多次获得过全省教学比赛一等奖，35 岁就评上了高级职称，在学校里还是其他年轻老师的"师傅"。但他仍坚持学习，积极参加教学研讨，有些同事不理解，认为李老师是"劳碌命"。对于李老师的行为，下列说法正确的是（　）。

A. 教师需要不断提高教育教学水平

B. 教师发展首先应该考虑团结协作

C. 中学教师不需要深厚的理论知识

D. 中学教师应该合理安排闲暇时间

15. 王明同学成绩不好，跟夏老师关系很紧张。有一天，王明悄悄在黑板上写上："夏某某，是个大笨蛋！"夏老师查出后暴跳如雷，多次勒令王明同学当着全班同学的面做深刻检讨。夏老师的行为（　）。

A. 正确，有利于遏制其他同学的类似行为

B. 正确，应该维护教师的尊严和威信

C. 不正确，不应该对此类学生如此严厉

D. 不正确，不利于构建良好的师生关系

16. 李丽同学的爸爸和学校校长是好朋友，班主任知道后，主动给李丽调整了座位，在课堂教学中给李丽更多的机会回答问题，并让其担任班长。班主任的行为（　）。

A. 有利于家校合作　　B. 有利于履行班主任职责

C. 影响其他学生的成长　　D. 影响校长的廉洁从教

17. 时间计量包括时间间隔和时刻两方面，前者指物质运动经历的时段，后者指物质运动的某一瞬间，下列选项中，时刻的表述是（　）。

A. 百米赛跑世界纪录 10 秒内　　B. 通常一节课的时间是 45 分钟

C. 从甲地步行到乙地需要 2 小时　　D. 新闻联播节目每天 19 时开始

18. “大陆漂移说”是一种解释地壳运动和海陆分布、演变的科学假说，为板块构造学说的建立和发展奠定了基础，对地球科学的发展起到了很大的推动作用。下列人物中，正式提出该学说的是（　）。

A. 培根　　B. 洪堡　　C. 魏格纳　　D. 达尔文

19. 贞德是法国历史上著名的民族英雄，被后人赞颂为“圣女”。她曾率领法国军队对抗外国入侵，并多次打败侵略者。该事迹发生的时期是（　）。

A. 普法战争时期　　B. 英法百年战争时期

C. 第一次世界大战时期　　D. 欧洲三十年战争时期

20. 国际关系中，主权国家会在建交国设立外交代表机构。外交代表机构通常划分为三个等级。下列选项中，不属于三个等级的外交代表机构是（　）。

A. 大使馆　　B. 领事馆　　C. 公使馆　　D. 代办处

21. 太阳系是太阳和以太阳为中心，受它的引力支配而环绕它运动的天体所构成的系统，其中包含八大行星，下列行星中，距离太阳最远的是（　）。

A. 天王星　　B. 海王星　　C. 土星　　D. 木星

22. 莎士比亚的喜剧大都以爱情、友谊、婚姻为主题，歌颂进步、美好的人文主义新风，充满着乐观、明朗的基调。下列作品中，属于莎士比亚喜剧的是（　）。

A.《奥赛罗》　　B.《雅典的泰门》

C.《麦克白》　　D.《威尼斯商人》

23.《人间词话》是著名学者王国维的一部文学理论著作。他提出的关于创作原则和批评标准的核心理论是（　）。

A. “气质”说　　B. “境界”说　　C. “神韵”说　　D. “格律”说

24. 咏叹调是歌剧中的声乐独唱曲，始于 17 世纪初的歌剧和康塔塔，此后历经发展，变得更为精致复杂。下列关于咏叹调的表述，不正确的是（　）。

A. 咏叹调是一种“朗诵”式的歌曲，依附于歌剧情节，相当于戏剧中的“对白”

B. 咏叹调常安排在剧情发展的重要时刻，着重表现剧中人在特定情景中的情感

C. 咏叹调旋律优美，故也常常单独在音乐会上演唱

D. 咏叹调富有艺术魅力，要求较高驾驭声音的技巧

25. 我国是一个多民族的国家，不少民族都拥有自己独特的风俗习惯和形象特征，下列选项中，表现了傣族形象的是（　　）。

A. 　B. 　C. 　D. 

26. 在 Word 中，如果当前文档中的文字下方出现红色波浪线，则表示该文字出现（　　）。

A.“拼写和句法”错误　　B.“句法和连接”错误

C.“拼写和语法”错误　　D.“语法和连接”错误

27. 在 PowerPoint 中，下列视图模式中可用于播放幻灯片的是（　　）。

A. 大纲　　B. 幻灯片模式

C. 幻灯片浏览　　D. 幻灯片放映模式

28. 下列选项中，与“教师”和“戏剧爱好者”两概念的关系一致的是（　　）。

A.“军人”与“军医”　　B.“杨树”和“柳树”

C.“蛋糕”与“面包”　　D.“作家”与“画家”

29. 下面图形组合的变化呈现出一定的规律性，下列选项中，最适合填在问号处的是（　　）。

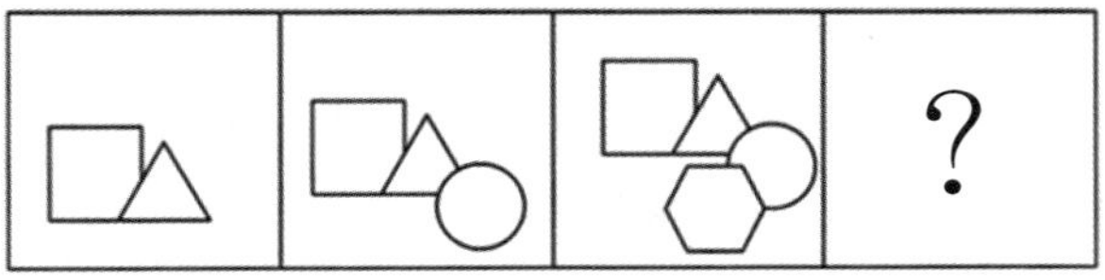

A. 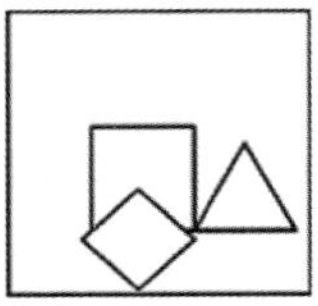　B. 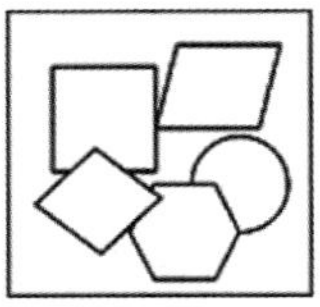　C. 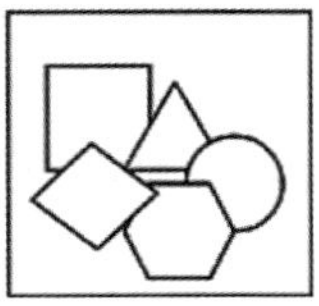　D. 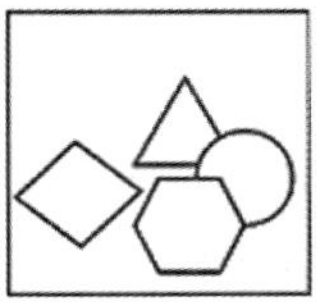

二、材料分析题（本大题共 3 题，每小题 14 分，共 42 分）

30. 材料：

本节课的教学内容是引导学生欣赏几幅字画，其中有一幅是郑板桥的“丝竹图”。可是，课堂上许多学生说不懂国画，谈不出体会，课堂出现了冷场。教师看到这一情况，立即调整了教学思路，不再要求学生谈体会，而是从学生实际出发，从他们最熟悉的竹子入手来引导他们打开思路。教师给出了一个学习任务“由竹子所想到的……”，并要求学生由竹子展开多角度、多方面的想象，很快学生就进入了情境，发言变得十分踊跃。

学生说：“竹子的外形没有牡丹花那么华贵，它朴实无华。”“竹子中空外直，好像人的品格——谦虚、正直。”“由竹子的挺拔想到人的高风亮节。”“竹子一年四季都郁郁葱葱，说明它不畏严寒，不畏酷暑。”“竹子对人无所求——不需灌溉，不需施肥；给予人的却很多——竹笋、竹竿、竹叶各有其用处。”还有的学生引用“墙上芦苇，头重脚轻根底浅；山间竹笋，嘴尖皮厚腹中空”说有人华而不实。

调整完教学思路后，学生注意力高度集中，各抒己见。说完了竹子再来看画，学生对这幅画就有了理解与看法，发言更加热烈。在发言中，学生们谈竹子、谈画，既陶冶了审美情趣，又懂得了许多做人的道理。课后，教师对这次教学行为进行了反思。

问题：请结合材料，从学生观的角度，评析该老师的教育行为。(14分)

31. 材料：

师范大学毕业后，孙斌凭借自己的努力成为了一名初中语文老师。工作前几年，为了适应教学工作，他向其他同事学习，教学水平逐渐提高，教学效果得到了家长们的认可。这时，他认为教学工作并不神秘，自己的经验，知识与能力已经足以应对，没有必要继续深入钻研教学。

与此同时，几位学生的家长找到孙老师，希望他能在课后帮助孩子补习。孙老师认为这事有利于提高学生成绩就答应了，补习结束时，家长们为了感谢孙老师，给了他一笔可观的补课费，孙老师推辞不过只好接受。自此以后，越来越多的学生找孙老师补课，其他班级甚至其他学校的学生也来找他。为了保证补习效果，孙老师常将课堂教学与课后辅导联系起来，还专门编印了系列学习资料，仅收取成本费和辛苦费。随着参与辅导学生规模的扩大，孙老师家里的空间已不足以容纳，于是，他在小区里专门租了地方方便学生参与辅导，为了节省学生购买学习资料和学习用具的费用，孙老师还要求学生统一从自己这里购买。家长对孙老师的辅导非常满意，还给他送了锦旗。

问题：请结合材料，从教师职业道德的角度，评析孙老师的教育行为。(14分)

32. 材料：

创新是一个人人熟知的名字，但创新到底意味着什么？创新要面对什么样的挑战？不同的人可能有不同的看法。我们要想创新，必须首先搞清楚什么是创新。

我们有知道的东西，这就是所谓的知识。我们有知道不知道的东西，比如未解决的难题、没有证明的猜想、还没有达到的技术水平等，但这些还不是全部。我们除了知道的东西和知道不知道的东西，我们还有不知道不知道的东西，科学研究不仅要把“知道的不知道”变为“知道”，还要把“不知道的不知道”变为“知道的不知道”，从而进一步把它们变成“知道”，把“不知道的不知道”，变为“知道”，是最高层次、最重要的创新。连不知道什么都不知道，这真是什么都不知道。做这种科研便是老虎吃天，无从下口。

把不知道的不知道，变成知道的不知道，就是提出问题。所以，科学更重要的创新就在于提出问题，要开拓新知识就要能够提出新问题，但提出新问题并非那么简单。通常如果能把问题讲出来，说明它还是在以前知识的范畴内，也许还不是真正的新问题。真正的新问题常常连讲都讲不出来，因为它所针对的东西，从来没人见到过，也从来没人想到过，所以连名字都没有，我们连提问题的语言都没有，有问题也讲不出来。记得小时候曾经看过一个原始部落的故事，这个部落只有四个词是用于计数的：一、二、三、很多很多。当人们想要了解一群鹿的数量时，就会遇到讲不出来的情况。

所以，要提出真正的新问题，就要让我们的想象自由奔驰，突破语言的束缚，突破数学的牢笼。当你感觉遇到了这类讲不出来的问题时，也许是一个信号：你挖掘到“大金矿”了，触碰到知识的一个新疆界了。这是令人激动的时刻，也是老子“道可道，非常道”的意境，在这种没有语言、没有数学的状态下，我们如何继续往前发展，如何做研究，如何进行思考，就是科学创新所要面对的挑战。

真正的科学创新没有目标，没有方向，因为这些目标和方向连名字都没有。给这些目标和方向起名字是科学创新的一部分。发明描写新知识的语言和数学也是科学创新的一部分，只有当创新结束以后，我们才能把问题讲出来，把新知识讲出来。所以，真正的科学创新无法计划，无法造势，无法成为一个轰轰烈烈的重大项目。

但作为一个进行创新的科学家，如果没有目标、没有方向，工作该如何开展？对个人来说，创新的内涵是制定美的标准。创新之前，大家不知道什么是美，不知道往什么方向努力，这时每个研究人员都可能有自己对美的认知，都有看问题不同的方式，都有不同的努力方向。但慢慢地，会有一个人对美的认知和思想被越来越多的人欣赏接受，从而成为美的标准，成为大家共同的努力方向，这就是创新过程。科学创新和艺术创新是非常相通的。当然，科学创新还需要通过实践的检验。实践不认可的创新是不会被接受的。

牛顿发现物体运动规律就是一个创新的例子。他意识到天上行星的运动和地上苹果坠落实际上是同一种物理现象，可是当他想定量描写这些物体的运动时，却发现自己什么也讲不出来。因为当时还没有描写非匀速运动的数学语言，所以牛顿又成为数学家，发明了微积分，使他可以写出他的物体运动定律，这也是一个物理发现出现在数学发现之前的例子。

问题：

（1）文章所说的“创新”有几个层次？请简要概括。（4分）

（2）文章认为如何应对科学创新所要面对的挑战？请简要分析。（10分）

三、写作题（本大题1小题，50分）

33. 阅读下面的材料，按要求作文。

共享单车火了。不到半年，在北京、上海等大城市，大街小巷随处可见橙、黄等各色共享单车。共享单车与公交车站、地铁站等交通枢纽接驳，对解决出行最后一公里的问题，对缓解交通拥堵和环境保护，都很有用。然而，在共享单车数量飙升的同时，其“任性”停放的问题也日益突出。有的共享单车无序摆放，让本来就狭窄的非机动车停车区域更显紧张；有的直接停在出入口台阶下，挡住进站通道；有人甚至将车子塞进绿化带里，锁在栏杆上，靠在大树边。

根据材料所引发的思考和感悟，写一篇论说文。

要求：用规范的现代汉语写作。角度自选，立意自定，标题自拟，不少于1000字。

2017年下半年国家教师资格考试
综合素质（中学）真题卷参考答案

一、单项选择题

1. 【答案】A

【解析】本题考查新课程改革的教学观。新课改的教学观强调要从教育者为中心转向学习者为中心。题干中，韩老师自始至终引导学生完成事先准备好的填空题，所有步骤都按照老师规定的来进行，这是填鸭式的教学手段，说明韩老师并没有先进的教学理念。因此答案选A。

选项BCD：题干中韩老师的行为不涉及教学态度不端、教学评价不当以及教育行为失范，均为干扰项。与题干不符，排除。

【考点定位】职业理念——教育观——开展素质教育的途径和方法——新课程改革的教学观

【难度系数】★

2. 【答案】D

【解析】本题考查学生是具有独立意义的人。以人为本的学生观要求教学要以学习者为中心教会学生学习，指导学生了解学科特征，掌握学科研究方法，关注“人”，关注学生的情绪和情感体验。题干中，段老师带着大家完成综合实践的相关内容，而后又由于部分学生对古塔感兴趣，在指导大家完成调查报告之后，段老师又指导这部分同学确定了新的古塔相关课题。这说明了他能激发学生的学习兴趣、尊重学生的学习需要、有意地培养学生的探究意识。但材料中未体现段老师纠正学生的研究方法。因此答案选D。

【考点定位】职业理念——学生观——“以人为本”的学生观——学生是具有独立意义的人

【难度系数】★

3. 【答案】B

【解析】本题考查学生是发展的人。“以人为本”的学生观强调学生是发展的人，具有巨大发展潜能，老师不能因为学生的小错误就否定学生，讽刺挖苦学生。要培养学生的自信心和积极性。B选项中，老师的话透露着失望，会打击学生的自信心，没有促进和启发作用，而且“还是我来吧”没有尊重学生的主体地位，不利于学生的发展。因此答案选B。

选项ABC：均为正向的鼓励，有利于促进学生的学习，排除。

【考点定位】职业理念——学生观——“以人为本”的学生观——学生是发展的人

【难度系数】★

4. 【答案】D

【解析】本题考查开展新课程改革的推进。新课程改革的具体目标中明确指出要改善学生的学习方式，倡导自主学习、合作学习和探究学习。自主学习是以学生作为学习的主体，通过学生独立地分析、探索、实践等方法来实现学习目标，即主动地、自觉自愿地学习。题干中，曾老师坚持让学生采用反思记录表、学习日志或成长记录袋等多种方法来记录自己的学习过程，并不断指导学生优化记录的方法，学生自己记录自己优化。曾老师的上述做法尊重了学生的自主性，有利于学生的学习。因此答案选 D。

选项 ABC：题干中曾老师的做法并没有忽视学生的发展性和差异性，也没有体现对学生创造性的尊重，均为无关干扰项。与题干不符，排除。

【考点定位】职业理念——教育观——开展素质教育的途径和方法——新课程改革的推进

【难度系数】★

5. 【答案】B

【解析】本题考查《国家中长期教育改革和发展规划纲要（2010—2020 年）》第二条“工作方针”。《国家中长期教育改革和发展规划纲要（2010—2020 年）》第二条规定：把教育摆在优先发展的战略地位。教育优先发展是党和国家提出并长期坚持的一项重大方针。各级党委和政府要把优先发展教育作为贯彻落实科学发展观的一项基本要求，切实保证经济社会发展规划优先安排教育发展，财政资金优先保障教育投入，公共资源优先满足教育和人力资源开发需要。充分调动全社会关心支持教育的积极性，共同担负起培育下一代的责任，为青少年健康成长创造良好环境。完善体制和政策，鼓励社会力量兴办教育，不断扩大社会资源对教育的投入。没有社会资源优先向教育领域倾斜。因此答案选 B。

【考点定位】教育法律法规——有关教育的法律法规——《国家中长期教育改革和发展规划纲要（2010—2020 年）》——第二条“工作方针”

【难度系数】★

6. 【答案】B

【解析】本题考查学生的财产权。学生具有人身权、财产权、受教育权。其中财产权是指具有物质财富内容，直接和经济利益相联系的民事权利。一般而言，学生财产权包括财产所有权、继承权、受赠权以及知识产权中的财产权利等。题干中，邹某的游戏账号和游戏装备属于邹某个人的财产，王老师删除邹某的游戏账号和游戏装备，侵犯了邹某的财产权。因此答案选 B。

【考点定位】教育法律法规——学生权利的保护——学生的公民权——财产权

【难度系数】★

7. 【答案】C

【解析】本题考查《中华人民共和国义务教育法》第五十三条“教育行政部门的法律责任”。《中华人民共和国义务教育法》第五十三条规定：县级以上人民政府或者其教育行政部门有下列情形之一的，由上级人民政府或者其教育行政部门责令限期改正、通报批评；情节严重的，对直接负责的主管人员和其他直接责任人员依法给予行政处分：（一）将学校分为重点学校和非重点学校的；（二）改变或者变相改变公办学校性质的。该教育行政部门的行为属于变相改变学校性质，不合法。因此答案选 C。

【考点定位】教育法律法规——有关教育的法律法规——《中华人民共和国义务教育法》——第五十三条“教育行政部门的法律责任”

【难度系数】★★

8. **【答案】**A

【解析】本题考查《中华人民共和国教师法》第二十二条“考核内容”。《中华人民共和国教师法》第二十二条明确规定：学校或者其他教育机构应当对教师的政治思想、业务水平、工作态度和工作成绩进行考核。教育行政部门对教师的考核工作进行指导、监督。题干中，学校的做法将教研活动与晋升挂钩，符合教师法的规定，有利于教师科学研究权的落实与保障。因此答案选 A。

【考点定位】教育法律法规——有关教育的法律法规——《中华人民共和国教师法》——第二十二条“考核内容”

【难度系数】★★

9. **【答案】**C

【解析】本题考查《学生伤害事故处理办法》第八条“因果关系”。《学生伤害事故处理办法》第八条规定：学生伤害事故的责任，应当根据相关当事人的行为与损害后果之间的因果关系依法确定。因学校、学生或者其他相关当事人的过错造成的学生伤害事故，相关当事人应当根据其行为过错程度的比例及其与损害后果之间的因果关系承担相应的责任。当事人的行为是损害后果发生的主要原因，应当承担主要责任；当事人的行为是损害后果发生的非主要原因，承担相应的责任。题干中，事故发生在课堂上，属于学校范畴，因此学校需要承担责任，当事人李某导致的事故发生，由于李某是未成年人，因此其监护人承担赔偿责任。因此答案选 C。

【考点定位】教育法律法规——有关教育的法律法规——《学生伤害事故处理办法》——第八条“因果关系”

【难度系数】★★★

10. **【答案】**A

【解析】本题考查《中华人民共和国未成年人保护法（2012 年修订）》第五十三条“监护人的监护资格”。《中华人民共和国未成年人保护法（2012 年修订）》第五十三条规定：父母或者其他监护人不履行监护职责或者侵害被监护的未成年人的合法权益，经教育不改的，人民法院可以根据有关人员或者有关单位的申请，撤销其监护人的资格，依法另行指定监护人。被撤销监护资格的父母应当依法继续负担抚养费用。因此答案选 A。

【考点定位】教育法律法规——有关教育的法律法规——《中华人民共和国未成年人保护法》——第五十三条“监护人的监护资格”

【难度系数】★★★

11.【答案】D

【解析】本题考查《学生伤害事故处理办法》第七条“监护职责”。《学生伤害事故处理办法》第七条规定：未成年学生的父母或者其他监护人应当依法履行监护职责，配合学校对学生进行安全教育、管理和保护工作。学校对未成年学生不承担监护职责，但法律有规定的或者学校依法接受委托承担相应监护职责的情形除外。因此，班主任不承担对未成年学生的监护责任。因此答案选 D。

选项 ABC：根据《中华人民共和国预防未成年人犯罪法（2012 年修订）》第九条规定：学校应当聘任从事法制教育的专职或者兼职教师。学校根据条件可以聘请校外法律辅导员。第十条规定：未成年人的父母或者其他监护人对未成年人的法制教育负有直接责任。学校在对学生进行预防犯罪教育时，应当将教育计划告知未成年人的父母或者其他监护人，未成年人的父母或者其他监护人应当结合学校的计划，针对具体情况进行教育。选项 ABC 都是正确的做法，所以排除。

【考点定位】教育法律法规——有关教育的法律法规——《学生伤害事故处理办法》——第七条“监护职责”

【难度系数】★★

12.【答案】B

【解析】本题考查《学生伤害事故处理办法》第九条“学校承担责任”。《学生伤害事故处理办法》第九条规定：因下列情形之一造成的学生伤害事故，学校应当依法承担相应的责任：学校的校舍、场地、其他公共设施，以及学校提供给学生使用的学具、教育教学和生活设施设备不符合国家规定的标准，或者有明显不安全因素的。题干中，学校没有对教学楼采取防雷措施，导致了事故的发生，因此学校应当承担过错责任。因此答案选 B。

【考点定位】教育法律法规——有关教育的法律法规——《学生伤害事故处理办法》——第九条“学校承担责任”

【难度系数】★★★

13.【答案】C

【解析】本题考查关爱学生。教师职业道德规范要求教师要关爱学生，关爱学生要求教师要做到关心爱护全体学生，尊重学生的人格，平等公正对待学生。题干中，苏老师通过观察发现了张刚的两次异常情况，并针对他遭遇的具体困难做了细心的引导，帮助他从父亲去世和朋友离开的阴影中走出来，这些行为表现出苏老师细心观察，适时捕捉教育契机。因此答案选 C。

【考点定位】教师职业道德——教师职业道德规范——《中小学教师职业道德规范（2008 年修订）》——关爱学生

【难度系数】★

14.【答案】A

【解析】本题考查终身学习。其中，终身学习是教师专业发展的不竭动力。要做到崇尚科学精神，树立终身学习理念，拓宽知识视野，更新知识结构。潜心钻研业务，勇于探索创新，不断提高专业素养和教育教学水平。题干中，李老师 35 岁就评上了高级职称，自己能力出众但是依然积极参加各种研讨，不断进步，李老师的不断学习是终身学习的体现。因此答案选 A。

【考点定位】教师职业道德——教师职业道德规范——《中小学教师职业道德规范（2008 年修订）》——终身学习

【难度系数】★

15.【答案】D

【解析】本题考查关爱学生。关心爱护全体学生，尊重学生人格，平等公正对待学生。对学生严慈相济，做学生的良师益友。保护学生安全，关心学生健康，维护学生权益。不讽刺、挖苦、歧视学生，不体罚或变相体罚学生。题干中，夏老师没有控制好自己的情绪，没有给王明解释的机会，而是惩罚他当着全班的面检讨，侵犯了学生的人格尊严，不利于师生之间的良好关系。因此答案选 D。

【考点定位】教师职业道德——教师职业道德规范——《中小学教师职业道德规范（2008 年修订）》——关爱学生

【难度系数】★

16.【答案】C

【解析】本题考查关爱学生、为人师表。其中，关爱学生是师德的灵魂，关爱学生要求教师要关心爱护学生健康，平等公平对待学生。题干中，班主任因为李丽同学的爸爸和学校校长是好朋友就对她更加偏袒，这种做法对其他学生是不公平的，会影响其他学生的成长。因此答案选 C。

【考点定位】教师职业道德——教师职业道德规范——《中小学教师职业道德规范（2008 年修订）》——关爱学生、为人师表

【难度系数】★

17.【答案】D

【解析】本题考查生活中的科学。时刻是指时间轴上的某一个点，指的是一瞬间。时间间隔是一个时间段。新闻联播节目每天 19 时开始，19 时是一个瞬间，因此是时刻。因此答案选 D。

【考点定位】文化素养——科技常识——生活中的科学

【难度系数】★

18.【答案】C

【解析】本题考查世界科技常识。大陆漂移假说由德国科学家魏格纳正式提出。魏格纳有一次在阅读世界地图时发现，地球上各大洲的海岸线有吻合的现象。于是他认为，美洲和非洲、欧洲最早可能是连在一起的，后来因为发生了大陆漂移才分开。因此答案选 C。

选项 A：培根是科学归纳法第一人。

选项 B：洪堡是德国著名地理学家、博物学家，他还是自然地理学创始人。

选项 D：达尔文是英国生物学家，进化论的奠基人，著有《物种起源》。

【考点定位】文化素养——科技常识——世界科技常识

【难度系数】★★

19.【答案】B

【解析】本题考查世界历史。"圣女"贞德是法国的军事家，被法国人视为民族英雄。"圣女"贞德的事迹发生在 1337—1453 年的英法百年战争时期。因此答案选 B。

【考点定位】文化素养——历史常识——世界历史

【难度系数】★★

20.【答案】B

【解析】本题考查世界地理。外交代表机构是一国派驻另一国的官方代表机构。在达成建交协议后，建交双方在对方的首都各自设立与外交代表等级相应的外交代表机关。外交代表机关通常分为三级：以大使为馆长的称大使馆；以公使为馆长的称公使馆；以代办为馆长的称代办处。而领事馆是一国驻在他国某个城市的领事代表机关的总称，有总领事馆、领事馆、副领事馆等，负责管理当地本国侨民和其他领事事务，因此答案选 B。

【考点定位】文化素养——文化常识——世界地理

【难度系数】★★

21.【答案】B

【解析】本题考查世界地理。太阳系有八大行星，按照离太阳的距离从近到远分别是水星、金星、地球、火星、木星、土星、天王星和海王星。因此答案选 B。

【考点定位】文化素养——文化常识——世界地理

【难度系数】★★

22.【答案】D

【解析】本题考查外国文学。莎士比亚的四大喜剧:《仲夏夜之梦》《皆大欢喜》《第十二夜》《威尼斯商人》；四大悲剧:《哈姆雷特》《奥赛罗》《李尔王》《麦克白》。因此答案选 D。

【考点定位】文化素养——文学常识——外国文学

【难度系数】★★

23.【答案】B

【解析】本题考查中国古代文学。《人间词话》提出了“境界”说：第一境界“昨夜西风凋碧树。独上高楼，望尽天涯路”。王国维将此句解成：做学问成大事业者，首先要有执著的追求，登高望远，瞰察路径，明确目标与方向，了解事物的概貌。第二境界“衣带渐宽终不悔，为伊消得人憔悴”，王国维将此两句来比喻大事业、大学问不是轻而易举、随便可得的，必须坚定不移，经过一番辛勤劳动，直至人瘦带宽也不后悔。第三境界“众里寻他千百度。蓦然回首，那人却在灯火阑珊处”。做学问、成大事业者，要达到第三境界，必须有专注的精神，反复追寻、研究，下足功夫，自然会豁然贯通，有所发现，有所发明。因此答案选 B。

【考点定位】文化素养——文学常识——中国古代文学

【难度系数】★★

24.【答案】A

【解析】本题考查音乐常识。咏叹调即抒情调，是一种配有伴奏的一个声部或几个声部以优美的旋律表现出演唱者感情的独唱曲，它可以是歌剧、轻歌剧、神剧、受难曲或清唱剧的一部分，也可以是独立的音乐会咏叹调。宣叙调指的是歌剧、清唱剧、康塔塔等大型声乐中类似朗诵的曲调，其依言语的自然和强弱，而行旋律化与节奏化，又称“朗诵调”。A 选项，相当于戏剧中的“对白”的是宣叙调。因此答案选 A。

【考点定位】文化素养——艺术常识——音乐常识

【难度系数】★★★

25.【答案】A

【解析】本题考查民族风俗。傣族服饰淡雅美观，既讲究实用，又有很强的装饰意味，颇能体现出热爱生活，崇尚中和之美的民族个性。各种傣族妇女服饰均能显出女性的秀美窈窕之姿。傣族妇女均爱留长发，束于头顶。有的以梳子或鲜花为饰，有的包头巾，有的戴高筒形帽，有的戴一尖顶大斗笠，各呈其秀，各显其美，颇为别致。因此答案选 A。

选项 B：为苗族人民的形象特征。特点：头上包头帕，上身大襟短衣，下身长裤。

选项 C：为朝鲜族民族服饰，特点：短衣、长裙的传统民族风格。

选项 D：为藏族民族服饰，特点：袖长、腰宽。

【考点定位】文化素养——文化常识——民族风俗

【难度系数】★★

26.【答案】C

【解析】本题考查信息处理能力中 Word 的应用。Word 文档中的文字下方出现波浪线是 Word 的一个自动检查功能，如果给了绿色的波浪线即表明 Word 认为你的语法或连接可能有错误，建议你来检查。如果给出红色的波浪线，则表明 Word 确认你的拼写或语法有错误，强烈建议你来修正。因此答案选 C。

【考点定位】基本能力——信息处理能力——Word 的应用

【难度系数】★

27.【答案】D

【解析】本题考查信息处理能力中的 PowerPoint 的应用。中文版 PowerPoint 2003 的视图主要包括：普通视图、浏览视图、放映视图和备注页视图等。其中，幻灯片放映视图占据整个计算机屏幕。在此视图中，显示的幻灯片元素与设置的各种动画效果和实际放映一致，以动态形式显示最后效果。因此，播放幻灯片可以在幻灯片的放映视图下播放。因此答案选 D。

选项 A：大纲视图，可以方便地把握演示文稿的主体，并可以直观地安排每个主题的文本。与题干不符，排除。

选项 B：中文版 PowerPoint 2003 的视图主要包括：普通视图、浏览视图、放映视图和备注页视图等。该选项中“幻灯片模式”并未指出具体是哪一种模式。与题干不符，排除。

选项 C：浏览视图是以幻灯片的缩略图形式按顺序排列显示在主窗口，可同时观察多张幻灯片，使重新排列、添加或删除幻灯片以及预览幻灯片切换效果等许多操作都变得很容易而且直观。与题干不符，排除。

【考点定位】基本能力——信息处理能力——PowerPoint 的应用

【难度系数】★

28.【答案】D

【解析】本题考查概念间的逻辑关系。题干中“教师”和“戏剧爱好者”是交叉关系，即有的教师是戏剧爱好者，有的戏剧爱好者是教师。选项 D，作家和画家符合交叉关系，有的作家也是画家，有的画家也是作家。因此答案选 D。

选项 A：是包含关系，所有的军医都是军人。

选项 B：是全异关系。

选项 C：是全异关系。

【考点定位】基本能力——逻辑思维能力——概念——概念间的逻辑关系

【难度系数】★★

29.【答案】C

【解析】本题考查图形推理。从图形数量关系上来说，题干中列的图形数量从左往右依次加一，按照规律空白处应有 5 个图形，所以排除选项 AD，并且图片中也必然含有正方形、三角形、圆形和六边形。因此答案选 C。

【考点定位】基本能力——逻辑思维能力——经典逻辑推理——图形推理

【难度系数】★★

二、材料分析题

30.【参考答案】

老师的行为体现了“以人为本”的学生观。具体体现在以下几个方面：

（1）学生是发展的人，学生具有巨大发展潜能，教师要让每一个处于发展过程中的学生健康成长。材料中，老师借助学生对竹子的不同认识，让学生明白了很多做人的道理，帮助学生健康发展。

（2）学生是独特的人，每个学生都是独特的个体，有着自身独特的学习经验，教师要克服按照统一标准和尺度去衡量学生的意识。材料中，老师在面对学生时，让学生多角度思考，从自身已有经验出发，对竹子阐述了自己的想法，并且全部得到老师的鼓励和肯定，调动了学生的积极性。

（3）学生是具有独立意义的人，每个学生都独立于教师的头脑之外，不以教师的意志为转移，学生才是学习的主体。材料中，老师在面对教学冷场时，将问题分解，一步一步引导学生说出对竹的认识，最终可以发表对画的理解和看法，因势利导地对学生施加教育，促进了学生主体性的发展。

综上所述，老师的行为符合学生观的要求，体现了一切为了每一位孩子的学生观。

【考点定位】教师职业理念——学生观——“以人为本”的学生观——学生是发展的人，学生是独特的人，学生是具有独立意义的人

【难度系数】★★★★

31.【参考答案】

孙老师刚入职时的做法符合教师的职业道德规范，但是后期私下开补习班有偿补课、拒绝学习进步等做法违背了教师职业道德规范，我们要引以为戒。

（1）孙老师的做法违背了爱岗敬业的职业道德要求。爱岗敬业要求教师对工作高度负责，认真备课上课。材料中，孙老师起初还向其他老师学习，但是他有了几年的工作经验后认为教学工作并不神秘，以自己的经验足以应付，没有必要深入钻研教学，这是对工作没有高度负责的表现，违背了爱岗敬业的要求。

（2）孙老师的做法违背了为人师表的职业道德要求。为人师表要求教师廉洁从教，自觉抵制有偿家教，不利用职务之便谋取私利。材料中，孙老师收取学生的补课费、教辅成本费和辛苦费，还要求学生统一从自己这里购买学习资料和学习用品，即使出发点是为了学生节省费用，依然属于利用职务之便谋取私利，是不正确的。

（3）孙老师的做法违背了教书育人的职业道德要求。教书育人要求教师遵循教育规律，实施素质教育，促进学生全面发展。材料中，孙老师把课堂教学和课后辅导联系起来，这种课外补习班违背了“减负”的教育政策，与素质教育观相违背。

总之，孙老师的做法违背了教师职业道德规范，应该及时改正，也值得我们反思。

【考点定位】职业道德——教师职业道德规范——《中小学教师职业道德规范（2008 年修

订）》——爱岗敬业、教书育人、为人师表

【难度系数】★★★★

32.**【参考答案】**

（1）文章所说的创新包括以下三个层次：

第一层次是不知道自己不知道，也即说不清道不明甚至没有语言去形容的未知领域，那里存在自己都不知道的知识的新疆界；

第二层次是知道自己不知道，比如未解决的难题、没有证明的猜想、还没有达到的技术水平等。人们知道这个知识，只不过还没有能力去解决；

第三层次是知道自己知道。此时人们已经将难题攻克，变成了自己所掌握的知识。

（2）应对科学创新所要面对的挑战：

一是提出真正的新问题，我们要让我们的想象自由奔驰，突破语言的束缚和数学的牢笼。二是给这些目标方向起名字是科学创新的一部分。三是发明描写新知识的语言和数学语言也是科学创新的一部分。当然，科学创新还需要通过实践的检验。实践不认可的创新是不会被接受的。

【考点定位】基本能力——阅读理解能力——概括文章中心思想、筛选并整合主要信息及重要细节、分析观点

【难度系数】★★★★

三、写作题

33.**【参考范文】**

安放好“共享单车”的未来

便利的共享单车一夜之间火了，但就像硬币有正反面，共享单车的问题也同时出现，比如无序摆放、被故意损坏等等。作为老师，教育在我们眼中，何尝不是与共享单车一样，有诸多问题呢。共享单车的问题和教育的问题，都需要我们认真对待，细心呵护，以安放好它们的未来。

“共享单车”的“蛀虫”问题。共享单车作为一个解决老百姓“最后一公里”交通问题的好帮手，应该得到大家自觉的爱护。然而事实并非如此，有些人存在过分占有欲，为了让自己独占某辆共享单车，悄悄给车子上私人锁。教育行业也有这种自私的人。有的学生觉得公立大学的录取名额是“我喜欢的就是我的”，在录取过程中用金钱与相关工作人员做不当交易，最终违规进入大学；有的老师为了利益，私下给学生有偿补课：这些人都是教育这辆“共享单车”的“蛀虫”。

“共享单车”的责任归属问题。当共享单车被损坏，有人说是因为政府监管不力，有人说是因为公民素质不高，还有人说是因为共享单车的所属公司经营不当。当教育这辆“共享单车”出现问题，有人说是因为如今的学生缺乏吃苦耐劳的精神，不爱学习；有人说是因为如今社会风气不好，拜金主义思潮侵染了纯洁的校园；还有人说是因为教师没有做到坚守高尚情操、家长没有充分发挥

家庭教育的作用……关于教育问题的责任归属众说纷纭。

种种问题该如何解决？现实中的共享单车如果出现了问题，是整个社会在共同解决：用户们自发倡导，爱护共享单车，尽量避免损坏；共享单车所属企业增加投资，从技术方面不断加强监管，及时维修问题车辆；政府针对退费不及时等问题及时发布相关政策。这不是一方努力就能解决的问题。同理，教育问题的解决也需要得到全社会的努力：从教师的角度来说，教师要秉持教师职业道德理念，不断提高自身的道德水平和专业水平；从家庭的角度来说，家长们要摈弃“教育是学校的工作，父母只需要保障孩子的物质需求”这一错误观念，发挥家校共育的作用；从学生的角度来说，学生要积极主动学习，与各种不良诱惑说“不”。只有当全社会携手努力，教育这一“共享单车”的问题才会得到解决。

我们相信教育这辆“共享单车”的未来，会越来越好：教师坚守高尚情操、爱岗敬业；学生认真学习、全面发展；家长与学校和衷共济，共同为了孩子的成长努力。

【考点定位】基本能力——写作能力——写作方法——审题立意、结构布局

【难度系数】★★★★★

姓名 ________ 准考证号 ________

2017 年上半年国家教师资格考试
综合素质（中学）真题卷及参考答案

（科目代码：301/301A）

2017年上半年国家教师资格考试

综合素质（中学）真题卷

注意事项：

1. 考试时间为120分钟，满分为150分。

2. 请按规定在答题卡上填涂、作答。在试卷上作答无效，不予评分。

一、单项选择题（在每小题列出的四个备选项中只有一个是符合题目要求的，请用2B铅笔把答题卡上对应题目的答案字母按要求涂黑。错选、多选或未选均无分。本大题共29小题，每小题2分，共58分）

1. 由于生源存在差异，某中学将学生按入学成绩高低分为快慢班，该学校的做法（　）。

   A. 正确，有利于因材施教　　B. 正确，有利于资源配置

   C. 错误，不利于教育公平　　D. 错误，不利于均衡发展

2. 为了改变学生从课本中找“标准答案”的习惯，刘老师经常在课堂上设计一些开放性问题，引导学生自由讨论、探索答案。同事马老师对刘老师说：“你这样会使学生思维太发散，也浪费时间，将来考试肯定会吃亏的，我从不这样做！”下列选择中正确的是（　）。

   A. 马老师的说法合理，有利于提高学生学习成绩

   B. 刘老师的做法得当，有利于培养学生创新意识

   C. 马老师的说法欠妥，不利于维持课堂教学秩序

   D. 刘老师的做法欠妥，不利于保证正常教学进度

3. 进入初三年级后，班主任石老师把每周的综合实践活动课用于补数学，中考时，该班的数学成绩名列前茅，石老师的做法（　）。

   A. 正确，是提高学习成绩的有效途径

   B. 正确，是提高班级声誉的有力措施

   C. 错误，不利于学生公平竞争

   D. 错误，不利于学生全面发展

4. 吴老师把可从教学中存在的突出问题归纳、提炼为若干主题进行研究，并发表系列论文，这表明吴老师具有（　）。

   A. 良好的教学研究能力　　B. 良好的课程管理能力

C. 良好的课堂开发能力　　D. 良好的校本研修能力

5.《国家中长期教育改革和发展规划纲要（2010—2020 年）》提出，建立城乡一体化义务教育发展机制，在有些方面向农村倾斜，下列选项中不符合要求的是（　）。

A. 财政拨款向农村倾斜　　B. 课程标准向农村倾斜

C. 教师配置向农村倾斜　　D. 学校建设向农村倾斜

6. 某初级中学违反国家有关规定向学生收取补课费，依据《中华人民共和国教育法》，有权责令该校退还所收费用的是（　）。

A. 教育行政机关　　B. 纪检部门

C. 公安机关　　D. 物价部门

7. 某高中教师孙某旷工给学校教学工作造成一定损失，依照《中华人民共和国教师法》，学校可依法（　）。

A. 给予孙某行政处分　　B. 给予孙某行政处罚

C. 取消孙某教师资格　　D. 给予孙某罚款处理

8. 母亲杨某外出打工，将 15 岁的儿子小强留下长期单独居住。杨某的做法（　）。

A. 合法，可以改善小强的物质生活条件

B. 合法，可以提高小强的独立生活能力

C. 不合法，不得让不满 16 周岁者脱离监护单独居住

D. 不合法，不得让不满 18 周岁者脱离监护单独居住

9. 某初中教师李某上课前发现部分学生未完成家庭作业，要求这部分学生完成后再进教室听课。李某的做法（　）。

A. 合法，教师有管理学生的权利　　B. 合法，教师有教育学生的职责

C. 不合法，侵犯了学生受教育权　　D. 不合法，侵犯了学生的人身权

10. 高一学生小峰的父母不履行监护职责，放任小峰强行索要他人财物，依据《中华人民共和国预防未成年人犯罪法》，有权对小峰父母予以训诫的是（　）。

A. 教育行政部门　　B. 公安机关

C. 学校　　D. 人民法院

11. 16 岁的学生王某放学途中不慎将同学孙某的眼部戳伤，依据《学生伤害事故处理办法》，对于该事故承担损害赔偿责任的主体是（　）。

A. 学校　　B. 班主任　　C. 王某本人　　D. 王某的监护人

12. 中学生程某经常违反班规，班主任张某让其缴纳“违纪金”充作班费，班主任张某的做法（　）。

A. 合法，教师有惩戒学生的权利　　B. 合法，教师有管理班级的权利

C. 不合法，教师没有罚款的权利　　D. 不合法，学校才有罚款的权利

13. 某校实施了“师徒制”，经验丰富的吴老师对新入职的蒋老师进行帮助时，要做到（　　）。

A. 尊重同行，等蒋老师请教时才进行帮助

B. 主动指导，和蒋老师商讨并确定教学方案

C. 推门听课，发现不妥之处及时在课堂上纠正

D. 充分信任，让蒋老师独自探索并积累教学经验

14. 晚自习时，高老师发现班上的一位男生在给一位女生递纸条。高老师走上前去对他们说：“你们在干吗？是不是在递情书啊？现在可不是谈恋爱的时候啊，考上大学后再谈吧。”高老师的声音不大但同学们都听到了，这两位同学顿时羞红了脸。关于高老师的做法，下列说法中正确的是（　　）。

A. 明察秋毫，及时引导学生　　　　B. 有亲和力，巧妙杜绝早恋

C. 方法粗暴，侵犯学生隐私　　　　D. 工作武断，伤害学生自尊

15. 图 1 是丰子恺的漫画《某种教师》，该教师的做法（　　）。

A. 正确，维护了知识的权威性

B. 正确，保证了教学的科学性

C. 不正确，违背了勤恳执教的师德要求

D. 不正确，违背了探索创新的师德要求

图 1

16. 牛老师在班级管理中采取了一系列措施，其中正确的是（　　）。

A. 鼓励学习能力强的学生主动帮助学困生

B. 编排座位时让学生按成绩排名自己选择

C. 有学生丢失东西时马上检查全班学生的书包

D. 私下告知无记名票选的“最差生”并提出改正要求

17. 下列历史故事，与曹操有关的是（　　）。

A. 破釜沉舟　　B. 望梅止渴　　C. 三顾茅庐　　D. 草木皆兵

18. 17 世纪西方对东方进行商业垄断贸易和殖民扩张中，一些国家纷纷建立“东印度公司”，其中英国的“东印度公司”最为人熟知。下列国家中，也建立“东印度公司”的是（　　）。

A. 德国　　B. 荷兰　　C. 西班牙　　D. 葡萄牙

19. 1979 年为纪念某位德国化学家诞辰 150 周年发行了邮票（图 2），该化学家提出了“苯”的分子结构理论。这位化学家是（　　）。

A. 凯库勒

B. 拉瓦锡

C. 法拉第

D. 诺贝尔

图 2

20. 根据我国食品卫生法的规定，食品添加剂是为改善食物的色、香、味等品质，以及为防腐和加工工艺的需要而加入食品中的人工合成或者天然物质。其中，山梨酸钾、苯甲酸钠是（　）。

A. 着色剂　　B. 增味剂

C. 甜味剂　　D. 防腐剂

21. 诗句“孤舟蓑笠翁，独钓寒江雪”出自《江雪》，其作者是（　）。

A. 王维　　B. 韩愈

C. 柳宗元　　D. 李商隐

22. 下列名句中，不是出自屈原《离骚》的是（　）。

A. 路漫漫其修远兮，吾将上下而求索

B. 亦余心之所善兮，虽九死其犹未悔

C. 悼良会之永绝兮，哀一逝而异乡

D. 草木之零落兮，恐美人之迟暮

23. 西安市历史悠久，其建制在各朝各代中曾有不同名称。下列选项中，不是其历史名称的是（　）。

A. 镐京　　B. 西京　　C. 临安　　D. 长安

24. 古人有称名、称字、称官职、称籍贯以及称谥号等习惯。有些诗文中称岳飞为“岳武穆”，“武穆”是（　）。

A. 籍贯　　B. 表字　　C. 谥号　　D. 官职

25. 巴赫是 17 世纪杰出的作曲家、管风琴家，其创作广泛吸取 16 世纪以来意大利、法国等国音乐的成功经验，成就很高，对后世音乐发展有深远影响。他的国籍是（　）。

A. 德国　　B. 法国　　C. 英国　　D. 俄国

26. 在 Excel 中，数据筛选是广泛使用的统计工具。下列有关其功能的表述，正确的是（　）。

A. 将满足条件的记录显示，而删除不满足条件的数据

B. 将满足条件的记录显示，而隐藏不满足条件的数据

C. 将不满足条件的记录显示，而删除满足条件的数据

D. 将不满足条件的记录显示，而隐藏满足条件的数据

27. 关于 PowerPoint 设计模板，下列说法正确的是（　）。

A. 只限定了模板类型，版式不受限定

B. 既限定了模板类型，也限定了版式

C. 既不限定模板类型，也不限定版式

D. 不限定模板类型，但限定了其版式

28. 下列选项中，与“重庆—直辖市”逻辑关系相同的是（　）。

A. 法国—法兰西　　B. 华盛顿—纽约

C. 英国—联合国　　　　　　　　　　D. 北京市—首都

29. 找规律填数字是一项很有趣的游戏，特别锻炼观察和思考能力，按照“2+5+7 → 144935”“3+5+6 → 184830”“4+4+9 → 367236”的规律，下列选项中正确的是（　　）。

A.7+6+4 → 285224　　　　　　　　B.7+6+4 → 284270

C.7+6+4 → 422452　　　　　　　　D.7+6+4 → 422824

二、材料分析题（本大题共 3 小题，每小题 14 分，共 42 分）

30. 材料：

李老师是一名中学美术老师，他常常说：“美术课堂不仅要教会学生画画，还应该培养学生更多的能力。”

有一次，在和学生聊天时，李老师听说学生家里都有不少闲置的废旧衣物，弃之可惜，留之占地。于是，李老师组织了“变旧为新”创意大赛，号召大家收集家里无用的旧衣物，将其进行改造，这一活动吸引了很多学生和家长参与，有的学生将旧衣服改成符合时尚潮流又具有独特魅力的新衣服；有的学生将旧衣物裁剪成布条、布块，制作成灯笼、小布娃等布艺饰品……学生们给旧衣物赋予了新的功能和价值，制作出缤纷多彩的作品。

在教学中，李老师经常运用绘图技术进行视觉教学，听音乐作画、古诗词意境配画等，他还带学生去郊外写生。每年市里举办美术展览，他都带学生去参观，引导学生仔细观察，用心体会，李老师的美术课成了学生追捧的热门课，他个人也被称为学校最受学生喜爱的“十大明星老师”之一。

问题：请结合材料，从教育观的角度，评析李老师的教育行为。（14 分）

31. 材料：

刚参加工作，我就担任高一（2）班的班主任，一个月过去了，我所在的班自习课基本上没有安静的时刻，学生肆意串桌、嬉笑打闹，纸飞机在教室内飞来飞去。我厉声斥责、摔粉笔盒、还抓过几个捣蛋头罚站，让他们写检查、打扫卫生……办法想了一个又一个，可见效甚微。隔壁杨老师班上却总是静悄悄的，我几次从他们班门前走过，都发现杨老师只是坐在讲台上看书，学生在安静学习。我纳闷，杨老师有什么“魔法”让学生如此安静？我向她询问管理学生的方法。她微笑着说：“我其实有点‘不负责任’呢。她们嬉闹的时候，我不说一句话，就在那里看书。慢慢地，他们也就安静了。”她说得风轻云淡，可我知道，事情绝没有那么简单。看到我疑惑的样子，杨老师换一种方式跟我解释：“我曾经看到过两幅画，都叫《安静》，一幅画的是一个湖，湖面平静如镜，湖中倒映着远山和花草；另一幅画的是激流直泻的瀑布，旁边有一棵小树，小枝丫上有一个鸟巢，巢里面有一只可爱的小鸟正在酣睡。你觉得哪一幅画更好呢？”

我想了一下，回答说：“后者更好，通过直泻瀑布与酣睡小鸟这一动一静的细节对比，凸显内心的静然。”“对啊，”杨老师笑着说，“他们不是喜欢闹吗？那我就来一个动静对比，一个人安安静静地看书。看我安安静静的，他们怎么好意思再嬉闹呢？您知道吗？有时候安静要比喧闹更有力量。”我豁然开朗。

问题：请结合材料，从教师职业道德的角度，评析杨老师的教育行为。（14 分）

32. 材料：

从最根本的意义上来说，<u>文学是一项寻求认同的事业</u>——作者通过写作来寻求理解，寻觅知音，而读者则通过阅读，来发现作者并与他们建立认同，作家通过区分不同的读者类型，针对特定的阅读对象，使用相应的语言和叙事策略，为他们提供读物，从而获得读者和市场的认同。

但实际上，真正意义上的文学写作，不仅考虑现实的读者，同时也在向未来和可能的读者寻求认同。比如说，在文学出版、印刷、传播很不发达的古代社会中，作家们的作品在当世的传播受到极大的限制。对古代的作者而言，他们的写作大多没有任何商业报酬，也很少有现实的读者。正因为如此，他们只有对未来的读者加以想象，才能获得写作的基本动力。所谓的“文章千古事”，说的就是这个意思。而在现代社会中，很多作家的写作也向未来敞开，当时不为人知，在后世却成为一代经典的作品，即便是在近代文学史上也比比皆是。所以说，文学本身就具有某种“待访”的性质：作家有点像是在茫茫大海上建立岛屿的人，而读者则像是航海者和旅行者。作家之所以在孤寂中建立岛屿，当然是希望有一天能与他们的读者相遇。

对于另一些作家来说，他们的目光也会投向过去。他们试图与那些早已不在人世的文学先辈们进行对话。从某种意义上说，他们是在与先驱者所确立的文学标准对话。当然，他们也是在跟自己内心的目标进行对话。每一个优秀的作家，心中都有一个隐秘而清晰的目标。读者和社会的认同、商业上的成功是一回事，而能否接近和达到这个目标，则是另一回事。就中国文学而言，李白、杜甫、苏轼、曹雪芹等人确立了古典文学的标准，而鲁迅先生则代表了近现代以来中国文学和思想的新高度。也可以说，我们实际上面对着两个伟大的传统。我们置身于这两个传统之中，受到它们的护佑，分享它们的文学资源，向它们表达敬意，同时也在与它们进行对话，并尝试着做出新的文学变革。因此，任何有价值的写作，都是对传统的某种回应，即便是对传统的质疑和挑战（正像鲁迅先生所做过的那样），也是一种重要的回应。

所以，严格地来说，文学写作中对读者的想象，既是一种向现实和未来读者寻求认同的过程，同时也是对传统的再确认过程。我认为，这种具备了过去、现实和未来开放性视野的创作，才称得上是一种开放的写作。

（摘编自格非《文学在读者中寻找认同》）

问题：

（1）画线句“文学是一项寻求认同的事业”中“认同”的含义是什么？请简要概括。（4分）

（2）如何理解文末所言的“开放的写作”？请结合文本，简要分析。（10分）

三、**写作题**（本大题1小题，50分）

33. 阅读下面的材料，按要求作文。

一位著名演员在一次表演课上，对即将成为职业演员的学员们说："上山的人永远不要瞧不起下山的人，因为他们曾经风光过；山上的人不要瞧不起山下的人，因为他们不定什么时候就会爬上来。"

根据材料所引发的思考和感悟，写一篇不少于1000字的论说文。

要求：用规范的现代汉语写作。角度自选，立意自定，标题自拟。

2017年上半年国家教师资格考试
综合素质（中学）真题卷参考答案

一、单项选择题

1. 【答案】C

【解析】本题考查素质教育是面向全体学生的教育。素质教育倡导人人有受教育的权利，强调在教育中每个人都得到发展，而不是只注重一部分人，更不是只注重少数人。每个人、每一位学生都能得到发展。要做到教育公平。题干中某中学将学生按入学成绩高低分为快慢班，违背了教育公平。因此答案选C。选项AB：说法错误，与题干不符，排除。

选项D：干扰项，素质教育是促进学生全面发展的教育，使学生德智体美劳全面发展，全面发展不等于平均的全面发展，而是和谐均衡的全面发展，但与题干的本意不相符。

【考点定位】职业理念——教育观——素质教育的实质——素质教育是面向全体学生的教育

【难度系数】★

2. 【答案】B

【解析】本题考查素质教育是以培养学生的创新精神和实践能力为重点的教育。题干中刘老师为了改变学生从权威教科书上找标准答案的习惯，即使同事不赞成，也经常在课堂上设置开放性问题，在探索答案的过程中尊重学生的主体性，引导学生自主学习，有利于培养学生的创新思维，符合素质教育内涵中的以培养学生的创新精神和实践能力为重点。因此答案选B。

选项A：马老师的说法不正确，学生在学习过程中从课本中找“标准答案”不利于培养学生的创新精神也不利于引导学生自主学习，长此以往不利于学生的全面发展（学习成绩属于智育）。该说法错误，与题干不符，排除。

选项C：马老师的说法欠妥，如果按照马老师的说法，直接让学生从课本中找“标准答案”更利于教师维持课堂教学秩序。而学生自由讨论的课堂氛围是活泼热烈的，不容易维持而不是安静的，容易维持。该说法错误，与题干不符，排除。

选项D：刘老师的做法正确，引导学生积极主动讨论，探索出答案而不是照搬标准答案，这种做法有利于教学的进行。该说法错误，与题干不符，排除。

【考点定位】职业理念——教育观——素质教育的实质——素质教育是以培养学生的创新精神和实践能力为重点的教育

【难度系数】★

3. 【答案】D

【解析】本题考查素质教育是促进学生全面发展的教育。实施素质教育，就是要通过德育、智育、体育、美育等的有机结合，使多方面的教育相互渗透、协调发展，保证学生的全面发展和健康成长。题干中班主任石老师的做法忽视了学生其他方面的发展，不利于学生的全面发展。因此答案选 D。

【考点定位】职业理念——教育观——素质教育的实质——素质教育是促进学生全面发展的教育

【难度系数】★

4. 【答案】A

【解析】本题考查教师教学行为的转变。新课程要求教师应该是教育教学的研究者。以研究者的眼光审视和分析教学实践中的各种问题，对出现的教学问题进行研究，总结经验，并形成规律性的认识。题干中，吴老师将课堂教学中出现的问题进行归纳，进行主题研究并发表论文，体现的就是吴老师的教学研究和反思能力。因此答案选 A。

选项 B：课堂管理能力是指教师对课堂教学中各种要素进行调控，使教学得以顺利进行的能力。题干中并没有体现吴老师课堂管理能力。

选项 C：课程开发是指教师要开发教育资源，包括开发校内外的教育资源，积极参与地方课程和校本课程的建设，培养开发课程，评价课程，主动选择和创造性地使用新课程教材的能力。题干中并没有体现吴老师的这种能力。

选项 D：校本研修是由学校组织安排的，基于学校实际需要的教师专业发展制度。题干中吴老师是自己主动针对教学问题进行的研究，研究主体是吴老师而不是学校。

【考点定位】职业理念——教师观——新课程背景下的教师观——教师教学行为的转变

【难度系数】★

5. 【答案】B

【解析】本题考查《国家中长期教育改革和发展规划纲要（2010—2020 年）》第九条“加快缩小城乡差距”。《国家中长期教育改革和发展规划纲要（2010—2020 年）》第九条规定：加快缩小城乡差距。建立城乡一体化义务教育发展机制，在财政拨款、学校建设、教师配置等方面向农村倾斜。率先在县（区）域内实现城乡均衡发展，逐步在更大范围内推进。没有涉及课程标准向农村倾斜。描述错误，当选。因此答案选 B。

【考点定位】教育法律法规——有关教育的法律法规——《国家中长期教育改革和发展规划纲要（2010—2020 年）》——第九条“加快缩小城乡差距”

【难度系数】★★

6. 【答案】A

【解析】本题考查《中华人民共和国教育法》第七十八条“学校违规收费的法律责任”。《中华人民共和国教育法》第七十八条规定：学校及其他教育机构违反国家有关规定向受教育者收取费用的，由教育行政部门或者其他有关行政部门责令退还所收费用；对直接负责的主管人员和其他直接责任人员，依法给予处分。题干中某初级中学向学生收取补课费，违反了《中华人民共和国教育法》的规定，教育行政部门或者其他有关行政部门应该责令其退还费用。因此答案选 A。

【考点定位】教育法律法规——有关教育的法律法规——《中华人民共和国教育法》——第七十八条“学校违规收费的法律责任”

【难度系数】★★

7. **【答案】**A

【解析】本题考查《中华人民共和国教师法》第三十七条“教师不当行为的法律责任”。根据《中华人民共和国教师法》的第三十七条第一款规定：教师有下列情形之一的，由所在学校、其他教育机构或者教育行政部门给予行政处分或者解聘：（一）故意不完成教育教学任务给教育教学工作造成损失的；（二）体罚学生，经教育不改的；（三）品行不良、侮辱学生，影响恶劣的。题干中孙某旷工，故意不完成教学任务，给教学工作造成损失，应该给予行政处分或解聘。因此答案选 A。

【考点定位】教育法律法规——有关教育的法律法规——《中华人民共和国教师法》——第三十七条“教师不当行为的法律责任”

【难度系数】★★

8. **【答案】**C

【解析】本题考查《中华人民共和国预防未成年人犯罪法（2012 年修订）》第十九条“不满 16 周岁不得单独居住”。《中华人民共和国预防未成年人犯罪法（2012 年修订）》第十九条规定：未成年人的父母或者其他监护人，不得让不满十六周岁的未成年人脱离监护单独居住。题干中母亲杨某将 15 岁的儿子留下单独居住，违反了这一规定。因此答案选 C。

【考点定位】教育法律法规——有关教育的法律法规——《中华人民共和国预防未成年人犯罪法（2012 年修订）》——第十九条“不满 16 周岁不得单独居住”

【难度系数】★

9. **【答案】**C

【解析】本题考查《中华人民共和国教育法》第四十三条“学生权利”。根据《中华人民共和国教育法》第四十三条规定，受教育者享有下列权利：（一）参加教育教学计划安排的各种活动，使用教育教学设施、设备、图书资料；（二）按照国家有关规定获得奖学金、贷学金、助学金；（三）在学业成绩和品行上获得公正评价，完成规定的学业后获得相应的学业证书、学位证书；（四）对学校给予的处分不服向有关部门提出申诉，对学校、教师侵犯其人身权、财产权等合法权益，提出申诉或者依法提起诉讼；（五）法律、法规规定的其他权利。题干中教师李某让学生完成作业后再进教室听课，侵犯了学生参加教育教学计划安排的各种活动的权利。因此答案选 C。

【考点定位】教育法律法规——有关教育的法律法规——《中华人民共和国教育法》——第四十三条“学生权利”

【难度系数】★

10.【答案】B

【解析】本题考查《中华人民共和国预防未成年人犯罪法（2012 年修订）》第四十九条“父母的法律责任”。《中华人民共和国预防未成年人犯罪法（2012 年修订）》第四十九条规定：未成年人的父母或者其他监护人不履行监护职责，放任未成年人有本法规定的不良行为或者严重不良行为的，由公安机关对未成年人的父母或者其他监护人予以训诫，责令其严加管教。因此答案选 B。

【考点定位】教育法律法规——有关教育的法律法规——《中华人民共和国预防未成年人犯罪法（2012 年修订）》——第四十九条“父母的法律责任”

【难度系数】★★

11.【答案】D

【解析】本题考查《学生伤害事故处理办法》第二十八条“监护人的法律责任”。《学生伤害事故处理办法》的第二十八条第一款规定：未成年学生对学生伤害事故负有责任的，由其监护人依法承担相应的赔偿责任。十六岁的学生王某是未成年学生，对学生孙某的伤害事故负有责任，王某的监护人应对该事故承担损害赔偿责任。因此答案选 D。

【考点定位】教育法律法规——有关教育的法律法规——《学生伤害事故处理办法》——第二十八条“监护人的法律责任”

【难度系数】★★★

12.【答案】C

【解析】本题考查《中华人民共和国教师法》第七条“教师权利”。《中华人民共和国教师法》第七条规定了教师享有的权利：（一）进行教育教学活动，开展教育教学改革和实验；（二）从事科学研究、学术交流，参加专业的学术团体，在学术活动中充分发表意见；（三）指导学生的学习和发展，评定学生的品行和学业成绩；（四）按时获取工资报酬，享受国家规定的福利待遇以及寒暑假期的带薪休假；（五）对学校教育教学、管理工作和教育行政部门的工作提出意见和建议，通过教职工代表大会或者其他形式，参与学校的民主管理；（六）参加进修或者其他方式的培训。可见，《中华人民共和国教师法》并未赋予教师罚款的权利。因此答案选 C。

【考点定位】教育法律法规——有关的教育法律法规——《中华人民共和国教师法》——第七条“教师权利”

【难度系数】★

13.【答案】B

【解析】本题考查教师与同事的关系。吴老师帮助新任职的蒋老师时，要将主动性与尊重性相结合，在发挥自己丰富的经验的指导作用的同时，也要充分调动新入职教师专业发展的主动性，在交流与合作中协助蒋老师成长，不能被动等着新教师求助。因此答案选 B。

【考点定位】教师职业道德——教师职业行为——教师在教育活动中要处理好的几大关系——教师与同事的关系

【难度系数】★

14.【答案】D

【解析】本题考查关爱学生。关爱学生要求学校、教师应当尊重学生尊严，不得对学生实施体罚、变相体罚或其他侮辱人格尊严的行为。题干中，高老师发现男女生之间递纸条，未进行调查便武断地认为其在递情书，并且不顾及学生的自尊，让其他同学都听见了，伤害了学生的尊严，这违背了关爱学生的要求。因此答案选 D。

【考点定位】教师职业道德——教师职业道德规范——《中小学教师职业道德规范（2008 年修订）》——关爱学生

【难度系数】★

15.【答案】D

【解析】本题考查终身学习。《中小学教师职业道德规范（2008 年修订）》规定了教师终身学习是教师专业发展的不竭动力。教师应当崇尚科学精神，树立终身学习理念，拓宽知识视野，更新知识结构；潜心钻研业务，勇于探索创新，不断提高专业素养和教育教学水平。漫画中的“某种教师”头顶上的“留声机”讽刺老师程序化的教学，照本宣科，该教师的做法违背了终身学习中对探索创新的师德要求。因此答案选 D。

【考点定位】教师职业道德——教师职业道德规范——《中小学教师职业道德规范（2008 年修订）》——终身学习

【难度系数】★

16.【答案】A

【解析】本题考查关爱学生。关爱学生要求保护学生安全，关心学生健康，维护学生权益。题干中，选项 A：牛老师鼓励学习能力强的学生主动帮助学困生的做法，有助于发挥学习能力强的学生的积极作用，团结同学，且没有违反任何法律规定，是一种积极的班级管理措施。因此答案选 A。

选项 B：牛老师让学生自己按成绩排名选择座次，泄露了学生学习成绩的隐私，不尊学生的人格，侵犯了学生的隐私权和人格尊严权。

选项 C：有东西丢失，牛老师检查全班同学的书包，侵犯了学生的人格尊严权和隐私权。

选项 D：无记名投票选“最差生”的行为侵犯了差生的人格尊严权。

【考点定位】教师职业道德——教师职业道德规范——《中小学教师职业道德规范（2008 年修订）》——关爱学生

【难度系数】★

17.【答案】B

【解析】本题考查成语典故。望梅止渴源于南朝宋刘义庆所著《世说新语·假谲》，其中描述了这样的故事“魏武行役，失汲道，军皆渴。乃令曰：‘前有大梅林，饶子，甘酸可以解渴。’士卒闻之，口皆出水，乘此得及前源。”文中的魏武就是曹操，“望梅止渴”与其有关，因此答案选 B。

选项 A：破釜沉舟出自秦末项羽起义军与秦军主力的巨鹿之战，该典故与项羽有关。

选项 C：三顾茅庐是讲述汉末刘备三次去南阳郡邓县隆中拜访诸葛亮，邀请其出山辅佐自己的故事。

选项 D：草木皆兵这个成语来源于《晋书·苻坚载记》，其中记载道：“坚与苻融登城而望王师，见部阵齐整，将士精锐；又北望八公山上草木，皆类人形。”

【考点定位】文化素养——文化常识——成语典故

【难度系数】★

18.【答案】B

【解析】本题考查世界近代史。17 世纪西方对东方进行商业垄断贸易和殖民扩张中，一些国家纷纷建立“东印度公司”，其中以英国和荷兰的“东印度公司”最为人熟知，实力最大。因此答案选 B。

【考点定位】文化素养——历史常识——世界近代史

【难度系数】★★

19.【答案】A

【解析】本题考查世界科技常识。凯库勒是德国有机化学家，他在分析了大量的实验事实之后认为，苯是一个很稳定的由 6 个碳原子牢固结合的“核”，可以与其他碳原子相连形成芳香族化合物，提出了苯的分子结构理论。因此答案选 A。

选项 B：拉瓦锡是法国著名的化学家、生物学家，被后世尊称为“现代化学之父”，他提出了化学“元素”的定义，测定了空气成分。

选项 C：法拉第是英国著名的物理学家、化学家，他发现了电磁感应现象，被称为“交流电之父”。

选项 D：诺贝尔是瑞典著名的化学家和炸药的发明者，著名的诺贝尔奖是遵照其遗嘱设立的。

【考点定位】文化素养——科技常识——世界科技常识

【难度系数】★★

20.【答案】D

【解析】本题考查生活中的科学。山梨酸钾是无色至白色鳞片状结晶或结晶性粉末，苯甲酸钠是白色颗粒，二者都是用来防止食品腐败的，属于食品防腐剂。因此答案选 D。

【考点定位】文化素养——科技常识——生活中的科学

【难度系数】★

21.【答案】C

【解析】本题考查中国古代文学。《江雪》是唐代诗人柳宗元的一首山水诗，描述了一幅江乡雪景图，整首诗为："千山鸟飞绝，万径人踪灭。孤舟蓑笠翁，独钓寒江雪。"因此答案选 C。

【考点定位】文化素养——文学常识——中国古代文学

【难度系数】★★

22.【答案】C

【解析】本题考查中国古代文学。选项 ABD 的诗句都是出自《离骚》，《离骚》是战国诗人屈原创作的文学作品。选项 C，"悼良会之永绝兮，哀一逝而异乡"出自曹植的《洛神赋》。因此答案案选 C。

【考点定位】文化素养——文学常识——中国古代文学

【难度系数】★★

23.【答案】C

【解析】本题考查古代称谓。长安是西安的古称，是世界历史上第一座被称为"京"的都城，也是历史上第一座真正意义上的城市。别称镐京（西周）、咸阳（秦）、常安（新、后秦）、大兴（隋朝）。选项 C：临安是今浙江省杭州市的旧称，是南宋国都，当选。因此答案选 C。

选项 ABD 都属于古代西安的名称，表述正确，排除。

【考点定位】文化素养——文化常识——古代称谓

【难度系数】★★

24.【答案】C

【解析】本题考查古代称谓。"武""穆"都是中国古代谥法常用字。岳飞因"莫须有"的罪名与长子岳云和部将张宪同被朝廷杀害。宋孝宗时岳飞及家人、部下的冤屈被平反，改葬于西湖畔栖霞岭。后又追谥"武穆""忠武"，追封鄂王。武穆是岳飞死后被追封的谥号。因此答案选 C。

【考点定位】文化素养——文化常识——古代称谓

【难度系数】★★

25.【答案】A

【解析】本题考查音乐常识。巴赫，巴洛克时期的德国作曲家，杰出的管风琴、小提琴、大键琴演奏家，被尊称为"西方近代音乐之父"。因巴赫的作品对欧洲近代音乐的发展产生了积极影响，故被尊称为“西方近代音乐之父”。因此答案选 A。

【考点定位】文化素养——艺术常识——音乐常识

【难度系数】★

26.【答案】B

【解析】本题考查 Excel 的应用。筛选结果将会显示满足条件的记录，其他的数据则都被隐藏了。因此答案选 B。

【考点定位】基本能力——信息处理能力——Excel 的应用

【难度系数】★

27.【答案】A

【解析】本题考查 PowerPoint 的应用。在 PowerPoint 中，关于设计模板，只限定了模板类型，可以自己选择版式。因此答案选 A。

【考点定位】基本能力——信息处理能力——PowerPoint 的应用

【难度系数】★

28.【答案】D

【解析】本题考查概念间的逻辑关系。重庆是一个城市 A，直辖市是国家的重要省级行政区 B，是两个概念，但是重庆是中国的直辖市。与之逻辑关系相同的，北京是一个城市，首都是一个国家的政治中心和中央政府所在地的政治称谓，可以说北京是中国的首都。与题干逻辑关系相同的为选项 D。因此答案选 D。

选项 A：法国、法兰西都是对法兰西共和国的简称，外延和内涵完全相同，属于同一个概念。

选项 B：华盛顿和纽约，他们是美国的两个城市，是全异关系。

选项 C：英国是一个国家，联合国是一个组织，英国是联合国安全理事会常任理事国之一。

【考点定位】基本能力——逻辑思维能力——概念——概念间的逻辑关系

【难度系数】★★

29.【答案】A

【解析】本题考查基本能力中的数字推理。观察三组数字：“2+5+7”，2×7=14，（2+5）×7=49，5×7=35，最后得出“144935”；“3+5+6”，3×6=18，（3+5）×6=48，5×6=30，最后得出“184830”；“4+4+9”，4×9=36，（4+4）×9=72，4×9=36，最后得出“367236”。则，“7+6+4”为 7×4=28，（7+6）×4=52，6×4=24，最后得出“285224”。因此答案选 A。

【考点定位】基本能力——逻辑思维能力——经典逻辑推理——数字推理

【难度系数】★★

二、材料分析题

30.【参考答案】

李老师的教育教学行为践行了素质教育相关理念。具体体现在以下几个方面：

（1）李老师的教育教学行为体现了素质教育是促进学生全面发展的教育。李老师在教授学生美术知识的同时，还积极组织变废为宝等各项课余活动。“美术课堂不仅要教会学生画画，还应该培养学生更多的能力。”拓展了学生视野和其他领域的知识，促进学生全面发展。

（2）李老师的教育教学行为体现了素质教育是促进学生个性成长的教育。材料中有的学生将旧衣服改成符合时尚潮流又具有独特魅力的新衣服；有的学生将旧衣物裁剪成布条、布块，制作成灯笼，小布娃等布艺饰品，不同学生作品不同，体现了李老师关注学生的个性成长。

（3）李老师的教育教学行为体现了素质教育是以培养学生创新精神与实践能力为重点的教育。“美术课堂不仅要教会学生画画，还应该培养学生更多的能力。”李老师组织了“变旧为新”创意大赛，在教学中注重学生动手实践能力，鼓励学生创新思维，培养了学生的创新能力。

总之，李老师的行为符合素质教育对教师的要求，我们应该学习李老师的做法，不断提高我们的教学质量和水平。

【考点定位】教师职业理念——教育观——素质教育的实质——素质教育是促进学生全面发展的教育，素质教育是促进学生个性发展的教育，素质教育是以培养学生的创新精神和实践能力为重点的教育

【难度系数】★★★★

31.【参考答案】

材料中杨老师的行为符合《中小学教师职业道德规范（2008年修订）》的相关要求，是值得我们学习的。

（1）《中小学教师职业道德规范（2008年修订）》要求老师做到为人师表。为人师表要做到严于律己、以身作则，团结协作。材料中杨老师面对学生的嬉闹，没有粗暴制止而是安静地坐着看书，体现了以身作则。同时面对同事的询问管理方式，积极给予解答，这是杨老师做到了为人师表、团结协作的体现。

（2）《中小学教师职业道德规范（2008年修订）》要求老师做到教书育人。教书育人要求老师遵循教育规律，循循善诱，诲人不倦，因材施教，培养学生良好品行，不以分数作为评价学生的唯一标准。材料中，杨老师通过自己安静看书，给学生展示动静对比，从而让学生不好意思嬉闹，进而安静下来学习。杨老师这种循循善诱的教育方式，是教书育人的体现。

（3）杨老师的行为体现了关爱学生。关爱学生要求关爱全体学生，平等公正对待学生。对学生严慈相济，做学生的良师益友。材料中，杨老师面对同学们的嬉笑打闹并没有和“我”一样严厉制

止，而是用一种慈爱的方式去教育学生，关爱了学生的心理健康。

综上所述，杨老师的行为符合教师职业道德规范的内涵，杨老师的行为做到了为人师表、教书育人、关爱学生等要求，是值得我们学习的。

【考点定位】职业道德——教师职业道德规范——《中小学教师职业道德规范（2008年修订）》——关爱学生、教书育人、为人师表

【难度系数】★★★★

32. **【参考答案】**

（1）认同是指：作者通过写作来寻求理解，寻觅知音；而读者通过阅读，来发现作者并与他们建立认同，是一种思想观念上和认同，一种读者和作者之间的相互契合。

（2）开放的写作是指：文学写作中对读者的想象，既是一种向现实和未来读者寻求认同的过程，同时也是对传统的再确认过程。我认为，这种具备了过去、现实和未来开放性视野的创作，才能称得上是开放的写作。

【考点定位】基本能力——阅读理解能力———概括文章中心思想、筛选并整合主要信息及重要细节、分析观点

【难度系数】★★★★

三、写作题

33. **【参考范文】**

谦逊的力量

《孙子兵法》中的诡道十二法有言“卑而骄之”，意在说明骄兵必败；伟大领袖毛泽东也常言“谦虚使人进步，骄傲使人落后”。印度哲人泰戈尔亦云：“当我们谦卑的时候，便是我们最靠近于伟大的时候。”谦逊是中西方文化都极为认同和宣扬的重要品质。在人生的道路上，不论奋斗与否，成功与否，谦逊的心态始终能让我们保持不骄不躁，在生活中受益无穷。

谦逊是一种态度。春秋时期，孔子和弟子周游列国。一天，他们乘坐着自己的车乘去了晋国。一个孩子在路上玩，挡了他们前进的车轮。孔子看到这个小孩子正在路上堆积着许多碎石砖块，于是对其道：“你不应该在路当中玩，挡住我们的车。”这个小孩子用自己的双手示意孔子低头看地面上的石子砖块的空间布局，不急不慢地向孔子问道：“老人家，您看这是什么？”孔子一一看去，是用金黄色的碎石和白色的瓦片一起摆的一座石子小城镇。小孩再次对孔子提出他的新疑问：“请问，应该是城给车让路，还是车给城让路呢？”孔子立刻为之语塞。孔子深深地预感到这个年轻小孩子的天资不凡，便微笑着问他说：“你叫什么名字，几岁啦？”这个小孩子也微笑着回答：“我叫项橐，7岁！”孔子转身对那些他身后的学生们微笑着说：“项橐7岁就已学会读书懂礼，他现在就可以当我的家庭教育老师、哲学老师啊。”孔子不因自己是“大圣人”，为了保存颜面而怒斥项橐。他心甘

情愿默默地被项橐“笑”，也始终保持着“知之为知之，不知为不知”良好的人生心态。这种做法使得孔子成为一代博学家，成为万千弟子敬仰的“至圣先师”。他们也在提醒我们时刻拥有一颗谦虚的赤子心，面对不会的问题虚心请教。谦逊是一种治学之态，使我们永远求知若渴。

谦逊是一种信念。成熟的麦穗总是谦逊地低着头，空心的麦穗才骄傲的蔑视一切。不错，谦逊作为一种信念确实值得我们学习。一个以谦逊作为人生信念的人就像一块海绵，虚心向各种人学习新知识不断提高自己。而一个缺乏谦逊信念的人是一块顽石，针扎不进水泼不进，不肯吸收他人的经验智慧就会被淘汰在历史的滚滚长河中。谦逊作为一种信念，在许多名人身上都得到了体现。温家宝总理曾经发出过一封更正信，为自己将岩石学的分类混淆而特地向新华社及广大读者致歉。这种谦逊的信念，不仅无损总理的形象，反而为他增添了一分人格魅力。

纵观古今成功者，大多有着谦逊的心态。他们知道，只有谦逊，才不会使自己停滞不前，才会使自己不断取得进步。

谦逊是一种智慧。谦逊不是示弱，它是一种为人处世的智慧之道。这种智慧不只在我国流传，西方国家也非常认可。正是因为富兰克林在年轻时的一次拜访中，他高昂的头颅被门框狠狠地磕到了，自此他明白了做人要谦逊，学会“低头”也是一种智慧。

孔子怀着一颗谦逊的心面对世界方能学富五车，令无数学者拜服在他门下。试想，如果富兰克林和孔子没有一颗谦逊的心，在面对自己的成就时，还能一直谦虚待人，从而取得人生的更大成就吗？不会的。因此，谦逊是处世的智慧，是我们每一位教师事业能得以成功的条件。

谦逊是成功时仍以虚心待人；谦逊是失败时以积极的心态向他人学习；谦逊是严谨治学的态度，是美好人生的信念，是处世的卓越智慧。作为教师，让我们以一颗谦逊的学习之心，不断汲取世间营养，使我们的人生更有底蕴，使谦逊的美德在一代代学生中流传。

【考点定位】基本能力——写作能力——写作方法——审题立意、结构布局

【难度系数】★★★★★

高顿教育 GOLDEN EDUCATION

姓名 __________ 准考证号 __________

2016 年下半年国家教师资格考试
综合素质（中学）真题卷及参考答案

（科目代码：301/301A）

2016年下半年国家教师资格考试

综合素质（中学）真题卷

注意事项：

1. 考试时间为120分钟，满分为150分。

2. 请按规定在答题卡上填涂、作答。在试卷上作答无效，不予评分。

一、单项选择题（在每小题列出的四个备选项中只有一个是符合题目要求的，请用2B铅笔把答题卡上对应题目的答案字母按要求涂黑。错选、多选或未选均无分。本大题共29小题，每小题2分，共58分）

1. 某校的校训是“卓越立于全面，广博产生精专”，这体现的教育理念是（　）。

A. 开拓创新　　B. 全面发展

C. 自主发展　　D. 因材施教

2. 图1中某些学校的做法（　）。

A. 抑制了学生的创造能力

B. 阻碍了学生的应试能力

C. 提高了学生的竞争能力

D. 提升了学生的综合素质

图1

3. 初一学生小武想做一名科学家，班主任说：“你现在学数学那么吃力，以后真学物理、化学肯定也学不好，一定不能把当科学家作为人生目标”。班主任的说法（　）。

A. 忽视了学生的主体性　　B. 忽视了学生的发展性

C. 忽视了学生的创造性　　D. 忽视了学生的差异性

4. 邱老师在工作日志中写道：“在今天的教研会上，我说做教研跟写论文的方法是一样的，居然没有得到认可。是我错了？还是大家不理解我？我得把这个问题搞清楚。”这表明邱老师（　）。

A. 善于自我反思　　B. 缺乏探索精神

C. 缺乏问题意识　　D. 便于自我暗示

5. 中学生王某上课玩手机，被班主任李某当场没收。王某课后向李某承认错误并要求其归还手机，被李某以王某违反校规为由拒绝。李某的做法（　）。

A. 正确，学校规章应该人人遵守　　B. 正确，教师有惩罚学生的权利

C. 不正确，侵犯了学生的财产权　　D. 不正确，应上交学校予以销毁

6. 依据《中华人民共和国教师法》，下列情形中，学校不能给予教师行政处分或者解聘的是（　）。

A. 故意旷课，损害教学的　　B. 体罚学生，屡犯不改的

C. 穿戴不整，影响仪表的　　D. 侮辱学生，影响恶劣的

7. 某中学上课时，高年级学生李某到教室外喊赵某，说有事让其出去一趟，班主任张某默许了。赵某走出教室后被李某殴打，导致右眼失明。对赵某所受伤害应当承担赔偿责任的主体是（　）。

A. 李某　　B. 张某

C. 学校　　D. 李某和学校

8. 下列关于教师与学生之间法律关系的说法，不正确的是（　）。

A. 教育与被教育的关系　　B. 管理与被管理的关系

C. 保护与被保护的关系　　D. 控制与被控制的关系

9. 初中生钱某屡次在学校偷盗其他同学的财务。学校对钱某的正确处理方法是（　）。

A. 学校提出申请，送工读学校进行矫治

B. 扭送公安机关，依规开除钱某的学籍

C. 劝说钱某退学

D. 责令钱某转学

10. 某中学在资助贫困生的公示中，将拟资助学生的家庭住址、父母姓名、电话号码、身份证号等信息予以公布。该校的做法（　）。

A. 符合校务公开的办事原则　　B. 体现了学校自主管理权利

C. 侵犯了学生的个人隐私权　　D. 违背公平待生的教育理念

11. 中学生王某的脸上有一块疤痕，同学李某便给王某起了外号“王疤”，并在同学中广而告之。李某侵犯王某的权利是（　）。

A. 隐私权　　B. 姓名权

C. 荣誉权　　D. 人格权

12.《国家中长期教育改革和发展规划纲要（2010—2020年）》提出，教育公平是社会公平的重要基础。教育公平的关键是（　）。

A. 机会公平　　B. 过程公平

C. 结果公平　　D. 起点公平

13. 某中学曾老师，每次布置课后作业后，都只是在下次课堂上为学生核对一下答案，曾老师的做法（　）。

A. 合理，可以提高教学效率　　B. 不合理，教师应认真批改作业

C. 合理，可以促进学生自学　　D. 不合理，增加了学生课后负担

14. 方老师工作勤奋，为人直爽，教学能力也极强，但经常和同事发生矛盾冲突，甚至和有的教师

已经发展到了互不理睬的地步。方老师应该（　）。

A. 不予理睬，只需关注教学质量　B. 反思自我，加强与同事的沟通

C. 无须改变，继续保持独特个性　D. 避免冲突，减少与同事的来往

15. 毛泽东在写给他的老师徐特立的信中说：“你是我二十年前的先生，你现在仍然是我的先生，你将来必定还是我的先生。”这说明教师对学生的影响具有（　）。

A. 层次性　B. 自觉性

C. 深远性　D. 规范性

16. 某学生家长给余老师送礼，想让余老师给其孩子安排最好的座位，余老师拒绝了。余老师的做法（　）。

A. 不正确，不利于取得家长信任　B. 不正确，不符合家校沟通要求

C. 正确，符合严慈相济的要求　D. 正确，符合廉洁从教的要求

17. 下列历史故事，与秦始皇有关的是（　）。

A. 图穷匕见　B. 指鹿为马

C. 望梅止渴　D. 三顾茅庐

18.1848 年法国爆发了“二月革命”，推翻了“七月王朝”，重新建立了共和国，该共和国的名称是（　）。

A. 法兰西第二共和国　B. 法兰西第三共和国

C. 法兰西第四共和国　D. 法兰西第五共和国

19. 诺贝尔奖是根据化学家诺贝尔遗嘱设立的，包括自然科学和人文科学的综合性、国际性和永久性系列奖项，为国际最高荣誉奖项。诺贝尔的国籍是（　）。

A. 瑞士　B. 德国

C. 英国　D. 瑞典

20. 不锈钢制品与我们的日常生活密切相关，不锈钢的主要组成元素是（　）。

A. 铜、锌　B. 铜、铁、铬

C. 铁、碳　D. 铁、铬、镍

21.16 世纪法国作家拉伯雷的一部小说风靡一时，两个月内的销量就超过了《圣经》九年的销量，这一部赞颂人文主义的伟大杰作是（　）。

A.《神曲》　B.《十日谈》

C.《巨人传》　D.《堂吉诃德》

22. 名句“落霞与孤鹜齐飞，秋水共长天一色”出自《滕王阁序》，其作者是（　）。

A. 王勃　B. 范仲淹

C. 苏轼　D. 陶渊明

23. 北京市历史悠久，其建制在各朝各代中曾有不同名称，下列选项中，不是其历史名称的是（　）。

A. 蓟城　　B. 燕京

C. 汴梁　　D. 大都

24. 下列有关“乐”的古代名句，出自《论语》的是（　）。

A. 知之者不如好之者，好之者不如乐之者

B. 子非我，安知我不知鱼之乐

C. 独乐乐，与人乐乐，孰乐

D. 先天下之忧而忧，后天下之乐而乐

25.《西斯廷圣母》（图 2）是意大利文艺复兴时期极负盛名的油画，塑造了端庄、娴静、温婉的圣母形象，体现了画家的美学追求。该油画的作者是（　）。

A. 伦勃朗

B. 毕加索

C. 安格尔

D. 拉斐尔

图 2

26. 在 Excel 中，下列方法可实现快速查找满足条件的数据内容的是（　）。

A. 排序　　B. 自动筛选

C. 数据单　　D. 分类汇总

27. 在 Word 中，单击“插入”选项卡下的“表格”按钮，然后选择“插入表格”命令，如图 3 所示，则（　）。

A. 只能选择行数

B. 可以选择行数和列数

C. 只能选择列数

D. 只能使用表格设定的默认值

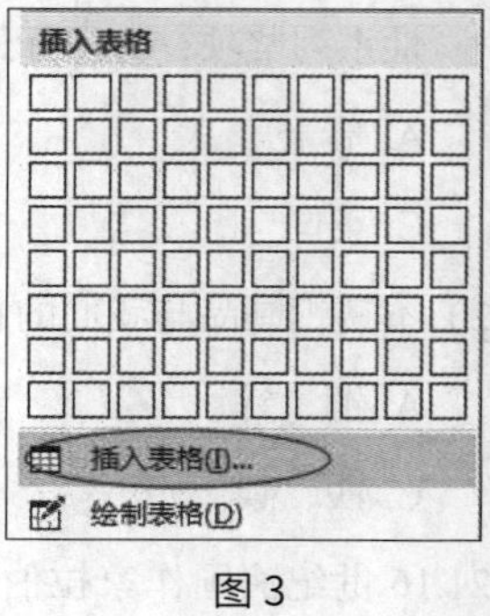

图 3

28. 下列选项中，与“中国—香港”的逻辑关系相同的是（　）。

A. 北京—承德　　B. 宁夏—银川

C. 新疆—西藏　　D. 太原—山西

29. 按规律填数字是一项很有趣的游戏，特别锻炼观察和思考能力，按照“3+4+5 → 151227”“5+3+2 → 101525”“8+2+4 → 321648”的方法，下列选项中正确的是（　）。

A.7+6+5 → 423585　　B.7+6+5 → 423577

C.7+6+5 → 354277　　D.7+6+5 → 354285

二、材料分析题（本大题共 3 小题，每题 14 分，共 42 分）

30. 材料：

汤老师接手 3 班班主任一个月了，他在课间经常把做作业的同学“撵”出教室，还“异想天开”地让学生自主设计去世界文化遗产的考察路线，让学生模仿在联合国发言，让学生设计一次公益募捐的方案。

就在其他老师议论汤老师的这些做法时，他又在“折腾”分层教学，现在他需要投入更多的时间和精力进行准备，上课要同时兼顾班上多个小组的精神状态。有老师建议他少“折腾”，还说：“你关注大多数学生就行了，何必那么费劲，再说即使你这样辛苦，也不一定保证每个学生都能学好。”汤老师依然坚持他的做法，在经过多次试验后，他慢慢发现分层教学还有很多窍门，比如可以把分层教学和“小先生制”结合起来，可以让学生自己总结所学所思所得。例如，在学完《屈原》之后，学生交上来的作业有读后感，有续写、改写，有诗歌、图画、短剧，角度多样，观点鲜明，一段时间之后，汤老师发现学生越来越乐于在作业中另辟蹊径地表达自己的想法了。

问题：结合材料，从学生观的角度，评价汤老师的行为。（14 分）

31. 材料：

刚参加工作的夏老师，承担高中一年级的英语教学。第一次上课时，夏老师正在用英语做自我介绍，其他同学都在认真地听，唯独坐在第一排的一个男生没有抬头，夏老师注意到他正在看一本英文小说，她虽有些不快，但也未多想，就开始教学。夏老师朗读课文的时候，发现那个男生根本就没有把课本拿出来，“要不要提醒他呢？”夏老师一分神，结果读错了一个单词。“切！”那个男生发出了不屑的声音，夏老师感觉特别尴尬，上课也没了状态。课后，夏老师从别的老师那里了解到，这个男生叫李奇，曾经因父母工作的关系在国外上了几年学，英语水平已经很高了。

夏老师向有经验的老师请教，并主动找到李奇交流，夏老师了解到李奇非常喜欢外国文学，于是，夏老师找来许多最新原版英文书籍，认真阅读、思考，并利用课外时间与李奇交流心得，渐渐地，李奇也喜欢主动找夏老师交流，夏老师让李奇担任班级英语课代表，还鼓励他在班上积极分享阅读体会和学习经验，一段时间后，夏老师发现，李奇不仅在课堂上积极发言，还主动带领其他同学一起学习，整个班级学习英语的氛围越来越浓厚了。

问题：请结合材料，从教师职业道德的角度，评析夏老师的教育行为。（14 分）

32. 材料：

影视产品挤压纸媒读物是当下一个明显趋势，正推动文化生态的剧烈演变。前者传播快、受众广、声色并茂，还原如真，具有文字所缺乏的诸多优越，不能不使写作者们疑惑：文学是否已成为夕阳？

没错，如果文字只是用来记录实情、实景、实物、实事，这样的文学确实已遭遇强大对手，落入螳臂当车之势，出局似乎是迟早的事。不过，再想一想就会发现，文学从不限于实录，并非某种分镜头脚本，优秀的文学实外有虚，实中寓虚，虚实相济，虚实相生，常有镜头够不着的地方。钱钟书先生早就说过：任何比喻都是画不出来的，说少年被“爱神之箭”射中，你怎么画？画一支血淋淋的箭穿透心脏？今人同样可以质疑：说恋爱者在“放电”，你怎么画？画一堆变压器、线图、插头？

画不出来，就是拍摄不出来，就是意识的非图景化。其实，不仅比喻，文学中任何精彩的修辞，任何超现实的个人感觉，表现于节奏、色彩、韵味、品相的相机把握，引导出缺略、跳跃、拼接、置换的变化多端，使一棵树也可能有上千种表达，总是令拍摄者为难，没法用镜头来精确地追踪。在另一方面，文字的感觉化之外还有文字的思辨化。钱先生提到的是：人是高智能动物，对事物总是有智性理解，有抽象认知，有归纳、演绎、辩证、玄思等各种精神高蹈，所谓“白马非马”，具体的白马黑马或可入图，抽象的“马”却不可入图；即便拿出一个万马图，但“动物”“生命”“物质”“有”等更高等级的相关概念，精神远行的诸多妙门，还是很难图示和图解，只能交付文字来管理，若没有文字，脑子里仅剩一堆乱糟糟的影像，人类的意识活动岂不会滑入幼儿化？

可见有了这两条，写作者大可放下心来，即便撞上屏幕上的声色爆炸，汉语写作的坚守、发展、实验也并非多余。恰恰相反，文字与图像互为隐形推手，一种强旺的文学成长，在这个意义上倒是优质影视生产不可或缺的重要条件。

（摘编自韩少功《镜头够不着的地方》）

问题：

（1）文中画线处“镜头够不着的地方”指的是什么？请简要概括。（4分）

（2）如何理解文中认为“文字与图像互为隐形推手”？请结合文本具体分析。（10分）

三、写作题（本大题 1 小题，50 分）

33. 阅读下面的材料，按要求作文。

在一次网络访谈中，国家邮政局市场监管司某领导谈到，快递业务的便捷，形成了邮政的一种新业务：为高校学生服务，可把积攒的脏衣服寄洗，再通过快递寄回。这一现象引发社会热议。

根据材料所引发的思考和感悟，写一篇不少于 1000 字的论说文。

要求：用规范的现代汉语写作。角度自选，立意自定，标题自拟。

2016年下半年国家教师资格考试
综合素质（中学）真题卷参考答案

一、单项选择题

1. 【答案】B

【解析】本题考查素质教育是促进学生全面发展的教育。实施素质教育，就是要通过德育、智育、体育、美育等的有机结合，使多方面的教育相互渗透、协调发展，保证学生的全面发展和健康成长。题干中，从校训“卓越立于全面，广博产生精专”中，可以明确看到校训是在表明“全面、广博”造就了“卓越、精专”，强调全面发展的重要性。因此，该校训是在强调全面发展的职业理念及其带来的优势。因此答案选B。选项ACD：均不是校训强调的内容，排除。

【考点定位】职业理念——教育观——素质教育的实质——素质教育是促进学生全面发展的教育

【难度系数】★

2. 【答案】A

【解析】本题考查学生是独特的人。学生观强调学生是独特的人，每个学生都有自己的个性，教师要促进学生个性的发展。通过图1可以看出学生头脑中的“想象力”被剪刀剪掉了，配字“好好读书，别胡思乱想”。该剪刀和配字的做法抑制了学生的个性发展，不利于学生创造性的培养，不利于促进学生个性发展。因此答案选A。

选项BCD：均不能正确分析图片上学校的做法，排除。

【考点定位】职业理念——学生观——“以人为本”的学生观——学生是独特的人

【难度系数】★

3. 【答案】B

【解析】本题考查学生是发展的人。学生观强调学生是发展的人，学生具有巨大的发展潜能，坚信每个学生都是可以积极成长的，是有培养前途的，是追求进步和完善的，是可以获得成功的，因而对教育好每一个学生应充满信心。教师不能因为学生的小错误将学生完全否定。要看到学生的未来的发展潜力，要帮助学生更好地进行发展。题干中小武想当科学家，班主任没有鼓励他、支持他，而是因他现在数学学习吃力去否定他，班主任只看到了小武现阶段的表现，忽略了他的发展潜能，盲目认为他不能成为科学家。因此答案选B。

选项A：学生是学习的主体，教育的根本目的是促进学生主体性的发展，要促进学生的主体性的发展就需要尊重学生，因势利导，调动学生的积极性，发挥学生的主观能动性，不符合题意。

选项 C：学生的创造性是强调学生发散思维的发展，个性创新潜能的发展。

选项 D：学生观强调学生是独特的人，每个学生都有自身的个性，教师要促进学生个性的发展。教育工作者应做到“因材施教”。

【考点定位】职业理念——学生观——“以人为本”的学生观——学生是发展的人

【难度系数】★

4. **【答案】**A

【解析】本题考查教师教学行为的转变。在对待自我上，新课程强调反思。教学反思会促使教师形成自我反思的意识和自我监控的能力。现在很多教师会从自己的教育实践中来反观自己的得失，通过教育案例、教育故事或教育心得等来提高教学反思的质量。题干中，邱老师在工作日志中反思自己没有得到同事认可的原因，表明邱老师善于反思自己在教学工作中的不足。因此答案选 A。

【考点定位】职业理念——教师观——新课程改革背景下的教师观——教师教学行为的转变

【难度系数】★

5. **【答案】**C

【解析】本题考查学生的财产权。学生的财产权包括财产所有权、继承权、受赠权及知识产权中的财产权利等。其中财产所有权是指人依法对其财产享有占有、使用、收益、处分的权利，任何人不得随意剥夺、侵犯其权利。题干中班主任李某为了维持课堂正常秩序，没收王某的手机，虽然目的是好的但是没收手机的行为不正确，更何况李某在王某认错后仍拒绝返还学生手机，这一做法侵犯了学生的财产权。选项 C 正确。选项 ABD 说法错误，排除。因此答案选 C。

【考点定位】教育法律法规——学生权利的保护——学生的公民权——财产权

【难度系数】★

6. **【答案】**C

【解析】本题考查《中华人民共和国教师法》第三十七条“教师不当行为的法律责任”。根据《中华人民共和国教师法》第三十七条第一款明确规定：教师有下列情形之一的，由所在学校、其他教育机构或者教育行政部门给予行政处分或者解聘：(一)故意不完成教育教学任务给教育教学工作造成损失的；(二)体罚学生，经教育不改的；(三)品行不良、侮辱学生，影响恶劣的。选项 C 不在以上情境之中。因此答案选 C。

选项 ABD 均属于上述的规定情形，排除。

【考点定位】教育法律法规——有关教育的法律法规——《中华人民共和国教师法》——第三十七条“教师不当行为的法律责任”

【难度系数】★★

7.【答案】D

【解析】本题考查《学生伤害事故处理办法》第九条"学校承担责任"。根据《学生伤害事故处理办法》第九条规定：因下列情形之一造成的学生伤害事故，学校应当依法承担相应的责任：……（十）学校教师或者其他工作人员在负有组织、管理未成年学生的职责期间，发现学生行为具有危险性，但未进行必要的管理、告诫或者制止的；……题干中，在上课期间，老师默许了学生离开教室，没有进行必要的管理，导致赵某发生伤害事故。因此，学校和实施伤害的李某都有责任。因此答案选 D。

【考点定位】教育法律法规——有关教育的法律法规——《学生伤害事故处理办法》——第九条"学校承担责任"

【难度系数】★★★

8.【答案】D

【解析】本题考查人格尊严权。教师与学生的法律关系：①教师与学生之间是教育与被教育的关系；②教师与学生之间是管理与被管理的关系；③教师与学生之间是保护与被保护的关系；④教师与学生之间是相互尊重的平等关系。选项 D：不属于教师与学生的法律关系，当选。因此答案选 D。

【考点定位】教育法律法规——学生权利的保护——学生的公民权——人格尊严权

【难度系数】★★

9.【答案】A

【解析】本题考查《中华人民共和国预防未成年人犯罪法（2012 年修订）》第三十五条"具有严重不良行为的学生送工读学校"。《中华人民共和国预防未成年人犯罪法（2012 年修订）》第三十五条第二款规定：对有本法规定严重不良行为的未成年人，其父母或者其他监护人和学校应当相互配合，采取措施严加管教，也可以送工读学校进行矫治和接受教育。题干中，初中生钱某多次偷盗，属于严重不良行为，可送至工读学校。因此答案选 A。

选项 BCD：说法错误，排除。

【考点定位】教育法律法规——有关教育的法律法规——《中华人民共和国预防未成年人犯罪法（2012 年修订）》——第三十五条"具有严重不良行为的学生送工读学校"

【难度系数】★★

10.【答案】C

【解析】本题考查隐私权。隐私权是指学生享有的私人生活安宁与私人信息秘密依法受到保护，不被他人非法侵扰、知悉、收集、利用和公开的一种人格权。题干中学校公开贫困生的家庭信息，侵犯了学生的个人隐私权。因此答案选 C。

选项 ABD：表述错误，排除。

【考点定位】教育法律法规——学生权利的保护——学生的公民权——隐私权

【难度系数】★

11.【答案】D

【解析】本题考查人格权。公民的人身权可以分为两种，即人格权和身份权。人格权主要包括姓名权、名誉权、生命权、健康权、人身自由权和人格尊严权等。身份权主要包括知识产权中的人身权利、监护权和亲属身份权等。题干中李某给王某起外号是侵犯了王某的人格尊严，属于人格权的内容。因此答案选 D。

选项 A：隐私是自然人的私人生活安宁和不愿为他人知晓的私密空间、私密活动、私密信息。自然人享有隐私权。任何组织或者个人不得以刺探、侵扰、泄露、公开等方式侵害他人的隐私权。

选项 B：姓名权是公民依法享有的决定、使用、变更自己的姓名并要求他人尊重自己姓名的一种人格权利。

选项 C：荣誉权是指公民、法人所享有的，因自己的突出贡献或特殊劳动成果而获得的光荣称号或其他荣誉的权利。

【考点定位】教育法律法规——学生权利的保护——学生的公民权——人格权

【难度系数】★★

12.【答案】A

【解析】本题考查《国家中长期教育改革和发展规划纲要（2010—2020 年）》第二条“工作方针”。《国家中长期教育改革和发展规划纲要（2010—2020 年）》把促进公平作为教育发展的战略重点之一，把握了社会发展要求，反映了群众期盼，必将推进教育公平的发展。教育公平的关键是机会公平，基本要求是保障公民依法享有受教育的权利。教育公平是一个历史过程，机会公平是公平的基本保障。《国家中长期教育改革和发展规划纲要（2010—2020 年）》重申义务教育不得设重点校、重点班，鼓励就近入学；高中分流要由自己选择；高考坚持统一考试择优录取。因此答案选 A。

【考点定位】教育法律法规——有关教育的法律法规——《国家中长期教育改革和发展规划纲要（2010—2020 年）》——第二条“工作方针”

【难度系数】★★

13.【答案】B

【解析】本题考查教师职业道德规范中的爱岗敬业。教师职业道德规范要求教师要爱岗敬业，爱岗敬业内容为忠诚于人民教育事业，志存高远，勤恳敬业，甘为人梯，乐于奉献。对工作高度负责，认真备课上课，认真批改作业，认真辅导学生，不得敷衍塞责。题干中曾老师对于布置的作业只是在下次课堂上核对答案，没有批改和评语建议，没有讲解题目、分析问题，没有做到认真批改作业，工作敷衍塞责。因此答案选 B。选项 ACD：表述错误为干扰项，排除。

【考点定位】教师职业道德——教师职业道德规范——《中小学教师职业道德规范（2008年）》——爱岗敬业

【难度系数】★

14.【答案】B

【解析】本题考查教师与同事的关系。教师在教育活动中对待同事强调尊重、理解、协作。题干中的方老师工作勤奋，为人直爽，教学能力也极强，但是与同事关系差，互不理睬。方老师应当及时反思自己，多与同事沟通，向同事学习优点、传授自己的工作经验，做到尊重同事，团结协作。因此答案选B。

选项ACD：做法不利于教师与同事之间的关系的，所以排除。

【考点定位】教师职业道德——教师职业行为——教师在教育活动中要处理好的几大关系——教师与同事的关系

【难度系数】★

15.【答案】C

【解析】本题考查教师职业的劳动特征。长期性是指人才培养的周期比较长。教育的影响具有迟效性，教师劳动的成效并不是一时就可以检验出来的，而是需要教师付出长期的大量的劳动才能看到结果，得到验证，教师的某些影响对学生终身都会发生作用。教育影响的长期性是深远而持久的。毛泽东说“你是我二十年前的先生，你现在仍然是我的先生，你将来必定还是我的先生”，体现了教师职业的劳动特征的深远性方面。选项C正确。因此答案选C。

【考点定位】教师职业理念——教师观——教师职业的劳动特征

【难度系数】★

16.【答案】D

【解析】本题考查教师职业道德规范中的为人师表。为人师表要求教师要作风正派，廉洁奉公，自觉抵制有偿家教，不利用职务之便谋取私利。题干中的老师拒绝家长为了座位而送的礼，这是不利用职务之便谋取私利的体现。因此答案选D。

选项ABC：说法与题干不符，排除。

【考点定位】教师职业道德——教师职业道德规范——《中小学教师职业道德规范（2008年修订）》——为人师表

【难度系数】★

17.【答案】A

【解析】本题考查成语典故。战国末年，燕国太子丹派荆轲与秦舞阳去行刺秦王嬴政。他让荆轲他们把樊於期的人头及燕国的地图进献给秦王，秦王十分高兴。荆轲展开燕国地图，露出锋利的匕首，立即抓住匕首行刺秦王，秦王拔剑抵抗，卫兵乘机上前杀了荆轲，即“图穷匕见”的典故。因此答案选 A。

选项 B：指鹿为马，相传赵高试图谋权篡位，为了试验朝廷中有哪些大臣顺从他的意愿，特地呈上一只鹿给秦二世，并说这是马。秦二世不信，赵高便借机问各位大臣。不敢逆赵高意的大臣都说是马，而敢于反对赵高的人则说是鹿。

选项 C：望梅止渴原指梅子酸，人想吃梅子就会流涎，因而止渴。后比喻愿望无法实现，用空想安慰自己。该词语出自南朝宋刘义庆《世说新语·假谲》："魏武行役，失汲道，军皆渴。乃令曰：'前有大梅林，饶子，甘酸可以解渴。'士卒闻之，口皆出水，乘此得及前源。"曹操行军途中，失去了有水源的道路，士兵们都很渴，于是他传令道："前边有一片梅子林，果实非常丰富，又酸又甜可以解除我们的口渴。"士兵听后，嘴里都流出了口水，（曹操）利用这个机会把士兵们带领到前方有水源的地方。

选项 D：三顾茅庐讲的是汉末刘备三次到诸葛亮的茅庐中拜请诸葛亮出山辅佐自己打天下的故事。

【考点定位】文化素养——文化常识——成语典故

【难度系数】★

18.【答案】A

【解析】本题考查世界近代史。世界历史中 1848 年法国爆发"二月革命"，巴黎人民推翻了"七月王朝"，但资产阶级窃取了革命果实，成立了法兰西第二共和国。因此答案选 A。

选项 B：法兰西第三共和国，是在 1870 年至 1940 年统治法国的共和政府。共和国采用议会民主模式并在 1870 年 9 月 4 日成立。共和国在第二帝国因普法战争的失败而倒台、巴黎公社被成功镇压后而建立。一直到 1940 年时，因为纳粹德国入侵而垮台。与题干不符，排除。

选项 C：法国在第二次世界大战后建立的资产阶级共和国，史称法兰西第四共和国。1945 年法国光复后，环绕政体问题，各派政治力量展开激烈斗争。1945 年 9 月，法国全民公决，摈弃第三共和国，第四共和国成立。1945 年 10 月制宪议会通过新宪法，宣告第四共和国正式建立。与题干不符，排除。

选项 D：法兰西第五共和国成立于 1958 年，是延续至今的法兰西共和国政府，1958 年 9 月通过新宪法，10 月 5 日新宪法正式颁布，第五共和国宣告成立。与题干不符，排除。

【考点定位】文化素养——历史常识——世界近代史

【难度系数】★★

19.【答案】D

【解析】本题考查世界科技常识。诺贝尔，瑞典化学家、工程师、发明家、军工装备制造商和炸药的发明者。诺贝尔去世前于 1895 年立下遗嘱，将其财产的大部分——920 万美元作为基金，以其年息（每年 20 万美元）设立物理、化学、生理和医学、文学以及和平事业 5 种奖金（1969

年瑞典国家银行增设经济学奖金），奖励当年在上述领域内做出最大贡献的学者。因此答案选 D。

选项 ABC：与题干不符，排除。

【考点定位】文化素养——科技常识——世界科技常识

【难度系数】★★

20.**【答案】**D

【解析】本题考查生活中的科学。不锈钢中除铁以外，还含有抗腐蚀性很强的铬和镍，铬的含量一般在 13% 以上，镍的含量在 10% 左右。因此答案选 D。

【考点定位】文化素养——科技常识——生活中的科学

【难度系数】★★★

21.**【答案】**C

【解析】本题考查外国文学。拉伯雷，文艺复兴时期法国人文主义作家之一。拉伯雷的主要作品是长篇小说《巨人传》。这是一部讽刺小说，全书共五部，讲述两个巨人国王高康大及其儿子庞大固埃的神奇事迹：高康大不同凡响的出生；庞大固埃在巴黎求学时的奇遇；庞大固埃和高康大对婚姻问题的探讨；庞大固埃远渡重洋，寻访智慧源泉——“神瓶”，并最终如愿以偿。选项 C 正确。因此答案选 C。

选项 A:《神曲》是意大利诗人但丁创作的长诗，这部作品通过作者与地狱、炼狱（净界）及天堂中各种著名人物的对话，反映出中古文化领域的成就和一些重大的问题，带有“百科全书”性质，从中也可隐约窥见文艺复兴时期人文主义思想的曙光。

选项 B：薄伽丘所著的《十日谈》是欧洲文学史上第一部现实主义巨著，是世界文学史上具有巨大社会价值的文学作品。意大利近代著名评论家桑克提斯曾把《十日谈》与但丁的《神曲》并列，称之为“人曲”。

选项 D:《堂吉诃德》是西班牙作家塞万提斯的代表作。小说描述一位住在拉曼杰、年近 50 岁的乡下绅士吉桑诺陷入疯狂的故事。

【考点定位】文化素养——文学常识——外国文学

【难度系数】★★

22.**【答案】**A

【解析】本题考查中国古代文学。题干词句出自唐代王勃的《滕王阁序》，作者以落霞、孤鹜、秋水和长天四个景象勾勒出一幅宁静致远的画面，彩霞自上而下，孤鹜自下而上，好似齐飞。青天碧水，天水相接，上下浑然一色。因此答案选 A。

选项 B：范仲淹，字希文，北宋著名的政治家，世称“范文正公”，写有著名的《岳阳楼记》。

选项 C：苏轼，号东坡居士，北宋著名的文学家、书画家。与父苏洵、弟苏辙合称“三苏”。诗文有《东坡七集》等，词有《东坡乐府》。

选项 D：陶渊明，字元亮，又名潜，私谥“靖节”，世称“靖节先生”，东晋末期至南朝宋初期伟大的诗人、辞赋家。他是中国第一位田园诗人。著有《归园田居》，《桃花源记》。

【考点定位】文化素养——文学常识——中国古代文学

【难度系数】★★

23.**【答案】**C

【解析】本题考查古代称谓。北京地区是七雄之一的燕国所在地。燕国以蓟城为都城。燕京指现在的北京，因古时为燕国都城而得名。元大都，简称大都，为元朝国都，其城址位于今北京市市区。选项 ABD 都属于古代北京的名称。选项 C，汴梁是元朝至明朝初期对于开封的称呼，不是对北京的称呼。因此答案选 C。

【考点定位】文化素养——文化常识——古代称谓

【难度系数】★★

24.**【答案】**A

【解析】本题考查中国古代文学。“子曰：‘知之者不如好之者，好之者不如乐之者。’”出自《论语·雍也》，意思是：对于学习，了解怎么学习的人，不如喜爱学习的人；喜爱学习的人，又不如以学习为乐的人。比喻学习知识或本领，知道它的人不如爱好它的人接受得快，爱好它的人不如以此为乐的人接受得快。因此答案选 A。

选项 B：“子非我，安知我不知鱼之乐”出自庄子之口，被记录在《庄子·秋水》中。表明了不要总是以自己的眼光去看待他人，也有“己所不欲，勿施于人”的意味在其中。

选项 C：“曰：‘独乐乐，与人乐乐，孰乐？’曰：‘不若与人。’曰：‘与少乐乐，与众乐乐，孰乐？’曰：‘不若与众。’”出自《孟子·梁惠王下》，阐明了要取得天下就必须得民心。

选项 D：“先天下之忧而忧，后天下之乐而乐”出自北宋范仲淹的《岳阳楼记》，原句为：“其必曰‘先天下之忧而忧，后天下之乐而乐’乎。”其意思是把国家、民族的利益摆在首位，为祖国的前途、命运担忧分愁，为人民的幸福出力。

【考点定位】文化素养——文学常识——中国古代文学

【难度系数】★★★

25.**【答案】**D

【解析】本题考查美术常识。拉斐尔，意大利著名画家，也是“文艺复兴后三杰”中最年轻的一位，代表了文艺复兴时期艺术家从事理想美的事业所能达到的巅峰。他的性情平和、文雅，创作了大量的圣母像，其作品充分体现了安宁、协调、和谐、对称以及完美和恬静的秩序。《西斯廷圣母》为拉斐尔“圣母像”中的代表作，它以甜美、悠然的抒情风格而闻名遐迩。因此答案选 D。

选项 A：伦勃朗的成名作《尼古拉·特尔普教授的解剖课》（藏于海牙莫里斯皇家绘画陈列馆），突破团体肖像画呆板的程式，在构图和人物神情上处理得逼真而又生动。这一时期的大量宗教画，均表现世俗内容，具有巴洛克画风。伦勃朗的《参孙被弄瞎眼睛》，因表情刻画细腻而复杂，被评论家形容为相当于莎士比亚笔下的麦克白夫人。

选项 B：毕加索，西班牙画家、雕塑家，立体画派创始人，代表作《亚威农少女》。

选项 C：安格尔，出生于法国蒙托邦，画家。《阿伽门农的使者》一画获罗马大奖。

【考点定位】文化素养——艺术常识——美术常识

【难度系数】★★

26.【答案】B

【解析】本题考查 Excel 的应用。自动筛选是 Excel 的一种功能，一般用于简单的条件筛选。筛选是将不满足条件的数据暂时隐藏起来，只显示符合条件的数据。因此答案选 B。

【考点定位】基本能力——信息处理能力——Excel 的应用

【难度系数】★

27.【答案】B

【解析】本题考查 Word 的应用。在 Word 中单击“插入”选项卡下的“表格”按钮，然后选择“插入表格”命令，就可以选择行数和列数。因此答案选 B。

【考点定位】基本能力——信息处理能力——Word 的应用

【难度系数】★

28.【答案】B

【解析】本题考查概念间的逻辑关系。首先判断题干词语间的逻辑关系。题干中的“中国”和“香港”两词是真包含关系，中国包含香港。再判断选项词语间的逻辑关系。与题干逻辑关系相同的为选项 B，“宁夏”、“银川”是真包含，银川是宁夏的城市之一，因此答案选 B。

选项 A：承德属于河北省，北京是直辖市，不属于包容关系。

选项 C：新疆和西藏都是自治区，两者是并列关系。

选项 D：顺序错误，山西——太原，才符合题干。

【考点定位】基本能力——逻辑思维能力——概念——概念间的逻辑关系

【难度系数】★★

29.【答案】C

【解析】本题考查数字推理。观察三组数字：“3+4+5”，$3\times5=15$，$3\times4=12$，$15+12=27$，最后得出“151227”；“5+3+2”，$5\times2=10$，$5\times3=15$，$10+15=25$，最后得出“101525”；“8+2+4”，$8\times4=32$，$8\times2=16$，$32+16=48$，最后得出“321648”。则，“7+6+5”为 $7\times5=35$，$7\times6=42$，$35+42=77$，最后得出“354277”，因此答案选 C。

【考点定位】基本能力——逻辑思维能力——经典逻辑推理——数字推理

【难度系数】★★

二、材料分析题

30.【参考答案】

汤老师的做法践行了"以人为本"的学生观，是值得我们学习的。

（1）"以人为本"的学生观强调学生是发展的人，学生都具有无限的发展潜能，教师要坚信每个学生都是可以积极成长的，是有培养前途的，是追求进步和完善的。材料中，汤老师兼顾多个小组，不放弃每一个学生，让学生自主设计去世界文化遗产的考察路线，体现出汤老师相信学生是发展的人。

（2）"以人为本"的学生观强调学生是具有独立意义的人，素质教育强调学生在学习活动中是认识的主体、实践的主体、发展的主体，是学习的主人。教师需要树立学生在教育过程中的主体地位，充分调动学生的主观能动性，引导学生积极主动参与教育活动中。材料中，汤老师让学生自主设计去世界文化遗产的考察路线，让学生模仿在联合国发言，让学生设计一次公益募捐的方案。让学生自己总结所学所思所得等行为践行了学生是认识的主体、实践的主体和发展的主体。体现了学生是具有独立意义的人。

（3）"以人为本"的学生观强调学生是独特的人，每个学生都有自身的独特性，素质教育要求教师正视学生的个别差异，因材施教。材料中，学完《屈原》之后，学生交上来的作业有读后感，有续写、改写，有诗歌、图画、短剧，角度多样，观点鲜明，结果显示学生越来越愿意表达自己的想法了。

综上所述，教师在教学中要践行"以人为本"的学生观，把学生看作是发展的人、独特的人、具有独立意义的人，并且做到教育公正。

【考点定位】教师职业理念——学生观——"以人为本"的学生观——学生是发展的人，学生是独特的人，学生是具有独立意义的人

【难度系数】★★★★

31.【参考答案】

夏老师的做法符合《中小学教师职业道德规范（2008 年修订）》的相关要求，值得我们学习。

（1）夏老师的做法体现了关爱学生。关爱学生指：关心爱护全体学生，尊重学生人格，平等公正对待学生。对学生严慈相济，做学生的良师益友。不讽刺、挖苦、歧视学生，不体罚或变相体罚学生。材料中，夏老师发现李奇的异常表现，并没有因他的不礼貌行为而生气，而是向老师请教经验，了解该生的具体情况再与李奇去沟通，体现了关爱学生。

（2）夏老师的做法体现了教书育人。教书育人指遵循教育规律，实施素质教育；循循善诱，诲

人不倦，因材施教；培养学生良好品行，激发学生创新精神，促进学生全面发展。不以分数作为评价学生的唯一标准。材料中，夏老师面对李奇的特殊情况，没有简单粗暴的打压更没有放弃，而是通过主动找李奇交流，让李奇担任班级英语课代表，还鼓励他在班上积极分享阅读体会和学习经验等方式引导李奇自觉主动认真学习。

（3）夏老师的做法还体现了终身学习。终身学习是指崇尚科学精神，树立终身学习理念，拓宽知识视野，更新知识结构；潜心钻研业务，勇于探索创新，不断提高专业素养和教育教学水平。材料中，夏老师面对成绩好的李奇，为了提高自我的英语水平，找来许多最新原版英文书籍，认真阅读、思考，并利用课外时间与李奇交流心得还向其他老师请教。体现了终身学习。

综上所述，教师在教学中要践行教师职业道德，是我们学习的榜样。

【考点定位】职业道德——教师职业道德规范——《中小学教师职业道德规范（2008 年修订）》——关爱学生、教书育人、终身学习

【难度系数】★★★★

32.**【参考答案】**

（1）文学实外有虚，实中寓虚，虚实相济，虚实相生，文学中的修辞、超现实的个人感觉，文字的思辨化，这些常是镜头够不着的地方。

（2）文字与图像互为隐形推手，指文字与图像可以相互弥补，强盛的文学可以促进优质影视的产生。影视传播快、受众广，声情并茂，具有文字所缺乏的优势。文字中描述的精彩的修辞，超现实的个人感觉，一些事物跳跃、拼接、置换的变化多端，无法用镜头去精准地追踪；另外，一些影像中的相关概念，很难用图示和图解，只能交付文字来管理，如果没有文字的描述，脑子里就只剩下一堆乱糟糟的影像。所以二者可以相互弥补、相辅相成。文字与图像互为隐形推手，一种强旺的文学成长，在这个意义上倒是优质影视生产不可或缺的重要条件。

【考点定位】基本能力——阅读理解能力——概括文章中心思想、筛选并整合主要信息及重要细节、分析观点

【难度系数】★★★★

三、写作题

33.**【参考范文】**

浅谈自立

自立像一艘船，载着你奔向成功的彼岸；自立像一座灯塔，指引你迈向成功的大道；自立像一双翅膀，帮助你在翱翔成功的天际。

时代的洪流奔腾向前，我国的经济迅速发展，人民的生活红红火火，越来越好，我们处在一个物质极大丰富的时代。但是这种优渥的环境给当代青少年的成长带来了一定的弊端，当代青少年在

这种环境下变得懒惰、对父母依赖。当在一次网络访谈中，邮政相关行业的工作人员提到现在随着物流行业的快速发展，有一种非常流行的业务就是学生可以把自己在校期间积攒的衣服集中寄回家，父母洗好再寄回学校。听到这样的新闻，我们不禁要问：这样一群生活无法自理的青少年，怎能挑起中华振兴的重担？怎能实现中华民族的伟大复兴？克雷洛夫曾说过："才能一旦让懒惰支配，它就一无可为"。的确，一个人能力再强，如果生活不能自理，无法自立，无法独立思考，他的能力又怎能得到利用？身为教师，我们又能为教育好这种学生做什么呢？

英国著名的文学家莎士比亚，以出众的才华享誉世界文坛。然而鲜少有读者知道，促使他一步一步走向文坛的顶峰的正是他的独立。莎士比亚，自幼家庭富裕、生活条件优越。但是，他十六岁就离开优越的家庭庇护，开始自给自足的人生。为了生活他干过很多职业来养活自己：从家畜屠宰场的工人到有钱人家的陪读书童乃至家庭教师，他曾出任过政府的小官以及曾入伍服役，他不仅是剧作家还是演员剧团的合伙人等等。靠着多种职业中锻炼出来的独立生活的能力，他体会到了人生百态，丰富了自己的写作经验，得以写出了《奥赛罗》《李尔王》等震撼世界文化圈的多本巨著。

从莎士比亚的身上，我们看到，即使是出身市长家庭的莎士比亚，也在坚持靠自己奋斗。他的自立不但锻炼了自己的意志力和顽强拼搏的精神，更为重要的是丰富的多行业体验使得他的著作充满了人性的光芒，使得他塑造的人物有血有肉，栩栩如生，生动立体。

自古英雄出少年，霍去病自幼参军，十七岁已获将军之位。他的一生虽然只有短暂的 24 年，但是"冠军侯"名垂青史。稚子霍去病虽为私生子出身，可他自立自强，自从发现自己的军事天赋后就努力拼搏，顽强奋斗。霍去病从未因自己年幼等因素而畏敌，而是选择正面迎敌。而我们当代的部分年轻人，未必有霍去病的惊人天赋，却早早地失去了自立的精神，更没有培养出自己独立生活的能力。有的人依靠父母为自己准备生活用品，自己十指不沾阳春水；有的人依靠教师"逼学"，一旦离开了学校离开了老师就把学习扔在一边，毫无学习的自觉性。这样的青年，抗风险能力如何提高？如此依赖他人的帮助，独立自主精神如此匮乏的年轻一代们，将来可以承担为人父母、为人子女、为人丈夫（妻子）的责任吗？真的可以扛起前人的奋斗大旗，在几十年后成为社会的栋梁之材，为国分忧吗？可以成为我国的中坚力量，助力中华民族屹立在世界民族弱肉强食的丛林中吗？

惊醒吧少年们！我们不能因为处在朋友、教师和长辈呵护的羽翼下就不敢自己面对生活的疾风暴雨。在漫长的人生旅途中，父母、老师、朋友总有缺席的时候，不可能时时陪伴我们左右，人生的道路只有自己前行。其他人，在你的人生道路上只是一时的风景、匆匆的过客。人生路漫漫，有时春风拂面一路坦荡，自然我们可以走地轻轻松松；但，有时也会出现狂风暴雨、电闪雷鸣，父母只能帮你前半生，朋友也有自己的生活，丈夫妻子偶尔也会生病。没有人可以时刻为你撑伞，但是自立自强的人可以为自己撑伞。依靠自己独立经历人生的百种坎坷，成功的甘甜会令人永生难忘，更值得回味。每一位自立的人都可以为自己的人生添一份安全与保障。

孔子云"笃行信道，自强不息"。的确，世界因有人独立而更加美好，生命因有人独立而焕发出别样的光彩。温室里长不出迎客松，峭壁上才开傲骨兰。身为学生，要做一个独立自强的人；身为教师，不但自己要做独立自强的人，还要教导学生做自强的人，这样才能踏上成功的大道！

【考点定位】基本能力——写作能力——写作方法——审题立意、结构布局

【难度系数】★★★★★

高顿教育
GOLDEN EDUCATION

姓名 ________ 准考证号 ________

2016 年上半年国家教师资格考试
综合素质（中学）真题卷及参考答案

（科目代码：301/301A）

2016 年上半年国家教师资格考试

综合素质（中学）真题卷

注意事项：

1. 考试时间为 120 分钟，满分为 150 分。

2. 请按规定在答题卡上填涂、作答。在试卷上作答无效，不予评分。

一、单项选择题（在每小题列出的四个备选项中只有一个是符合题目要求的，请用 2B 铅笔把答题卡上对应题目的答案字母按要求涂黑。错选、多选或未选均无分。本大题共 29 小题，每小题 2 分，共 58 分）

1. 邱老师经常梳理教学工作中遇到的问题，并运用教育学、心理学知识分析问题的成因，寻找解决策略，邱老师在这一过程中扮演的主要角色是（　　）。

A. 教育教学的研究者　　B. 行为规范的示范者

C. 心理健康的维护者　　D. 学生学习的组织者

2. 康老师经常在班上开展"成语知识竞赛""演讲赛""辩论赛"等活动，营造运用语文知识的情境。康老师的做法有利于（　　）。

A. 提高学生的实践能力　　B. 发展学生的互补性

C. 促进教师的专业发展　　D. 减轻教师工作压力

3. 期末考试要到了，数学老师请综合实践活动课的吴老师把课时让给他上数学课，吴老师欣然同意。他们的做法（　　）。

A. 合理，体现了教师双方的意愿

B. 不合理，不利于学生的全面发展

C. 合理，有利于提高学生的成绩

D. 不合理，违背了团结协作的要求

4. 学校派骨干教师王老师外出参加培训。王老师说："我经常给别人做讲座，哪里还需要去接受培训？还是让刚参加工作的年轻人去吧！"关于此事的下列说法中，正确的是（　　）。

A. 王老师具有团队协作意识　　B. 王老师具有专业发展的意识

C. 王老师缺乏终身学习的意识　　D. 王老师缺乏课程建设的意识

5. 依据《中华人民共和国教育法》的相关规定，某地拟设立一所新学校，下面不属于该学校设立必须条件的是（　）。

A. 有组织机构和章程　　B. 有充足的生源

C. 有合格的教师　　D. 有稳定的经费来源

6. 某初中为提高生源质量，自行组织入学考试，实行跨学区招生，该学校的做法（　）。

A. 合理，学校有招收学生的权利

B. 合理，学校有自主办学的权利

C. 不合法，违反了尊重学生人格的规定

D. 不合法，违反了免试就近入学的规定

7. 某县级政府为了提高本县的中考成绩，将辖区内两所初中列为重点学校，并给予政府倾斜，该县级政府的做法（　）。

A. 合法，县级政府有权自主管理

B. 合法，有助于校际教育质量竞争

C. 不合法，不能设置重点校和非重点校

D. 不合法，应该平均分配各类教育资料

8. 张老师责令考试成绩不合格的小强停课半天写检查，张老师的做法（　）。

A. 合法，有助于警示其他学生

B. 合法，教师有管理学生的权利

C. 不合法，侵犯了小强的人身权

D. 不合法，侵犯了小强的受教育权

9. 某教师积极参加学校的工会活动，并对学校的改革发展建言献策，该教师行使的权利是（　）。

A. 教育教学权　　B. 控告检举权

C. 民主管理权　　D. 培训进修权

10. 依据《中华人民共和国未成年人保护法》，对未成年人的社会保护不包括（　）。

A. 预防未成年人沉迷网络　　B. 禁止拐卖，虐待未成年人

C. 履行监护职责，抚养未成年人　　D. 任何人不得在中小学教室吸烟

11. 初中生晓东放学后在校外玩耍时不慎摔伤。对此事故，承担责任的主体是（　）。

A. 晓东　　B. 学校

C. 晓东及学校　　D. 晓东及其监护人

12. 根据《国家中长期教育改革和发展规划纲要（2010—2020 年）》规定，下面不属于改革教育质量评价和人才评价制度的做法是（　）。

A. 探索多种评价方式　　B. 做好综合素质评价

C. 建立多样的评价标准　　D. 树立总结性评价理念

13. 孙老师把没有按时完成作业的学生赶到操场上，让他们在冷风中把作业写完，说要让学生明白

学习的艰辛。这说明，孙老师没有做到（　）。

A. 关爱学生　　B. 因材施教

C. 廉洁从教　　D. 严谨治学

14. 钟老师在班上设立“进步展示台”，分类展示在不同方面有进步的学生，这表明钟老师（　）。

A. 不以分数为评价学生的唯一标准

B. 不关心学生的全面发展

C. 不注重与学生家庭密切联系

D. 不主动与教师密切合作

15. 班主任苏老师发现，承担本班数学教学任务的林老师经常让学生罚站。面对这种情况，苏老师应该（　）。

A. 严厉批评林老师，责令其改正

B. 耐心与林老师交流，探讨更好的学生管理办法

C. 学习借鉴林老师的做法，提升自己的课堂管理能力

D. 尊重林老师的主动权，不干预林老师的这种课堂管理行为

16. 蒋老师的亲戚开办了一家培训公司，希望蒋老师推荐自己班上的学生参加辅导班，或者提供班上学生的联系方式。面对这种情况，蒋老师应该（　）。

A. 推荐学生参加辅导班，促进学生全面发展

B. 坚决拒绝亲戚的请求，并说明自己的理由

C. 提供学生的联系方式，同时推荐学生参加辅导班

D. 仅提供学生的联系方式，不推荐学生参加辅导班

17. 微积分学的创立，极大地推动了数学的发展，过去很多初等数学束手无策的问题，运用微积分，往往能迎刃而解。下列科学家中，与微积分理论的创立和发展没有重大关系的是（　）。

A. 牛顿　　B. 柯西

C. 爱因斯坦　　D. 莱布尼茨

18. 人类社会经历了三次科技革命，第一次科技革命的标志是（　）。

A. 蒸汽机的发明　　B. 纺织机的发明

C. 电力的发明　　D. 电子计算机的发明

19. 战国时代有七个强大的诸侯国争雄争霸，史称“战国七雄”，下列选项中，不属于“战国七雄”的是（　）。

A. 齐国　　B. 鲁国

C. 楚国　　D. 秦国

20. 下列名医中，与“刮骨疗伤”这一故事有关的是（　）。

A. 张仲景　　B. 李时珍

C. 华佗　　D. 扁鹊

21. 中国素称“礼仪之邦”，礼仪文化是中国传统文化的重要组成部分。下列选项中，不属于中国传统文化的是（　）。

A. 女士优先　　B. 亲疏有别

C. 慎终追远　　D. 礼尚往来

22. 下列成语中，不是出自《论语》的是（　）。

A. 升堂入室　　B. 教学相长

C. 诲人不倦　　D. 有教无类

23. 下列明清作家与其戏曲作品，对应不正确的是（　）。

A. 李渔——《窦娥冤》　　B. 孔尚任——《桃花扇》

C. 洪昇——《长生殿》　　D. 汤显祖——《牡丹亭》

24. “四书五经”是古代典籍中的经典，下列选项中，含有《周颂》的典籍是（　）。

A.《春秋》　　B.《诗经》

C.《周礼》　　D.《易经》

25. 我国不同民族的室内装饰与居住环境各有特色，图 1 的民居室内装饰反映的民族特色是（　）。

A. 彝族特色

B. 壮族特色

C. 藏族特色

D. 汉族特色

图 1

26. 在 Word 中，如果双击某行文字左端的空白处，被选中的区域是（　）。

A. 该行　　B. 全文

C. 该段　　D. 该页

27. 演示文稿 PowerPoint 的基本组成单元是幻灯片，下列工具栏按钮可以插入新幻灯片的是（　）。

A. 　　B. 　　C. 　　D. 

28. 下列选项中的概念关系，与“土豆—马铃薯”一致的是（　）。

A. 坦克—战车　　B. 录音机—录音笔

C. 萝卜—青萝卜　　D. 番茄—西红柿

29. “医生都是穿白衣服的，所以，有些穿白衣服的人留长头发。”下列选项中，这一陈述的前提是（　）。

A. 有些医生留长头发　　B. 有些医生不留长头发

C. 穿白衣服的人不留长头发　　D. 穿白衣服的人都是医生

二、材料分析题（本大题共 3 小题，每题 14 分，共 42 分）

30. 材料：

大学毕业后，曲老师到一所农村中学当历史老师，至今已有八年了。在此期间，有的同事调到条件更好的学校去了，有的则步入了职业倦怠期。有几所条件更好的城区学校想引进他，但他总是拒绝说："我从小在农村长大，明白农村孩子也需要良好的教育，这里的孩子离不开我。"

为了成为一名优秀的历史老师，曲老师经常翻阅各种期刊和杂志，以及时了解历史学科的新信息，他还经常向经验丰富的教师学习；为了提升自己分析和解决问题的能力，曲老师不断学习科学研究方法，并运用这些方法解决了一些教学问题。

曲老师说："台上一分钟，台下十年功，当教师仅靠大学时代所学的知识远远不够。"他坚持每天至少进行一个小时的阅读，多年来从未间断过。他的阅读范围很广，除了研读历史领域的经典著作之外，他还广泛学习法学、地理学、社会学、美学等各个领域的知识。

问题：请结合材料，从教师观的角度，评析曲老师的行为。（14 分）

31. 材料：

从教二十余年，洪老师的很多事迹，让学生终生难忘。

一年秋天，学生们刚开始上课，外面突然大雨倾盆，班上三名学生晒在宿舍外面的被褥被淋湿了，洪老师就让他们晚上住在自己家里，还给他们做饭吃；一名学生从几十里外的山区乘汽车来校时，生活费被盗，洪老师除与有关部门协调外，还自己掏钱替学生垫付伙食费；有一次，校外不良青年来到学校，拿刀威逼学生，索要学生财物，她奋不顾身地保护学生，而后积极向有关部门呼吁，净化校园周边环境，同时向学生讲解自我保护的方法。

有一年春季刚开学，一位老人把她的孙女小芳领到洪老师的面前。老人说："小芳以前一直跟着打工的父母在外地，转了几次学，学习成绩不好。她害怕老师和同学们嫌弃她，希望老师多费心。"洪老师说："小芳是我的学生，我会尽心去教的。只要她肯努力，踏实学，认真做事，就是好学生。"在洪老师有针对性地帮助和指导下，小芳进步很快，初中毕业时以优异的成绩考上了高中。

洪老师很注重对自己的教育教学成败进行反思总结。她的教育随笔《我的表扬何以会成为学生的压力》《如何让文言文不再枯燥难学》《如何让学生在青春期不恐慌》《班主任怎样才能赢得科任教师的支持》相继获奖，大家都说她是名副其实的好老师。

问题：请结合材料，从教师职业道德的角度，评析洪老师的行为。（14 分）

32. 材料：

传统戏曲表现为两种形态，一种存在于民间，称为民间戏曲；另一种是文人在民间戏曲的基础上，不断丰富其表现手段，使其具有了较高的审美性和审美价值而形成的戏曲艺术，而戏曲现代化，更多的是指戏曲艺术的现代化。

在戏曲现代化的过程中，人们把注意力过多地集中在戏曲现代题材和思想内容的表现上，而忽视了戏曲艺术作为一种艺术样式所具有的本质特征。现在生活题材当然是现代戏曲艺术应该表现的内容之一，甚至是重要的内容之一，但通过古代生活题材同样也可以反映当代人的思想意识和精神生活。戏剧理论家张庚先生对此有明确的认识，认为戏曲现代化的重心就是如何"以中国人的审美标准和方式，表现现代生活与现代意识"，"在历史剧中贯穿着作者当时的时代精神"，所以"也不一定只有描写当代生活的戏才配称为现代化的戏曲，现代人写的历史剧一样也能称为很好的现代戏"。而另一方面，戏曲艺术之所以称为戏曲艺术，在于它独特的戏曲表达形式，也就是说，不在于其表达的思想内容是什么，而在于其如何表达这些思想内容。戏曲艺术的审美价值就在于其可以反复欣赏的独特的形式美，是形式与内容两者和谐、有机的统一。作为一种古老的传统艺术，戏曲的形式尤其重要，而时下的戏曲现代化虽在"形式美"上做了一些尝试，但力度显见不足，也缺乏系统性，而且过度强调对现代生活的反映。这正是戏曲艺术现代化的主要困境所在。

戏曲是一种大众艺术，它的根脉在民间，戏曲艺术的每次发展、繁荣，民间大众都发挥了积极的作用。然而，反观当代有一种越来越不尊重和漠视民间的趋势，当然，民间戏曲绝不会因为我们忽视它而自动消亡，因为它与民间的生活息息相关。人们会发现，某些方面民间戏曲在追求其现代转型的道路上走得更远更稳，在一些地区，它甚至已经融进了人们的现代精神文化生活，成为他们文化生活不可或缺的一部分。我们有充分的理由相信，这也会是实现传统戏曲现代转型的一把密匙。

（摘编自刘祯、毛忠《中国戏曲的现代转型与本质回归》）

问题：

（1）戏曲现代化过程中应重点关注哪两个方面？请结合文本，简要说明。（4 分）

（2）文章认为应如何走出戏曲艺术现代化的困境？请简要分析。（10 分）

三、写作题（本大题1小题，50分）

33. 阅读下面的材料，按要求作文。

这个世界上有很多种生活，如果命运将你推向任何一种，都别奇怪，别怨天尤人，它并没有剥夺你幸福的权利。任何一种生活里，我们都能找到属于自己的幸福。

根据材料所引发的思考和感悟，写一篇论说文。

要求：用规范的现代汉语写作；角度自选，立意自定，标题自拟，不少于1000字。

2016年上半年国家教师资格考试

综合素质（中学）真题卷参考答案

一、单项选择题

1. **【答案】**A

【解析】本题考查教师职业角色的转变。新课程要求教师应该是一个研究者，这意味着教师在教学过程中要以研究者的心态置身于教学情境之中，以研究者的眼光审视和分析教学理论与教学实践中的各种问题，对自身的行为进行反思，对出现的问题进行探究，对积累的经验进行总结，并形成规律性的认识。题干中，邱老师经常梳理教学工作中遇到的问题体现出邱老师善于发现问题，“并运用教育学、心理学知识分析问题的成因，寻找解决策略”体现出邱老师善于分析问题、解决问题，邱老师扮演了教师职业角色中教育教学的研究者。因此答案选A。

选项BCD：不属于教师观的内容，排除。

【考点定位】职业理念——教师观——新课程改革背景下的教师观——教师职业角色的转变

【难度系数】★

2. **【答案】**A

【解析】本题考查素质教育是以培养学生的创新精神和实践能力为重点的教育。素质教育的本质：使学生能够主动、活泼、愉快地学习，使学生在主动学习、自主探究中逐步形成创新精神和提高实践能力。本题题干中，康老师组织多种多样的活动，“营造运用语文知识的情境”让学生能够做到学以致用，提高学生的知识运用能力和实践能力。因此答案选A。

选项B：学生身心发展具有互补性，互补性强调教师要发现学生的闪光点，扬长避短。题干中未体现，排除。

选项C：教师反思与终身学习是促进教师专业成长的重要途径。题干中未体现，排除。

选项D：教师学会调适心理，缓解工作压力，是教师需具备的心理调适能力。题干中未体现，排除。

【考点定位】职业理念——教育观——素质教育的实质——素质教育是以培养学生的创新精神和实践能力为重点的教育

【难度系数】★

3. 【答案】B

【解析】本题考查素质教育是促进学生全面发展的教育。素质教育的全面发展是指要将学生培养成品德高尚，身心健康，知识丰富，学有专长，思路开阔，实践能力强的人。综合实践活动课属于学生必上的必修课，它对于增强学生的探究和创新意识、学习科学研究的方法、发展综合运用知识的能力有着不可忽视的重要意义。在教育教学过程中要保证综合实践活动课的应有课时量，题干中吴老师的做法是错误的。题干中数学老师请综合实践活动课的吴老师把课时让给他上数学课不利于学生的全面发展，违背了全面发展的理念。因此答案选 B。

【考点定位】职业理念——教育观——素质教育的实质——素质教育是促进学生全面发展的教育

【难度系数】★

4. 【答案】C

【解析】本题考查教师终身学习的内涵。终身学习是指社会每个成员为适应社会发展和实现个体发展的需要，贯穿于人的一生的、持续的学习过程，即我们所常说的“活到老学到老”。终身学习是教师专业发展的前提保证。题干中，王老师拒绝参加培训学习，违背了教师职业道德规范中终身学习的要求。因此答案选 C。

【考点定位】职业理念——教师观——教师的终身学习——教师终身学习的内涵

【难度系数】★

5. 【答案】B

【解析】本题考查《中华人民共和国教育法》第二十七条“办学条件”。根据《中华人民共和国教育法》第二十七条规定，设立学校及其他教育机构，必须具备下列基本条件:（一）有组织机构和章程;（二）有合格的教师;（三）有符合规定标准的教学场所及设施、设备等;（四）有必备的办学资金和稳定的经费来源。结合本题，充足的生源不属于设立学校的条件。因此答案选 B。

【考点定位】法律法规——有关教育的法律法规——《中华人民共和国教育法》——第二十七条“办学条件”

【难度系数】★★

6. 【答案】D

【解析】本题考查《中华人民共和国义务教育法》第十二条“就近入学”。《中华人民共和国义务教育法》第十二条规定：适龄儿童、少年免试入学。地方各级人民政府应当保障适龄儿童、少年在户籍所在地学校就近入学……具体办法由省、自治区、直辖市规定。”题干中，初中属于义务教育阶段，根据法律规定，义务教育阶段适龄儿童、少年应当就近免试入学。故题干中学校的做法是不合法的。因此答案选 D。

【考点定位】法律法规——有关教育的法律法规——《中华人民共和国义务教育法》——第十二条“就近入学”

【难度系数】★★

7. 【答案】C

【解析】本题考查《中华人民共和国义务教育法》第二十二条“均衡发展”。《中华人民共和国义务教育法》第二十二条规定：县级以上人民政府及其教育行政部门应当促进学校均衡发展，缩小学校之间办学条件的差距，不得将学校分为重点学校和非重点学校。学校不得分设重点班和非重点班。结合本题，县政府的做法是违法的。因此答案选 C。

选项 AB：说法错误，排除。

选项 D：教育资源应该合理分配，而不是平均分配。

【考点定位】法律法规——有关教育的法律法规——《中华人民共和国义务教育法》——第二十二条“均衡发展”

【难度系数】★★

8. 【答案】D

【解析】本题考查学生的教育教学权。受教育权是学生最主要的权利。题干中，虽然小强成绩不理想，但是张老师也应当尊重学生受教育的权利，不得让其停课写检查，故张老师的做法违反了法律规定，侵犯了学生的受教育权，排除选项 AB。因此答案选 D。

选项 C：人身权是公民最基本、内涵最丰富的基本权利，包括人格尊严权、人身自由权、隐私权、健康权、名誉权、荣誉权，与题干不符，排除。

【考点定位】法律法规——学生的权利保护——学生作为受教育者的权利——学生的教育教学权

【难度系数】★

9. 【答案】C

【解析】本题考查《中华人民共和国教师法》第七条“教师权利”。根据《中华人民共和国教师法》第七条的规定，教师享有下列权利：（一）进行教育教学活动，开展教育教学改革和实验；（二）从事科学研究、学术交流，参加专业的学术团体，在学术活动中充分发表意见；（三）指导学生的学习和发展，评定学生的品行和学业成绩；（四）按时获取工资报酬，享受国家规定的福利待遇以及寒暑假期的带薪休假；（五）对学校教育教学、管理工作和教育行政部门的工作提出意见和建议，通过教职工代表大会或者其他形式，参与学校的民主管理；（六）参加进修或者其他方式的培训。题干中，教师参加学校工会活动并建言献策，行使的是教师的民主管理权。因此答案选 C。

【考点定位】法律法规——有关教育的法律法规——《中华人民共和国教师法》——第七条“教师权利”

【难度系数】★★

10. 【答案】C

【解析】本题考查《中华人民共和国未成年人保护法（2012 年修订）》第十二条“父母履行监

护职责”、第三十三条“预防未成年人沉迷网络”、第三十七条“任何人不得在中小学校教室吸烟”、第四十一条“禁止拐卖、绑架、虐待未成年人”

选项 A:《中华人民共和国未成年人保护法（2012 年修订）》第三十三条：国家采取措施，预防未成年人沉迷网络。国家鼓励研究开发有利于未成年人健康成长的网络产品，推广用于阻止未成年人沉迷网络的新技术。

选项 B:《中华人民共和国未成年人保护法（2012 年修订）》第四十一条：禁止拐卖、绑架、虐待未成年人，禁止对未成年人实施性侵害。禁止胁迫、诱骗、利用未成年人乞讨或者组织未成年人进行有害其身心健康的表演等活动。

选项 C:《中华人民共和国未成年人保护法（2012 年修订）》第十二条：父母或者其他监护人应当学习家庭教育知识，正确履行监护职责，抚养教育未成年人。有关国家机关和社会组织应当为未成年人的父母或者其他监护人提供家庭教育指导。

选项 D:《中华人民共和国未成年人保护法（2012 年修订）》第三十七条：禁止向未成年人出售烟酒，经营者应当在显著位置设置不向未成年人出售烟酒的标志；对难以判明是否已成年的，应当要求其出示身份证件。任何人不得在中小学校、幼儿园、托儿所的教室、寝室、活动室和其他未成年人集中活动的场所吸烟、饮酒。

选项 ABD 均属于对未成年人的社会保护的范畴。选项 C 属于家庭保护的内容。因此答案选 C。

【考点定位】法律法规——有关教育的法律法规——《中华人民共和国未成年人保护法（2012 年修订）》——第十二条“父母履行监护职责”、第三十三条“预防未成年人沉迷网络”、第三十七条“任何人不得在中小学校教室吸烟”、第四十一条“禁止拐卖、绑架、虐待未成年人”

【难度系数】★★★

11.**【答案】**D

【解析】本题考查《学生伤害事故处理办法》第十三条“学校无责情况”。根据《学生伤害事故处理办法》第十三条的规定，下列情形下发生的造成学生人身损害后果的事故，学校行为并无不当的，不承担事故责任；事故责任应当按照有关法律法规或者其他有关规定认定:（一）在学生自行上学、放学、返校、离校途中发生的;（二）在学生自行外出或者擅自离校期间发生的;（三）在放学后、节假日或者假期等学校工作时间以外，学生自行滞留学校或者自行到校发生的;（四）其他在学校管理职责范围外发生的。题干中“初中生晓东放学后在校外玩耍时不慎摔伤”根据法律规定，放学后、校外等情况学校不承担事故责任，应由晓东及其监护人承担。因此答案选 D。

【考点定位】教育法律法规——有关教育的法律法规——《学生伤害事故处理办法》——第十三条“学校无责情况”

【难度系数】★★★

12.【答案】D

【解析】本题考查《国家中长期教育改革和发展规划纲要（2010—2020 年）》第三十三条“改革教育质量评价和人才评价制度”。《国家中长期教育改革和发展规划纲要（2010—2020 年）》第三十三条规定：改革教育质量评价和人才评价制度。改进教育教学评价。根据培养目标和人才理念，建立科学、多样的评价标准。开展由政府、学校、家长及社会各方面参与的教育质量评价活动。做好学生成长记录，完善综合素质评价。探索促进学生发展的多种评价方式，激励学生乐观向上、自主自立、努力成才。改进人才评价及选用制度，为人才培养创造良好环境。树立科学人才观，建立以岗位职责为基础，以品德、能力和业绩为导向的科学化、社会化人才评价发现机制。强化人才选拔使用中对实践能力的考查，克服社会用人单纯追求学历的倾向。选项 D，强调建立综合性的评价理念和标准，不仅仅是树立总结性评价理念。因此答案选 D。

【考点定位】法律法规——有关教育的法律法规——《国家中长期教育改革和发展规划纲要（2010—2020 年）》——第三十三条“改革教育质量评价和人才评价制度”

【难度系数】★★

13.【答案】A

【解析】本题考查关爱学生。《中小学教师职业道德规范（2008 年修订）》中的关爱学生要求教师不讽刺、挖苦、歧视学生，不体罚或变相体罚学生。题干中，孙老师把学生赶到操场上，让他们在冷风中写作业，这属于对学生进行变相体罚，违背了教师职业道德规范中关爱学生的基本要求。因此答案选 A。

选项 B：因材施教体现的是教师职业道德规范中爱岗敬业的基本要求。与题干不符，排除。

选项 C：廉洁从教体现的是教师职业道德规范中为人师表的基本要求。与题干不符，排除。

选项 D：严谨治学体现的是教师职业道德规范中爱岗敬业的基本要求。与题干不符，排除。

【考点定位】教师职业道德——教师职业道德规范——《中小学教师职业道德规范（2008 年修订）》——关爱学生

【难度系数】★

14.【答案】A

【解析】本题考查教书育人。《中小学教师职业道德规范（2008 年修订）》中的教书育人要求老师不以分数作为评价学生的唯一标准，通过多元的评价方式对学生进行全面评价，目的是促进学生的全面发展。题干中，钟老师设立“进步展示台”，分类展示在不同方面有进步的学生，是利用多元的评价方式对学生进行全面评价，激励学生不断进步，以达到促进学生发展的目的。因此答案选 A。

【考点定位】教师职业道德——教师职业道德规范——《中小学教师职业道德规范（2008 年修

订）》——教书育人

【难度系数】★

15.【答案】B

【解析】本题考查教师与同事的关系。教师与同事之间需做到尊重、协调的基本要求。教育法律法规规定不得体罚或变相体罚学生，因此林老师的做法是错误的。苏老师应当耐心与林老师交流，探讨更好的管理学生的办法，以促进学生的全面发展与个性发展。选项 B 正确。因此答案选 B。

【考点定位】教师职业道德——教师职业行为——教师在教育活动中要处理好的几大关系——教师与同事的关系

【难度系数】★

16.【答案】B

【解析】本题考查为人师表。为人师表要求教师坚守高尚情操，知荣明耻，严于律己，以身作则。衣着得体，语言规范，举止文明。关心集体，团结协作，尊重同事，尊重家长。作风正派，廉洁奉公。自觉抵制有偿家教，不利用职务之便谋取私利。题干中，蒋老师不应该推荐班上的学生参加亲戚开的辅导班，更不能提供学生的联系方式为自己和亲戚谋取私利。因此答案选 B。

【考点定位】教师职业道德——教师职业道德规范——《中小学教师职业道德规范（2008 年修订）》——为人师表

【难度系数】★

17.【答案】C

【解析】本题考查世界科技常识。选项 C：爱因斯坦提出光子假设，成功解释了光电效应，创立狭义相对论、广义相对论。爱因斯坦为核能开发奠定了理论基础。但爱因斯坦与微积分理论的创立和发展没有重大关系。因此答案选 C。

选项 A：牛顿在科学上最卓越的贡献是创建了微积分和经典力学。

选项 B：柯西提出极限定义的方法，把极限过程用不等式来刻画。他对微积分的解释被后人普遍采用。

选项 D：莱布尼茨，在数学上，他和艾萨克·牛顿先后独立发现了微积分，而且他所使用的微积分的数学符号被更广泛的使用，莱布尼茨所发明的符号被普遍认为更综合，适用范围更加广泛。

【考点定位】文化素养——科技常识——世界科技常识

【难度系数】★★

18.【答案】A

【解析】本题考查世界科技常识。工业革命是以机器取代人力，以大规模工厂化生产取代个体工场手工生产的一场生产与科技革命，迄今为止，人类社会已经经历了三次工业革命。

第一次工业革命开始的标志：瓦特改良的蒸汽机，为机器的普及和发展奠定了基础，标志着人类社会由此进入了“蒸汽时代”。第二次工业革命以电器的广泛应用最为显著。19 世纪，随着资本主义经济的发展，自然科学研究取得了新进展，1870 年以后，各种新技术、新发明层出不穷，并被应用于各种工业生产领域，促进经济的进一步发展，第二次工业革命蓬勃兴起，人类由此进入了电气时代。第三次工业革命也叫做科技革命，空间技术的利用和发展是这次技术革命的一大成果。第三次科技革命以原子能、电子计算机、空间技术和生物工程的发明和应用为主要标志，科学技术在推动生产力发展方面的影响越来越大。因此答案选 A。

【考点定位】文化素养——科技常识——世界科技常识

【难度系数】★★

19. **【答案】**B

【解析】本题考查中国古代史。“战国七雄”分别是燕国、楚国、齐国、秦国、韩国、赵国、魏国。“战国七雄”中不包括鲁国。因此答案选 B。

【考点定位】文化素养——历史常识——中国古代史

【难度系数】★★

20. **【答案】**C

【解析】本题考查成语典故。刮骨疗伤，出自《三国志·蜀书·关羽传》。关羽曾在作战时被乱箭射穿右臂，虽然伤口痊愈了，但是每到阴天下雨的时候，骨头就会疼痛难忍。华佗说：“矢镞有毒，毒入于骨，当破臂作创，刮骨去毒，然后此患乃除耳。”关羽就伸出手臂，让华佗剖开治疗，当时关羽正在宴请诸位将领，手臂上的血留下来，都从盛血的盘子中溢了出来，但是关羽却吃肉饮酒，像往常一样谈笑风生。与这一故事有关的名医是华佗。因此答案选 C。

【考点定位】文化素养——文化常识——成语典故

【难度系数】★

21. **【答案】**A

【解析】本题考查民族风俗。亲疏有别、慎终追远、礼尚往来都是中国传统礼仪文化的内容。选项 A:“女士优先”发源于西方，在公共场合，特别是男女交际时，成年男性对女性应当礼让，应以自己的言行去尊重、关怀、照顾女士。这被认为是有修养的文明行为，是绅士风度。因此答案选 A。

【考点定位】文化素养——文化常识——民族风俗

【难度系数】★★

22. **【答案】**B

【解析】本题考查中国古代文学。选项 B，“教学相长”出自《礼记·学记》:“是故学然后知不足，教然后知困。知不足，然后能自反也；知困，然后能自强也。故曰：教学相长也。”因此答案选 B。

选项 A:“升堂入室”出自《论语·先进》:“由也升堂矣，未人于室也。”比喻学习所达到的境地有程度深浅的差别，多用以赞扬人在学问或技能方面有高深的造诣。

选项 C:“诲人不倦”出自《论语·述而》:“学而不厌，诲人不倦，何有于我哉？”意思是乐于教诲人而不知疲倦。

选项 D:“有教无类”出自《论语·卫灵公》:“子曰：有教无类。”指不分贵贱贤愚，对各类人都可以进行教育。

【考点定位】文化素养——文学常识——中国古代文学

【难度系数】★★

23. **【答案】**A

【解析】本题考查中国古代文学。选项 A,《窦娥冤》是元代戏曲家关汉卿的杂剧代表作，也是元杂剧悲剧的典范。因此答案选 A。

【考点定位】文化素养——文学常识——中国古代文学

【难度系数】★★

24. **【答案】**B

【解析】本题考查中国古代文学。“四书”指的是《孟子》《中庸》《大学》《论语》,“五经”指的是《诗经》《尚书》《周礼》《易经》《春秋》。《周颂》是《诗经》篇章之总名，为先秦时代的汉族诗歌，共 31 篇，多为西周初年的作品。因此答案选 B。

【考点定位】文化素养——文学常识——中国古代文学

【难度系数】★

25. **【答案】**C

【解析】本题考查民族风俗。藏族农区城镇多垒石建房，帐篷则是牧民的住所。布达拉宫是中国现存最大最完整的古代宫堡建筑群，主要分为红宫和白宫两大部分，为藏族古代建筑艺术的精华。藏族民居室内装饰讲究工整、华丽、亮堂，上至天花板下至与地板相接的墙角都采用雕刻、彩绘等艺术手段加以装点，尤其是横梁、柱头和大门等木结构空间是充分展示装饰才能的地方，在这里装饰效果尽其所能。图中因此答案选 C。

【考点定位】文化素养——文化常识——民族风俗

【难度系数】★★★

26. **【答案】**C

【解析】本题考查信息技术处理能力 Word 的应用。在 Word 中，双击某行文字左端的空白处，被选中的区域是该段内容；单击某行文字左端的空白处，被选中的区域是该行内容；连击三次某行文字左端空白处，被选中的区域是整个文档。因此答案选 C。

【考点定位】基本能力——信息处理能力——Word 的应用

【难度系数】★

27.【答案】B

【解析】本题考查信息技术处理能力 PowerPoint 的运用。选项 B 是插入新的幻灯片。因此答案选 B。

选项 A 是打开新的文件。选项 C 是插入表格。选项 D 是保存幻灯片。

【考点定位】基本能力——信息处理能力——PowerPoint 的应用

【难度系数】★

28.【答案】D

【解析】本题考查概念间的逻辑关系。概念间的关系有全同关系，包含关系，交叉关系，全异关系。题干中，“土豆”和“马铃薯”是全同关系，同一关系是指两个概念所反映的事物范围完全一样，即外延完全相同。选项 D:“番茄—西红柿”是全同关系，番茄是西红柿的别称。因此答案选 D。

选项 A:“坦克—战车”是包含关系，坦克是战车的一种。

选项 B:“录音机—录音笔”是全异关系，它们都是录音的工具。

选项 C:“萝卜—青萝卜”是包含关系，青萝卜是萝卜的一种。

【考点定位】基本能力——逻辑思维能力——概念——概念间的逻辑关系

【难度系数】★★

29.【答案】A

【解析】本题考查命题推理。前提是“医生都穿白衣服”，结论是“有些穿白衣服的人留长头发”，即“有的人穿白色的衣服而且留着长头发”，那么要使这个结论成立的条件是找到医生与长头发之间的联系，在已知的条件中已经有一个条件满足，即“有的人穿白色的衣服”，则缺少的另外一个条件就是“有的人留长头发”。因此结论成立的前提条件是：有些医生留长头发。因此答案选 A。

【考点定位】基本能力——逻辑思维能力——命题——命题推理

【难度系数】★★★

二、材料分析题

30.【参考答案】

曲老师的教育行为符合新课程改革背景下对教师的相关要求，是值得我们赞赏和学习的。

（1）新课程改革背景下的教师观强调，教师应该是教育教学的研究者。新课程要求教师应该是一个研究者，这意味着教师在教学过程中要以研究者的心态置身于教学情境之中，以研究者的眼光审视和分析教学理论与教学实践中的各种问题，对自身的行为进行反思，对出现的问题进行探究，对积累的经验进行总结，并形成规律性的认识。材料中，“为了提升自己分析和解决问题的能力，曲老师不断学习科学研究方法，并运用这些方法解决了一些教学问题”体现了该教师研究者的角色。

（2）新课程改革背景下的教师观强调，教师在对待自我上不断反思。教学反思会促使教师形成自我反思的意识和自我监控的能力。现在很多教师会从自己的教育实践中来反观自己的得失，通过教育案例、教育故事或教育心得等来提高教学反思的质量。将自己的教学活动为研究对象进行思考。材料中，曲老师说：台上一分钟，台下十年功，曲老师坚持每天至少进行一个小时的阅读，多年来从未间断过，表明他在教学前，教学中，教学后都不断进行反思。

（3）新课改背景下的教师观强调，教师在对待与其他教育者的关系上强调要合作。材料中，曲老师经常向经验丰富的教师学习，体现了合作的教育理念。

因此，教师在教育教学过程中应该运用新课程理念看待教师职业，树立正确的教师观，才能更好地教书育人，促进学生全面发展。

【考点定位】教师职业理念——教师观——新课程背景下的教师观——教师应该是教育教学的研究者，教师在对待自我上不断反思，教师在对待与其他教育者的关系上强调要合作

【难度系数】★★★★

31.**【参考答案】**

洪老师的教育行为符合教师职业道德的相关要求，值得肯定。

（1）教师职业道德规范要求教师关爱学生。关爱学生要求教师关心爱护全体学生，尊重学生人格，平等公正对待学生。对学生严慈相济，做学生的良师益友。保护学生安全，关心学生健康，维护学生权益。材料中，洪老师的让淋雨的学生在自己家住、给被盗的学生垫付伙食费、奋不顾身地保护学生安全并向相关部门呼吁净化校园周边环境等，都体现了具有关爱学生的教师职业道德规范。

（2）教师职业道德规范要求教师教书育人。教书育人要求教师在工作中遵循教育规律，实施素质教育。循循善诱，诲人不倦，因材施教。培养学生良好品行，激发学生创新精神，促进学生全面发展。不以分数作为评价学生的唯一标准。材料中，洪老师面对成绩不好的学生小芳，没有放弃而是尽心尽责去辅导，体现了具有教书育人的教师职业道德规范。

（3）洪老师的行为体现了终身学习。终身学习要求教师崇尚科学精神，树立终身学习理念，拓宽知识视野，更新知识结构；潜心钻研业务，勇于探索创新，不断提高专业素养和教育教学水平。材料中，洪老师积极总结自己的教学经验，通过教育随笔反思自己的教学成果，体现了作为教师应当终身学习的职业道德。

（4）洪老师的行为体现了为人师表，为人师表要求教师关心集体，团结协作，尊重同事，尊重

家长。材料中，洪老师耐心跟小芳的家长沟通，做到了为人师表。

因此，洪老师的行为体现了崇高的教师职业道德规范，这种精神值得大力弘扬，需要每个老师学习。

【考点定位】职业道德——教师职业道德规范——《中小学教师职业道德规范（2008 年修订）》——关爱学生、教书育人、为人师表、终身学习

【难度系数】★★★★

32.**【参考答案】**

（1）在戏曲现代化过程中应关注的两方面：①以中国人的审美标准和方式，表现现代生活与现代意识；②应当在历史剧中贯穿着作者当时的时代精神。

（2）文章认为应通过以下几个方面走出戏曲艺术现代化的困境：①关注和回归民间是摆脱困境、实现转型的根本；②民间大众应当发挥积极的作用，民间是戏曲的根基与命脉，是戏曲不断发展的根本动力；③民间戏曲应当融进人们的精神文化生活，成为不可或缺的一部分。

【考点定位】基本能力——阅读理解能力——概括文章中心思想、筛选并整合主要信息及重要细节、分析观点

【难度系数】★★★★

三、写作题

33.**【参考范文】**

幸福多重奏

“幸福”二字我们拆开来看：幸——高兴、希望；福——福气。我们每个人都渴望幸福，那怎样获得幸福呢？幸福又在我们生活的何处呢？其实，幸福很简单，它抽象却又具体，渗透在我们生活的方方面面。幸福多重奏，奏出人生的幸福百态。

幸福一重奏，用善于发现美的眼睛去发现世间万物的美好。早晨起来，看到阳光普照人间，那你发现的美就是这缕缕阳光带来的。幸福的一天由灿灿的阳光带来，用眼睛去感受阳光带来的多彩的世界，这就是简单的幸福。幸福是用眼睛去看，用心去感受的。所以幸福存在于人的心里，如果你能用心去感受万物，用一双乐观的眼睛去发掘生活中的美好，用一颗善良的心去感受生活中的美好此刻，你就会感受到生活是如此美好，自己是如此幸福。相反，如果你是一个悲观的人，什么事都往最坏的地方去想，看到的总是生活中不好的一面，周围的一切都是灰色的，怨天尤人，常常抱怨，那么你就感受不到幸福，不能发现幸福的存在。所以说一千个读者心中有一千个哈姆雷特，虽然事情是相同的但是不同的人会有不同的体会与感受。真正的幸福不是从天而降的，而是需要我们用一颗善良的心、一双善于观察的明眸去发现。

幸福二重奏，用我们善于助人的双手去帮助有需要的人。我们可以心怀阳光，时刻怀抱一颗感

恩的心，把乐于助人的种子洒向周围的每个人，哪怕是素昧平生，因为把自己的幸福分享出去，你就会收获两份幸福。俗话说：“赠人玫瑰，手有余香”。锦上添花也好，雪中送炭更佳。这样不仅给人快乐也给自己留下了幸福。如果我们帮助他人的一个个小小善举，收获了心灵上的幸福与满足，那也是对美好世界的贡献。这种举手之劳在生活中可以说无处不在，创造幸福并不是什么难事。比如，在街上看见了一个残疾人在表演才艺，用自己的零用钱去帮助他；再如，在公交车上、地铁上给抱小孩的妈妈让座，让她们在出行中感受到温暖；在高铁站给拿大件行李的赶路人按一下电梯；挪开盲道上的废纸壳等等，都是生活中我们力所能及的小事，但感动人心、予人方便的就是这一件件小事集合起来的温暖，给身边人送去温暖幸福的同时这份幸福也回馈了你，这个时候我们都获得了加倍的幸福。

幸福三重奏，用我们踏实的双脚去创造幸福。幸福的生活需要我们踏实上进，为自己想要的生活为之付出努力。如果你学会了创造幸福，那么下一步，你就应该学会守住幸福。如果得到了幸福之后什么都不做，那么这份幸福也会随着时间的推移，逐渐平淡。所以学会守住幸福，是十分必要的。这就要求你的心态要时刻保持乐观，并将创造幸福时养成的习惯坚持下来，这样你的幸福感才会与日俱增。

幸福多重奏，需要我们发现幸福、传递幸福、创造幸福。幸福不是高不可攀的珠穆朗玛，发现生活中的幸福，随手创造幸福就会营造出满满的幸福感。

【考点定位】基本能力——写作能力——写作方法——审题立意、结构布局

【难度系数】★★★★★

【难度系数】★★★★★

高顿教育
GOLDEN EDUCATION

姓名 ________ 准考证号 ________

国家教师资格考试 综合素质（中学）
模拟卷（一）及参考答案

（科目代码：301/301A）

国家教师资格考试

综合素质（中学）模拟卷（一）

注意事项：

1. 考试时间为 120 分钟，满分为 150 分。

2. 请按规定在答题卡上填涂、作答。在试卷上作答无效，不予评分。

一、单项选择题（在每小题列出的四个备选项中只有一个是符合题目要求的，请用 2B 铅笔把答题卡上对应题目的答案字母按要求涂黑。错选、多选或未选均无分。本大题共 29 小题，每小题 2 分，共 58 分）

1. 下列做法违背“以人为本”的学生观教育理念的是（　　）。

A. 在设计教学的时候需要考虑学生发展的特点和规律

B. 以学生为中心，调动学生的主动性和积极性

C. 促进学生在德智体美劳等方面的和谐发展

D. 照本宣科，完全按照教材开展教学过程

2. 荷花在生长过程中出水有快有慢，有高有低，这表明，在学生发展过程中存在（　　）。

A. 顺序性　　B. 阶段性　　C. 不平衡性　　D. 个体差异性

3. 胡老师能够根据班上学生的特点进行分层教学，并且关注学生的情绪，这体现了胡老师在教师发展的什么阶段（　　）。

A. 关注生存　　B. 关注情境　　C. 关注学生　　D. 关注教学

4. 高老师在教学中经常利用生活用品制作成教具，这表明高老师具有（　　）。

A. 良好的教学教研能力　　B. 良好的课程资源开发能力

C. 良好的课堂组织能力　　D. 良好的校本研修能力

5. 某地教育行政部门在组织研究生入学考试时，由于管理不当，使得考场秩序混乱，并且存在大量作弊现象。出现这种问题，对直接负责的主管人员以及其他直接责任人员，依法应给予（　　）。

A. 引咎辞职　　B. 行政处罚　　C. 行政处分　　D. 解聘

6. 小顿已经年满 6 周岁，但因身体状况，她的父母提出申请延缓入学，须由当地（　　）批准。

A. 乡镇人民政府　　B. 县级人民政府

C. 县人民法院　　　　D. 市教育行政部门

7. 全国人民代表大会会议（　）举行一次。

A. 每半年　　B. 每年　　C. 每两年　　D. 每五年

8. 小明同学在一所寄宿高中就读，近期班主任发现他擅自外出并且夜不归宿，下列做法不恰当的是（　）。

A. 父母或者其他监护人应当及时查找

B. 小明所在的高中应该及时查找小明，必要时向公安机关报告

C. 收留该学生的，应当在 24 小时内与其父母或者其他监护人取得联系

D. 收留该学生，且无法与其监护人或学校取得联系的，应当及时向公安机关报告

9. 红红是小学三年级学生，的她的父母外出务工，无法完全履行监护职责。对于这种情况，她的父母应当委托（　）代为照护红红。

A. 丧失照护能力的爷爷奶奶

B. 曾实施暴力伤害违法犯罪行为的邻居

C. 有赌博等恶习的叔叔

D. 家庭状况一般的舅舅

10. 下列不属于学校设立必须具备的条件的是（　）。

A. 有组织机构和章程

B. 符合规定标准的教学场所

C. 办学资金必备、办学经费来源稳定

D. 有优秀的教师

11. 下列做法违反相关法律法规的是（　）。

A. 王老师在实施教育惩戒过程中，指派其他学生来辱骂小明

B. 学生扰乱课堂教学秩序，影响他人时，教师将学生带离教室，并予以教育管理

C. 初中生张同学违规违纪，情节十分严重，学校告知家长后要求家长进行教育、管教

D. 家长应该对子女履行教育职责，配合学校对违规违纪学生进行管教

12. 童老师经常不按时上课，学校多次进行教育，童老师还是不完成教育教学工作，给学校造成了损失，于是学校将童老师解聘了。该学校的做法（　）。

A. 合法，教师故意不完成教学任务给学校工作造成损失，依法予以解聘

B. 合法，符合《中华人民共和国教育法》

C. 不合法，学校不得开除教师

D. 不合法，学校应该多包容教师

13. 张老师脾气暴躁，由于周梅上课时开小差，张老师打了她一巴掌，周梅的母亲第二天来学校找张老师。如果你是张老师，你会（　）。

A. 注意调整自己的情绪，向周梅及其母亲道歉

B. 告诉周梅母亲打周梅的理由

C. 不予理会，让校长去处理

D. 当着周梅的面向家长告状，说明周梅不好好学习

14. 在下列教学语言中，不利于促进学生学习的是（　）。

A. “你朗读的节奏感很强，声音再大点就更好啦。”

B. “这位同学的发言有自己的观点，非常好！”

C. “你说的不对，一看没有认真思考。”

D. “请大家想一想，刚才这两位同学报告的结论，有何不同？”

15. 两名同学放学后在校门口产生了冲突并且打了起来，正巧隔壁班级的董老师路过，当有同学报告此事时，董老师说：“找你们班主任管吧！”说完转身离开。关于董老师的行为，下列说法正确的是（　）。

A. 避免了董老师与班主任的冲突

B. 说明董老师严格要求自己

C. 董老师不具备合作意识

D. 体现了董老师对学生的信任

16. 小红是个内敛安静的孩子，在课堂上很少发言，陈老师在期末评语中给她写道：“在老师的心里，你是个勤奋认真的好孩子，如果能踊跃发言就更棒啦。”关于陈老师的做法，下列描述不正确的是（　）。

A. 陈老师坚持了以人为本的评价理念

B. 陈老师的做法有利于激发学生的主动性

C. 陈老师关注到了学生发展的潜能

D. 陈老师采用了定量和定性相结合的评价

17. 我国有很多民族乐器，马头琴是（　）民族的乐器。

A. 蒙古族　　B. 维吾尔　　C. 藏族　　D. 乌孜别克族

18.《清明上河图》描绘了北宋时期一个城市的繁荣情景，该城市是如今的（　）。

A. 开封　　B. 西安　　C. 杭州　　D. 洛阳

19. 林则徐虎门销烟成为了第一次鸦片战争的导火索。1842 年 8 月，清政府屈辱求和，被迫与英国签订了（　）。

A.《北京条约》　　B.《南京条约》　　C.《马关条约》　　D.《瑷珲条约》

20. 文艺复兴运动首先发生在（　）。

A. 英国　　B. 法国　　C. 意大利　　D. 美国

21. 时间间隔是物质运动经过的某一个时间段，时刻是物质运动的某一个瞬间。下列选项中，时刻的表述是（　）

A. 面试试讲的时间要控制在 10 分钟内

B. 通常一节课的时间是 45 分钟

C. 从上海坐高铁到北京需要 5 小时

D. 大部分的员工每天的工作时间从 9 时开始

22. 下列说法不正确的是（　）。

A. 中医的“四诊法”是扁鹊所总结得出的

B. 华佗模仿猴、鹿、熊、猿、鸟 5 种动物创编了五禽戏

C. “医圣”是指东汉末年的张仲景

D. 麻沸散是世界上最早的麻醉剂

23. 潮涨潮落时形成的（　）可以用作潮汐发电。

A. 动能　　B. 重力　　C. 电能　　D. 势能

24. 以下不属于陶渊明的作品的是（　）。

A.《饮酒》　　B.《归去来兮辞并序》

C.《桃花源记》　　D.《木兰诗》

25. 以下不属于安徒生《安徒生童话》中的作品的是（　）。

A.《皇帝的新装》　　B.《白雪公主》

C.《豌豆公主》　　D.《红鞋子》

26. 在 Word 中，图标  的意思是（　）。

A. 保存　　B. 粘贴　　C. 复制　　D. 撤销

27. 在 PowerPoint 的幻灯片浏览视图中，用户不能进行的操作是（　）。

A. 插入幻灯片　　B. 删除幻灯片

C. 隐藏幻灯片　　D. 修改幻灯片的内容

28. 下列项中，与“成都—蓉城”两个概念，逻辑关系相同的是（　）。

A. 湖南—长沙　　B. 北京—上海

C. 党员—教师　　D. 李白—诗仙

29. 找规律，“1、2、6、16、（　）、120”，空缺处的数字是（　）。

A.44　　B.45　　C.46　　D.48

二、材料分析题（本大题共 3 小题，每题 14 分，共 42 分）

30. 材料：

在一次作文点评课中，王老师让一位同学朗读自己的优秀作文，结果这位同学因为太过紧张，站在台上满脸通红，说不出话。王老师微笑着对他说："别急，慢慢来。"接下来，王老师对同学们说："大家上台读书可能都会紧张，让咱们给他一点鼓励。"大家纷纷鼓起掌来，这位同学也终于鼓起勇气，发出了羞怯的声音。他写的是他和父亲间的故事，这是一篇佳作，故事真情实感，他的朗读也渐渐变得声情并茂，朗读结束后，教室里响起一阵热烈的掌声。课后，王老师将课上的情景写入了教学日志。

问题：请结合材料，从教师观的角度评析王老师的行为。（14 分）

31. 材料：

王老师教龄已有 15 年，每一年她都坚持阅读教学著作，学习新的教学方法，还顺应时代开设了个人微博用于跟同学们的交流和答疑。

王老师曾教过一位内向自卑的男孩。通过家访她了解到，这位同学的父母长期在北京打工，缺乏对孩子的关爱，因此他才形成了这样的性格。为了让他开朗起来，上课时，王老师经常点他回答一些简单的问题，提升他的自信心，下课时王老师也常常鼓励他和同学们做游戏，天冷时王老师还给他送去了新的棉衣棉鞋……渐渐地，这位同学变得自信开朗起来，成绩也提高了。

问题：请从教师职业道德的角度，分析材料中该教师的职业行为。（14 分）

32. 材料：

行向何处的“旅行”（金台随感）

姚琬昱

“人有两目，不第谓其昼视日、夜视月也；又赋之两足，亦不第欲其走街衢田陌、上长安道已也。”明代王思任的这席话讲的是，人生双眼，不应只限于观看日月；人有双脚，也不应仅仅奔走于田垄与仕途之间。由此，他也将旅行视为人的天性与道法所在。中国古人们好旅行，也赋予旅行“德性”与“情感”。孔子讲“知者乐水，仁者乐山”；枚乘认为“游涉”能够“陶阳气，荡春心”，“观涛”可以“澡概胸中，洒练五藏”；至魏晋，名士们则鼓励以山水来“游目骋怀”，缓解幽愤之情。

如今，“旅行”也逐渐摆脱古人的语境而走向现代的话语之中。现代交通技术的进步让相对距离缩短，使得旅行越来越方便。文化的产业化发展，使旅行成为一种可以等价交换的商品。由此，旅行逐渐走向平民化和大众化。

然而，看现代人旅行，却犹如看流水线上的产品生产。往往是，参加旅行团的游客，依照规定的时间与明确的路线，在三日到七日的短途之中，仿佛上完一轮速成班，完成了心理上对“旅行”符号的消费。而这，也形成一种悖论：难得的旅行本是人们在“朝九晚五”之外进行的放松，但似乎却使人们又陷入另一种“工作律令”之中，体验着对体力的“假期式消耗”。于是，“穷游”与“自由行”迅速升温，旅行的“净化”意义被重提。但是，当“净化”过分地与拉萨、丽江等异域想象相联系时，旅行又不可避免地成为社交媒体下增加谈资的工具。

反思旅行，应是对“旅行热”的一剂退烧药。我也热爱旅行，也曾是“旅行热”中的一名高烧患者。但当每一次旅行过后，拖着比工作日更疲惫的身躯回到家时，我不禁思索，我期待旅行究竟是在期待什么，旅行是否满足了我的期待呢？于是，在此后多次的旅行中，我试着“观看”旅行，持续的思考也使得答案逐渐明朗起来。感受最深的是去年去马来西亚的那一趟旅行。回来后我给朋友们分享马六甲的大雨、深夜的热带雨林……但当他们问我印象最深的是什么时，我想了想，却说是飞机上看到的清晨。朋友们都不以为然地笑起来，认为这并无地域特色。我却回想起在红眼航班上坐了一夜后看到的清晨。飞机刚好悬在云层与地面的中间，丘陵的曲线在日出不久的晨光中伸展，天空广阔幽深，和着轻薄的光泛着橙红。已清晰可见的地面市镇绵延扩散，在大地上寂静而体面地沉睡着。那一刻，一夜未寝的困顿全无，我在俯仰之间的人工艺术与天造自然中感受到一股强烈的磁场，仿佛自身倏尔坍缩成一粒飘浮于天地间的黑点，却借着这黑点的存在看到亘古世界充盈的美。那一刻，对手头未完事务的焦虑，人际关系相处中的烦扰，以及种种的担忧，突然显得莫名地渺小。我仿佛忽然从高处看到自己的存在，并感叹能拥有这生命本身是多么美好。为这短暂的几分钟，为这由陌生的静谧所引发的思索，我已经感到不虚此行。

日复一日。正值元旦假期，眼看春节长假也已不远。可以想象，在新年的狂欢中又将掀起新一轮的旅行高潮。要怎么旅行，如何去看待旅行，旅行之后到底行向何处？在车站与人群的喧哗中，在冰雪与酷阳的交织中，在异国与他乡的流返中，愿你能在这广袤无垠的世界里，找寻到属于自己的旅行的意义。

（选编自《人民日报》2018-1-1 第 08 版）

问题：

（1）谈谈你对文章中画线句“知者乐水，仁者乐山”的理解。（4 分）

（2）旅行的意义是什么？请结合文章简要分析。（10 分）

三、写作题（本大题 1 小题，50 分）

33. 阅读下面的材料，按要求作文。

近年来，教育惩戒问题受到了广泛关注。一方面家长希望孩子受到好的教育约束，另一方面又害怕老师惩戒不当给孩子造成伤害，这种情况令老师不会管也不敢管。

从 2021 年 3 月 1 日起，教育部颁布了《中小学教育惩戒规则（试行）》，这一规则的颁布也促进了教育惩戒进一步的规范化。

要求：根据材料，自选角度，自定立意，自拟标题，自选文体，写一篇不少于 1000 字的文章。

国家教师资格考试 综合素质（中学）
模拟卷（一）参考答案

一、单项选择题

1. 【答案】D

【解析】本题考查学生是具有独立意义的人、学生是独特的人。选项 ABC 均符合“以人为本”教育理念，选项 D 照本宣科、完全按照教材去讲课的做法，忽视了学生的主体地位，不符合“以人为本”的学生观的教学理念。因此答案选 D。

【考点定位】职业理念——学生观——“以人为本”的学生观——学生是具有独立意义的人、学生是独特的人

【难度系数】★

2. 【答案】D

【解析】本题考查个体身心发展的个别差异性。个别差异性指由于人的先天素质、环境、教育以及自身的主观能动性不同，每个人的发展优势、发展速度、高度（达到的水平）往往是千差万别的。“荷花在生长过程中出水有快有慢，有高有低”体现了荷花个体之间是不同的，是有差异的。在学生发展过程中也一样，大家都是独立的个体，学生和学生之间存在个体差异性。因此答案选 D。

【考点定位】职业理念——学生观——个体身心发展的一般规律——个体身心发展的个别差异性

【难度系数】★

3. 【答案】C

【解析】本题考查教师专业发展的阶段。关注生存阶段，这阶段新老师更多关注的是人际关系。关注情境阶段，此时新老师会将注意力转移到提高教学质量和学生成绩上。关注学生阶段，这阶段的老师能自觉关注学生，看到学生的个别差异性，因材施教。题干中胡老师能够根据班上学生的特点进行分层教学，看到了学生的个别差异性，是关注学生阶段。因此答案选 C。

【考点定位】职业理念——教师观——教师的专业发展——教师专业发展的阶段

【难度系数】★★★

4. 【答案】B

【解析】本题考查教师职业角色的转变。从教学与课程的关系看，新课程要求教师从课程的忠实执行者转变为课程的建设者和开发者。教师要积极参与地方课程和校本课程的建设，培养开发

课程、评价课程、主动选择和创造性地使用新课程教材的能力。题干中高老师经常利用生活用品制作成教具，建设开发课程资源，体现了良好的课程资源开发能力。因此答案选 B。

【考点定位】职业理念——教师观——新课程改革背景下的教师观——教师职业角色的转变——课程的建设者和开发者

【难度系数】★

5. 【答案】C

【解析】本题考查《中华人民共和国教育法》第八十一条“教育考试管理问题的法律责任”。《中华人民共和国教育法》第八十一条规定：举办国家教育考试，教育行政部门、教育考试机构疏于管理，造成考场秩序混乱、作弊情况严重的，对直接负责的主管人员和其他直接责任人员，依法给予处分；构成犯罪的，依法追究刑事责任。因此答案选 C。

【考点定位】教育法律法规——有关教育的法律法规——《中华人民共和国教育法》——第八十一条“教育考试管理问题的法律责任”

【难度系数】★★

6. 【答案】A

【解析】本题考查《中华人民共和国义务教育法》第十一条“入学年龄”。《中华人民共和国义务教育法》第十一条规定：凡年满六周岁的儿童，其父母或者其他法定监护人应当送其入学接受并完成义务教育；条件不具备的地区的儿童，可以推迟到七周岁。适龄儿童、少年因身体状况需要延缓入学或者休学的，其父母或者其他法定监护人应当提出申请，由当地乡镇人民政府或者县级人民政府教育行政部门批准。因此答案选 A。

【考点定位】教育法律法规——有关教育的法律法规——《中华人民共和国义务教育法》——第十一条“入学年龄”

【难度系数】★★

7. 【答案】B

【解析】本题考查《中华人民共和国宪法》第六十一条“全国人大会议举行”。《中华人民共和国宪法》第六十一条规定：全国人民代表大会会议每年举行一次，由全国人民代表大会常务委员会召集。因此答案选 B。

【考点定位】教育法律法规——有关的教育法律法规——《中华人民共和国宪法》——第六十一条“全国人大会议举行”

【难度系数】★★

8. 【答案】C

【解析】本题考查《中华人民共和国预防未成年人犯罪法（2020 年修订）》第三十五条“未成年人无故夜不归宿、离家出走的措施”。《中华人民共和国预防未成年人犯罪法（2020 年修订）》

第三十五条规定：未成年人无故夜不归宿、离家出走的，父母或者其他监护人、所在的寄宿制学校应当及时查找，必要时向公安机关报告。收留夜不归宿、离家出走未成年人的，应当及时联系其父母或者其他监护人、所在学校；无法取得联系的，应当及时向公安机关报告。因此答案选 C。

【考点定位】教育法律法规——有关的教育法律法规——《中华人民共和国预防未成年人犯罪法（2020 年修订）》——第三十五条“未成年人无故夜不归宿、离家出走的措施”

【难度系数】★★

9. **【答案】**D

【解析】本题考查《中华人民共和国未成年人保护法（2020 年修订）》第二十二条“委托照顾”。根据《中华人民共和国未成年人保护法（2020 年修订）》第二十二条规定：未成年人的父母或者其他监护人因外出务工等原因在一定期限内不能完全履行监护职责的，应当委托具有照护能力的完全民事行为能力人代为照护；无正当理由的，不得委托他人代为照护。未成年人的父母或者其他监护人在确定被委托人时，应当综合考虑其道德品质、家庭状况、身心健康状况、与未成年人生活情感上的联系等情况，并听取有表达意愿能力未成年人的意见。具有下列情形之一的，不得作为被委托人：（一）曾实施性侵害、虐待、遗弃、拐卖、暴力伤害等违法犯罪行为的；（二）有吸毒、赌博等恶习的；（三）曾拒不履行或者长期怠于履行监护、照护职责的。因此答案选 D。

【考点定位】教育法律法规——有关的教育法律法规——《中华人民共和国未成年人保护法（2020 年修订）》——第二十二条“委托照顾”

【难度系数】★★

10. **【答案】**D

【解析】本题考查《中华人民共和国教育法》第二十七条“办学条件”。根据《中华人民共和国教育法》第二十七条规定，设立学校及其他教育机构，必须具备下列基本条件：（一）有组织机构和章程；（二）有合格的教师；（三）有符合规定标准的教学场所及设施、设备等；（四）有必备的办学资金和稳定的经费来源。因此答案选 D。

【考点定位】教育法律法规——有关教育的法律法规——《中华人民共和国教育法》——第二十七条“办学条件”

【难度系数】★★

11. **【答案】**A

【解析】本题考查《中小学教育惩戒规则（试行）》第十二条“惩戒注意”。根据《中小学教育惩戒规则（试行）》第十二条规定，教师在教育教学管理、实施教育惩戒过程中，不得有下列行为：（一）以击打、刺扎等方式直接造成身体痛苦的体罚；（二）超过正常限度的罚站、反复抄写，强制做不适的动作或者姿势，以及刻意孤立等间接伤害身体、心理的变相体罚；（三）辱骂或者以歧视性、侮辱性的言行侵犯学生人格尊严；（四）因个人或者少数人违规违纪行为而惩罚全体学生；（五）因学业成绩而教育惩戒学生；（六）因个人情绪、好恶实施或者选择性实施教育惩戒；（七）指派学生对其他学生实施教育惩戒；（八）其他侵害学生权利的。选项 A 表述违反了第（七）项"指派学生对其他学生实施教育惩戒"。因此答案选 A。

选项 B:《中小学教育惩戒规则（试行）》第十一条规定：学生扰乱课堂或者教育教学秩序，影响他人或者可能对自己及他人造成伤害的，教师可以采取必要措施，将学生带离教室或者教学现场，并予以教育管理。

选项 C:《中小学教育惩戒规则（试行）》第十条规定：小学高年级、初中和高中阶段的学生违规违纪情节严重或者影响恶劣的，学校可以实施教育惩戒，并应当事先告知家长：

选项 D:《中小学教育惩戒规则（试行）》第十六条规定：学校、教师应当重视家校协作，积极与家长沟通，使家长理解、支持和配合实施教育惩戒，形成合力。

【考点定位】教育法律法规——有关教育的法律法规——《中小学教育惩戒规则（试行）》——第十二条"惩戒注意"

【难度系数】★★

12.**【答案】**A

【解析】本题考查《中华人民共和国教师法》第三十七条"教师不当行为的法律责任"。根据《中华人民共和国教师法》第三十七条规定，教师有下列情形之一的，由所在学校、其他教育机构或者教育行政部门给予行政处分或者解聘：（一）故意不完成教育教学任务给教育教学工作造成损失的；（二）体罚学生，经教育不改的；（三）品行不良、侮辱学生，影响恶劣的。教师有前款第（二）项、第（三）项所列情形之一，情节严重，构成犯罪的，依法追究刑事责任。因此答案选 A。

【考点定位】教育法律法规——有关的教育法律法规——《中华人民共和国教师法》——第三十七条"教师不当行为的法律责任"

【难度系数】★★

13.**【答案】**A

【解析】本题考查教师与学生家长的关系。教师与家长之间要做到：尊重家长，理解家长；经常家访，互通情况。题干中，张老师打周梅的行为是不对的，对于这种情况，张老师应该意调整自己的情绪，向周梅及其母亲道歉。因此答案选 A。

【考点定位】教师职业道德——教师职业行为——教师在教育活动中要处理好的几大关系——教师与学生家长的关系

【难度系数】★

14.【答案】C

【解析】本题考查关爱学生。关心爱护全体学生，尊重学生人格，平等公正对待学生。对学生严慈相济，做学生良师益友。保护学生安全，关心学生健康，维护学生权益。不讽刺、挖苦、歧视学生，不体罚或变相体罚学生。促进学生学习要以鼓励关爱为主，选项 C 中教师用语直接对学生进行了否定和打击，不利于学生发展。因此答案选 C。

【考点定位】教师职业道德——教师职业道德规范——《中小学教师职业道德规范（2008 年修订）》——关爱学生

【难度系数】★

15.【答案】C

【解析】本题考查教师与同事的关系。同事之间需要进行合作，题干中董老师看到学生打架，却置之不理，缺少对学生的关心。随后董老师让学生直接去找他们的班主任，也没有做到同事之间的帮助互助，缺乏合作意识。因此答案选 C。

【考点定位】教师职业道德——教师职业行为——教师在教育活动中要处理好的几大关系——教师与同事的关系

【难度系数】★

16.【答案】D

【解析】本题考查教书育人。教书育人要求教师做到遵循教育规律，实施素质教育。循循善诱，诲人不倦，因材施教。培养学生良好品行，激发学生创新精神，促进学生全面发展。不以分数作为评价学生的唯一标准。题干中，陈老师树立了以人为本的评价理念，评语鼓励性强，关注到了学生的优点和闪光点，也提出了不足之处，可以促进学生的发展。题干中陈老师的评价都是定性评价，没有涉及分数等内容的定量评价，选项 D 表述错误。因此答案选 D。

【考点定位】教师职业道德——教师职业道德规范——《中小学教师职业道德规范（2008 年修订）》——教书育人

【难度系数】★

17.【答案】A

【解析】本题考查音乐常识。马头琴是一种两弦的弦乐器，有梯形的琴身和雕刻成马头形状的琴柄，为蒙古族人民喜爱的乐器。因此答案选 A。

【考点定位】文化素养——艺术常识——音乐常识

【难度系数】★★

18.【答案】A

【解析】本题考查美术常识。《清明上河图》描绘的繁荣图景是北宋时的汴京城，也就是现在的河南开封。因此答案选 A。

【考点定位】文化素养——艺术常识—— 美术常识

【难度系数】★★

19.【答案】B

【解析】本题考查中国近代史。第一次鸦片战争的导火索是“林则徐虎门销烟”。结局是清政府战败，与英国签订了中国近代史上第一个不平等条约《南京条约》。因此答案选 B。

【考点定位】文化素养——历史常识——中国近代史

【难度系数】★★

20.【答案】C

【解析】本题考查世界历史。文艺复兴是欧洲的第一次思想解放运动，持续时间为 14 世纪到 16 世纪，意大利最早发生，逐渐扩展到其他欧洲国家。因此答案选 C。

【考点定位】文化素养——历史常识——世界历史

【难度系数】★★

21.【答案】D

【解析】本题考查生活中的科学。时刻是指物质运动的某一个瞬间，“大部分员工每天上班时间从 9 时开始”，其中“9 时”是一个时间点即瞬间，选项 ABC 表述的都是时间段，即时间间隔。因此答案选 D。

【考点定位】文化素养——科技常识——生活中的科学

【难度系数】★

22.【答案】B

【解析】本题考查中国古代科技成就。华佗是五禽戏创编者，五禽指的是虎，鹿，熊，猿，鸟。故选项 B 不正确。因此答案选 B。

【考点定位】文化素养——科技常识——中国古代科技成就

【难度系数】★★

23.【答案】D

【解析】本题考查生活中的科学。潮汐发电是指利用潮汐的运动来进行发电。潮汐发电的原理与水力发电相似，它是利用海面出现的潮汐差来驱动涡轮旋转，产生电源，是人类目前利用海洋能的最理想途径。因此答案选 D。

【考点定位】文化素养——科技常识——生活中的科学

【难度系数】★

24.【答案】D

【解析】本题考查中国古代文学。陶渊明名潜，字元亮，号五柳先生，是我国第一位以田园作为主要描写内容的诗人，他的诗被后人称为田园诗。他曾因不愿“为五斗米折腰”而弃官归隐。

他的代表作有：《归园田居》《饮酒》《桃花源记》《闲情赋》《归去来兮辞》。《木兰诗》是北朝民歌，是一首长篇叙事诗。因此答案选 D。

【考点定位】文化素养——文学常识——中国古代文学

【难度系数】★★

25.**【答案】**B

【解析】本题考查儿童文学。《安徒生童话》是儿童文学史上的一座丰碑，以独特的魅力征服了丹麦以及全世界读者的心。安徒生在《丑小鸭》《海的女儿》《夜莺》《皇帝的新装》《坚定的锡兵》等童话中塑造的形象，给人们带来了美的陶冶、情的升华。《白雪公主》选自《格林童话》。因此答案选 B。

【考点定位】文化素养——文学常识——儿童文学

【难度系数】★★

26.**【答案】**B

【解析】本题考查 Word 的应用。 是粘贴的标志。保存的图标是 ，复制的图标是 ，撤销的图标是 。因此答案选 B。

【考点定位】基本能力——信息处理能力——Word 的应用

【难度系数】★

27.**【答案】**D。

【解析】本题考查 PowerPoint 的应用。修改幻灯片内容只能在普通视图中进行，不能在幻灯片浏览视图中修改。因此答案选 D。

【考点定位】基本能力——信息处理能力——PowerPoint 的应用

【难度系数】★

28.**【答案】**D

【解析】本题考查概念间的逻辑关系。成都的别称是蓉城、锦城，因此二者属于全同关系。李白就是诗仙，是全同关系。因此答案选 D。

选项 A：长沙是湖南的省会城市，是湖南的组成部分。

选项 B：北京和上海是两个不同的城市，是全异关系。

选项 C：有的教师可能是党员，所以他们是交叉关系。

【考点定位】基本能力——逻辑思维能力——概念——概念间的逻辑关系

【难度系数】★★

29.**【答案】**A

【解析】本题考查数字推理。规律为：前两项之和乘以 2，得到第三项数字。所以，空缺处的数字应该是（6+16）×2=44，然后再带入数列验证，（16+44）×2=120，是符合数列规律的。因此答案选 A。

【考点定位】基本能力——逻辑思维能力——经典逻辑推理——数字推理

【难度系数】★★

二、材料分析题

30.**【参考答案】**

王老师的行为是符合新课程改革背景下的教师观的，值得我们学习。

（1）从教师与学生的关系看，新课程要求教师从知识的传授者转变为学生学习的引导者和学生发展的促进者。现代社会的发展要求教师不仅仅是向学生传播知识和社会规范，更要关注学生人格的健康成长与个性发展，真正成为学生发展的促进者和人生的引路人。材料中，面对学生说不出话来的特殊情况，王老师一步步引导该学生，并让同学们给这个同学鼓励和支持，结果这个学生终于发出了羞怯的声音，并且把作文读的声情并茂，这体现了老师对学生的引导和促进。

（2）在对待师生关系上，新课程强调尊重、赞赏。教师不仅要尊重每一位学生，还要学会赞赏每一位学生。材料中，这个学生很羞怯，不敢大声读出自己的作文，面对这样的情况，王老师没有批评同学，而是采取了引导和鼓励的方法，进行赏识教育，尊重保护了他的自尊心，体现了他对学生的尊重和赞赏。

（3）在对待自我上，新课程强调反思。教学反思被认为是“教师专业发展和自我成长的核心因素”，新课程非常强调教师的教学反思。按教学的进程，教学反思分为教学前、教学中、教学后三个阶段。教学反思会促使教师形成自我反思的意识和自我监控的能力。材料中，王老师在课下写了反思日记，把今天课堂上出现的情况进行总结，做到了自我反思。

王老师践行了新课改背景下的教师观，教师只有在教育教学过程中运用新课程理念看待教师职业，树立正确的教师观，才能更好地教书育人。

【考点定位】职业理念——教师观——新课程改革背景下的教师观——教师职业角色的转变和教师教学行为的转变——从教师与学生的关系看，新课程要求教师从知识的传授者转变为学生学习的引导者和学生发展的促进者；在对待师生关系上，新课程强调尊重、赞赏；在对待自我上，新课程强调反思

【难度系数】★★★★

31.**【参考答案】**

王老师的行为符合教师职业道德要求，体现了教师职业道德中的爱岗敬业、关爱学生、教书育人、终身学习和为人师表。

（1）爱岗敬业。教师要忠诚于人民教育事业，志存高远，勤恳敬业，甘为人梯，乐于奉献。对

工作高度负责，认真备课上课，认真批改作业，认真辅导学生，不敷衍塞责。材料中，王老师坚守岗位 15 年，面对班级里面一位内向自卑的学生，王老师进行家访，了解情况，并且在课上和课后都通过各种方式鼓励该学生，体现了该老师对教学工作的认真和负责。

（2）终身学习。教师要崇尚科学精神，树立终身学习理念，拓宽知识视野，更新知识结构。潜心钻研业务，勇于探索创新，不断提高专业素养和教育教学水平。材料中王老师每年都坚持阅读教学著作，学习新的教学方法，还开通了微博，是终身学习的表现。

（3）关爱学生。教师要关心爱护全体学生，尊重学生人格，平等公正对待学生。对学生严慈相济，做学生良师益友。保护学生安全，关心学生健康，维护学生权益。不讽刺、挖苦、歧视学生，不体罚或变相体罚学生。材料中的王老师对学生进行家访，了解学生的特殊情况，给他送棉衣棉鞋，鼓励他多发言都是关爱学生的表现。

（4）教书育人。教师要遵循教育规律，实施素质教育。循循善诱，诲人不倦，因材施教。培养学生良好品行，激发学生创新精神，促进学生全面发展。不以分数作为评价学生的唯一标准。材料中王老师践行了素质教育观，促进了学生全面发展，提高了学生成绩的同时，也让他更加自信了。

王老师的行为充分践行了教师职业道德的要求，是值得我们每一位教师学习的榜样。

【考点定位】职业道德——教师职业道德规范——《中小学教师职业道德规范（2008 年修订）》——爱岗敬业、终身学习、关爱学生、教书育人

【难度系数】★★★★

32.**【参考答案】**

（1）对“知者乐水，仁者乐山”的理解：

① 浅层含义指的是智慧的人喜欢水，仁义的人喜欢山。

② 深层含义指的是自然和人和谐相处，由景知人，美景能激荡心灵，让人的品质更高洁。

（2）旅行的意义如下：

① 旅行是人的天性与道法所在，能培养人的德行与情感。

② 旅行是社交媒体下增加谈资的工具。

③ 旅行可以缓解对未完事务的焦虑，人际关系中的烦扰，以及种种的担忧，让人感受到生命的美好，引发对生命的思考。

【考点定位】基本能力——阅读理解能力———筛选并整合主要信息及重要细节、理解关键概念、分析观点态度

【难度系数】★★★★

三、写作题

33.【参考范文】

惩有度 戒有效

三尺讲台，方寸书桌，一把戒尺，尽情挥洒。师者挥洒，育人无数，然戒尺之下却纷言四起。惩戒是否该存在？古语云“教不严，师之惰”。古往今来，此之道俨然已在众多的师者当中成为教学中的惩戒之道。然而“关爱教育”也在悄然兴起。教育部颁布《中小学教育惩戒规则（试行）》不禁让人深思：为何要以法规权利方式进行强调？

万事有对立面，教育惩戒是一把双刃剑。若运用适合，则有利于学生的成长，让同学们懂敬畏、明对错、知底线，反之，过度的惩戒或者是一些不合时宜的惩戒则会损害学生的身心健康，所以我们在运用教育惩戒规则时要会用、敢用、慎用惩戒，让惩戒变得有尺度、有温度，能更好地帮助学生更好地成长。由此可见教育部颁布法律法规尤为重要，这样才能让老师有底气“育人”，让学生有目标“成人”。

会用惩戒，惩戒注意时效。惩戒有道，道能生效。《礼记》有云：“四维不张，则国亡矣。”何谓四维：一曰礼，二曰义，三曰廉，四曰耻。它代表着人们的价值观、廉耻观以及道德品行。教师在教育惩戒的帮助下，引导学生走上正路，培养品质，进而大张四维。这是我们师者必须践行的责任。然而学生的身心发展是脆弱的，是很容易被外界所影响从而走上歧途的。此时需要老师运用一些惩戒来约束学生的行为并且加深他们的印象，从而让他们认识到自己的错误。当你公然违违背校规班纪时，一次小小的罚站可以让你意识到规则的重要性；当你作为班干部却并未很好地履行职责时，一次小小的检讨可以让你明白承担责任、完善自我的重要意义。这些价值与功能都是其他教育方法难以替代的。教育惩戒这一把戒尺给了学生一次新生。

敢用惩戒，惩戒展现效用。现在社会的家庭中，很多孩子都是家中的独生子、独生女，普遍生活条件好，恃宠而骄、恃宠而纵，父母容易宠爱孩子，“含在嘴里怕化了，捧在手里怕碎了”，更别说责罚了。古语更有言：“尊师重教。”可在当下，倡导师生如朋友，因此部分学生也开始胆大妄为。公然与老师顶顶撞，不服从管教、追求个性自由等等不良现象频发。恰如今教育惩戒这把戒尺赋予了老师约束的权力，让教师面对此情况也不会计无所出。如果老师对学生进行了惩戒，部分家长会不理解甚至与老师产生冲突。不少老师为了避免冲突，不敢约束学生，这样的放纵之下，学生的不良行为会越来越多，因此教师应该和家长加强沟通，统一教育理念，把握惩戒学生的度，和家长齐心协力促进学生的发展，因此，我们要敢用惩戒。

最后，我们要慎用惩戒。现在不少学生心智发育较早，自尊心强，较为敏感，教育惩戒若不得当，会适得其反，加重他的叛逆心理，因此教师在进行教育惩戒时要避免当众惩戒，课下可多与学生进行沟通，保护学生的自尊心。另外我们也要做到适量惩戒，不要一味地批评、打击学生要多对学生进行鼓励和表扬，践行新课改背景下的教师观、教育观和学生观，同时，教师需要遵循教育部颁布的

《中小学教育惩戒规则（试行）》，将此作为教育惩戒的参考模板。因此，我们要学会慎用教育惩戒，让其成为我们教育的辅助。

学生的发展离不开教师的培育，用心的培育离不开适度的惩戒。我相信，有着教育惩戒的良好发挥，教师做到会用、敢用、慎用惩戒，那么必将点亮学生之心，促进未来花朵们更茁壮地成长。

【考点定位】基本能力——写作能力——写作方法——审题立意、结构布局

【难度系数】★★★★★

高顿教育 GOLDEN EDUCATION

姓名 __________ 准考证号 __________

国家教师资格考试 综合素质（中学）
模拟卷（二）及参考答案

（科目代码：301/301A）

国家教师资格考试

综合素质（中学）模拟卷（二）

注意事项：

1. 考试时间为120分钟，满分为150分。

2. 请按规定在答题卡上填涂、作答。在试卷上作答无效，不予评分。

一、单项选择题（在每小题列出的四个备选项中只有一个是符合题目要求的，请用2B铅笔把答题卡上对应题目的答案字母按要求涂黑。错选、多选或未选均无分。本大题共29小题，每小题2分，共58分）

1. 张老师把成绩不好的学生都安排坐在教室的最后一排，对他们不管不顾。关于张老师的行为，下列说法正确的是（　）。

   A. 正确，促进了学生的个性化发展

   B. 正确，给成绩好的学生提供了更好的学习环境

   C. 错误，违背了教育的公平公正

   D. 错误，没有做到促进学生的全面发展

2. 下列做法中，未体现尊重学生的个别差异的是（　）

   A. 按照同一个标准衡量所有的学生

   B. 发扬学生的闪光点，弥补他的缺点

   C. 针对学生的特殊情况因材施教

   D. 在教学过程中进行分层教学

3. 一位语文老师在上公开课的时候，误把“蒋介石的妻子宋美龄”表述成“孙中山的妻子宋美龄”。下列处理方式，最恰当的一项是（　）。

   A. 碍于面子，将错就错，不加纠正

   B. 及时对学生说：“你们好好想一想。老师刚才讲得对吗？”

   C. 如果学生不问，不予纠正

   D. 为了不影响教学进度，忽视这个错误，接着往下讲

4. 子路和冉有是孔子的学生，一天他们问了孔子同样的问题：“听到一件合理的事就应该立即实施

吗？”因为二者性格不同，孔子的回答也不同。子路的性格很鲁莽，因此孔子建议他做事之前要向父兄请教之后再去；冉有谦虚畏缩，孔子就让他立即行为起来。这说明教师劳动具有（　）。

A. 情境性　　B. 创造性　　C. 示范性　　D. 个体性

5. 严老师是一位资深语文老师，经常参加有关语文的学术讲座、学科交流活动，但校长认为他的行为会影响教学，勒令他减少活动。该校的做法（　）。

A. 不正确，学校侵犯了教师的学术研究权

B. 不正确，学校无权干涉教师的人身自由

C. 正确，学校有权对教师提出工作要求

D. 正确，学校应该规范教师的行为

6. 小王和小李都是五年级的学生，课上老师走出教室接电话，两位同学发生口角，后来争执演变为打架，小王眼部被击打，导致眼角膜损伤，几乎失明，在这一事件中，（　）应承担赔偿责任。

A. 小李及其监护人　　B. 学校及小李监护人

C. 小王和小李　　D. 老师及小李监护人

7. 童老师让期末考试最后一名的同学在上课期间打扫操场。童老师的做法（　）。

A. 合法，教师有权利对学生进行惩罚　　B. 不合法，侵犯了学生的受教育权

C. 不合法，侵犯了学生的荣誉权　　D. 合法，教师有权安排学生的时间规划

8. 根据《中华人民共和国未成年人保护法》的相关规定，下列情形，民政部门应当依法对未成年人进行长期监护的是（　）。

A. 监护人死亡或者被宣告死亡且无其他人可以担任监护人

B. 监护人下落不明且无其他人可以担任监护人

C. 监护人拒绝或者怠于履行监护职责，导致未成年人处于无人照料的状态

D. 未成年人遭受监护人严重伤害或者面临人身安全威胁，需要被紧急安置

9. 吴老师近来由于家庭琐事影响了教育教学工作，学校要求吴老师上交半个月的工资以弥补损失。吴老师对这一处理表示不满，向有关部门提出了申诉。教育行政部门做出处理的时间应该在（　）内。

A.7 日　　B.15 日　　C.30 日　　D.60 日

10. 某小学在进行集体广播体操锻炼后由于组织不当，发生了严重的踩踏事件，教育行政部门应对学校相关负责人进行（　）。

A. 行政处罚　　B. 行政处分　　C. 刑事责任　　D. 停薪降级

11. 根据《中华人民共和国宪法》的知识，以下不属于监察委员会组成人员的是（　）

A. 主任　　B. 副主任　　C. 委员　　D. 部长

12. 下列不属于《中华人民共和国预防未成年人犯罪法》中所表述“不良行为”的是（　　）。

A. 非法携带枪支、弹药或者弩、匕首等国家规定的管制器具

B. 参加封建迷信、邪教等活动

C. 与社会上具有不良习性的人交往，组织或者参加实施不良行为的团伙

D. 多次旷课、逃学

13. 刘老师在课堂上点张明起来回答问题，但张明在开小差没回答出来，刘老师生气地说：“成绩差还不认真，你肯定考不上大学！”李老师的做法（　　）。

A. 正确，激发学生的羞耻心，帮助其上进　　B. 错误，不应该对学生进行言语打击和挖苦

C. 错误，应该课后再批评学生　　D. 无所谓对错，这是教师个人的教育风格

14. 小刘和小王两位老师都是优秀的青年教师，但两人平时喜欢暗暗较劲，都想要赢过对方。区里举办了教师公开课大赛，他们都参加了，赛前两人毫无交流和讨论，也没有经验分享，最后都没有得到名次。关于两位老师的做法，下列说法合理的是（　　）。

A. 违背了关爱学生的理念　　B. 有利于教师在竞争中成长

C. 体现了教师公平竞争的自觉性　　D. 违背了教师间的合作理念

15. 喻老师任教多年，多次获得“优秀教师”的称号，但她仍然坚持学习，不断更新教法，积极和老师们分享交流经验。关于喻老师的做法，下列说法正确的是（　　）。

A. 教师需要不断提高教育教学水平　　B. 教师发展首先应该考虑团结协作

C. 教师不需要深厚的理论知识　　D. 教师应该合理安排闲暇时间

16. 根据《中小学班主任工作条例》的规定，班主任的基本工作量的计算方法是按当地教师标准课时工作量的（　　）。

A. 一半计入　　B. 一倍计入　　C. 二倍计入　　D. 三倍计入

17. 下列不属于孟子的思想的是（　　）。

A. 富贵不能淫，贫贱不能移，威武不能屈　　B. 一日暴之，十日寒之，未有能生者也

C. 人伦明于上，小民亲于下　　D. 知之者不如好之者，好之者不如乐之者

18. 新中国成立后，我国科学技术事业的主要成就有（　　）。

① 1965 年 9 月，我国首次人工合成了结晶牛胰岛素；②屠呦呦发现了青蒿素；③ 1967 年我国第一颗原子弹爆炸成功；④发现了青霉素。

A. ①②　　B. ②③④　　C. ①②③　　D. ①②③④

19. 以下属于印度建筑物的是（　　）。

A. 

B. 

C. 　D. 

20. 人们可以进行“听音识人”，这是由于不同的人的声音的（　）不同。

A. 音色　B. 响度　C. 频率　D. 振幅

21. 以下不属于阎立本的作品的是（　）。

A.《步辇图》　B.《历代帝王图》

C.《萧翼赚兰亭图》　D.《送子天王图》

22. “尘世难逢开口笑，菊花须插满头归”所描述的节日是（　）

A. 清明节　B. 端午节　C. 重阳节　D. 元宵节

23. 下列关于日常生活中的做法，正确的是（　）。

A. 长期喝品质较高的纯净水，对身体健康很有好处

B. 如果胃酸分泌较少，可以在平时适量食用食醋作为调味，能够起到治疗作用

C. 身体缺乏碘元素容易导致患佝偻病

D. 当煤气泄漏时，应马上打 119 报警

24. 列宁称（　）为“俄国革命的镜子”。

A. 列夫·托尔斯泰　B. 契诃夫　C. 马克·吐温　D. 都德

25. 有这样一副对联：“有志者，事竟成，破釜沉舟，百二秦关终属楚”“苦心人，天不负，卧薪尝胆，三千越甲可吞吴”。对联中所描写的两位历史人物是（　）。

A. 韩信、勾践　B. 项羽、夫差　C. 项羽、勾践　D. 韩信、夫差

26. 在 PowerPoint 中加入超链接，链接的内容不能是（　）。

A. 网址　B. 文字

C. 演示文稿中的其他幻灯片　D. 幻灯片中的某一个具体的对象。

27. 在 PowerPoint 中，为所有幻灯片设置统一的、特有的外观风格，应运用（　）。

A. 母版　B. 自动版式　C. 配色方案　D. 联机协作

28. 下列选项中的逻辑关系与“蹴鞠—足球”的逻辑关系一致的是（　）

A. 状元—探花　B. 河南—洛阳　C. 教师—党员　D. 长安—西安

29. 找规律，“5、10、17、26、(　)”，空缺处的数字是（　）。

A. 43　B. 37　C. 38　D. 41

二、材料分析题（本大题共 3 小题，每题 14 分，共 42 分）

30. 材料：

晚自习时陈老师让学生们进行了模拟卷测试。为了检测学生们的自觉性，陈老师没有进行监考，而是回到办公室批改作业。测验结束后陈老师询问班长相关情况，班长报告说“一切正常”。然而小明告诉陈老师，测试时很多同学在翻书，包括班长在内。

次日，陈老师走进教室，在黑板上写下了汤姆斯•麦考莱的一句名言：“在真相肯定永无人知的情况下，一个人的所作所为，能显示他的品格。”接下来陈老师对同学们进行了诚信教育，同学们都羞愧而感触地低下了头。说完，陈老师要求他们写一篇文章，题目是《诚信的答案》。课后，每位同学都交出了“诚信答案”。陈老师对这一作弊事件的处理不但有效，还维护了同学们的自尊心。

问题：请结合材料，从教师职业理念的角度，对陈老师的行为进行评析。（14 分）

31. 材料：

英语科目周老师让学生们课上背诵课文。由于部分同学没有背下来，周老师就用一根木棍狠狠打了他们的手心，并且辱骂他们。另据学生反映，周老师特别喜欢成绩好的学生，上课常常提问班长和英语课代表。英语成绩差的学生去问问题的时候，周老师常常说着说着就骂起来了，最后学生没有听懂就回座位了。周老师对班上的小华特别关注，因为小华的妈妈是服装店老板，在开学前小华妈妈请了周老师吃饭，并给她送了好几套衣服和购物卡，周老师欣然接受并应允下来会好好教小华英语。

问题：请运用教师职业道德的相关知识对周老师的行为进行评析。（14 分）

32. 材料：

巷子，在尘埃里盛开成一朵莲花

郭军平

巷子，在中国是一种文化符号。这种文化符号通常不是官方的文化代表，而是一种普通的平民文化的代表。

巷子通常淹没在人流如海的闹市里，不随波逐流，不趋炎附势，不花红柳绿夺人眼球，也不冷眉冷眼看着人。巷子永远是一种平视的眼神，一种宁静的状态。巷子看得时间久了，就像一位看破红尘世事的哲人，有着极高的心性定力。巷子不会因为水涨而船高，也不会因为潮退潮落而抛锚。

巷子永远是巷子，令人捉摸不透，把玩不透。巷子的神奇让人有时感觉光阴不再前行，而是一种静止，一种永恒的静止，就像一池透明的清水，永远都是透明澄澈，一尘不染。正如大道至简一样，清则清矣，但却有一种奇怪的力量，永远有着把玩不尽的东西，也犹如一部名著，让人永远有常读常新的感觉。

清明节到了，巷子里有了纸剪的摇钱树，一年又一年；端午节到了，巷子里有了烧艾叶的味道，一季又一季；重阳节到了，巷子里听到了吆喝金灿灿的菊花的声音；腊八节到了，巷子里依旧飘出的是腊八粥的香气，这也不分什么宋元，还是明清；一年一度的春节到了，巷子里也不分贫富贵贱、达官贵人，亲戚朋友是照旧地来来往往；姑娘依旧要花，小子依旧要炮，这也不知道是哪一年哪一月做的规定，反正巷子的日月就好像从来没有变过似的。即使是变动大的时刻，也就是改朝换代，人们除了衣服装束有些微变化以外，本质生活还是没有变化，所有的大的变动一到巷子里似乎就收敛了神威，因为巷子太宁静了。巷子里弥漫的是一种油盐酱醋茶的滋味，而不是那种大鸣大放的政治滋味。

巷子里谈的是儿女情长，谈的是男有室女有家；男大当婚，女大当嫁，夫妻婆婆，公公小姑，妯娌长短，迎来送往。巷子，让你永远感到的都是这种烟火味，中国味。巷子里不玩阴谋诡计，不玩攻城略地，也不玩楼房股市，期货债券，玩的是家长里短，邻里友情。“远亲不如近邻”，巷子里玩的是远敬鬼神，思亲念祖，敬事父母，父慈子孝，夫妇恩爱，子嗣绵长，玩的是天伦之乐，忠厚传家，仁义礼智信。

巷子，永远是那么小，那么狭长，曲曲弯弯，弯弯曲曲，却也如一张蜘蛛网把无数人家织在了网中央；而在这张网里，一条条小巷却也如一袭素衣旗袍，遗世独立，超然物外。巷子亲密而不狎昵，巷子独立而不高傲，巷子总是在一种宁静中保持着恰到好处的距离，也许正因为这一点点距离，巷子就充满永恒的宁静和神奇的魅力。

巷子成为中华文化中的一个传奇，诗人赞美，画家凝视，哲学家静思。巷子文化里，于是有了爱情的萌芽，诗意的迸发，惆怅的情结，迷离的心思。走在小巷，如同走在岁月的长河上一样，一不小心，自己似乎都会变成一个柔美的意象。

巷子，宁静的巷子。在岁月的尘埃里永远盛开成一朵静心的莲花，无论怎么历经世事的变迁，巷子总是以那种遗世独立的面貌超然挺立于世人面前。

（选编自《新华副刊》）

问题：

（1）请简要描述巷子的文化特点？（4分）

（2）文章在写作结构、布局方面很有特点，请梳理出作者的写作思路，并谈谈这样写的好处。（10分）

三、写作题（本大题1小题，50分）

33. 阅读下面的材料，按要求作文。

2019年9月30日《攀登者》在中国上映，影片中描述了中国登山者勇于挑战，最终勇攀高峰的故事。电影告诉我们，心中有着一座山，便有了奋斗的目标。面对困难，要不惧挑战，勇于攀登。

请根据上述材料，结合自身，写一篇文章。除诗歌外文体不限，要求不少于1000字。

国家教师资格考试 综合素质（中学）

模拟卷（二）参考答案

一、单项选择题

1.【答案】C

【解析】本题考查素质教育是面向全体学生的教育。素质教育要求老师要促进全体学生的发展，不得歧视学生，要做到教育的公平公正。题干中，张老师把成绩不好的学生都放在教室的最后一排，对这些学生缺少关心和教育，违背了公平公正施教的要求。因此答案选 C。

【考点定位】职业理念——教育观——素质教育的实质——素质教育是面向全体学生的教育

【难度系数】★

2.【答案】A

【解析】本题学生是独特的人。教师要正视学生的个别差异，克服按照统一标准和尺度去衡量学生，需要根据学生各个方面的情况因材施教。选项 BCD 的做法都看到学生的个别差异，做到了因材施教。选项 A，老师按照一个标准去衡量学生没有注意到学生的个别差异性。因此答案选 A。

【考点定位】职业理念——学生观——“以人为本”的学生观——学生是独特的人

【难度系数】★

3.【答案】B

【解析】本题考查教师需要“教学机智”。教育机智是指教师能根据学生新的特别是意外的情况，迅速而正确地做出判断，随机应变地采取及时、恰当而有效的教育措施解决问题的能力。题干中语文老师出现了口误，但如果能将错误转化为问题让学生思考，就是运用了教育机智。选项 B 的方法可以让学生思考，指出错误。因此答案选 B。

【考点定位】职业理念——教师观——教师职业的劳动特征——教师劳动的复杂性和创造性——教师劳动的创造性——教师需要“教学机智”

【难度系数】★

4.【答案】B

【解析】本题考查教师劳动的创造性。教师劳动的创造性主要表现在以下三个方面：因材施教、教学方法上的不断更新、教学机智。其中因材施教是指教师的教育对象是千差万别的，教师必须灵活地针对每个学生的特点，对他们提出不同的要求，采用不同的教育教学方法，使每个学生都能够得到发展。题干中孔子面对不同的学生采取了不同的教育方法，体现了学生的复杂性和孔子教学方法的创造性。因此答案选 B。

【考点定位】 职业理念——教师观——教师职业的劳动特征——教师劳动的创造性

【难度系数】 ★★

5. **【答案】** A

【解析】 本题考查《中华人民共和国教师法》第七条“教师权利”。《中华人民共和国教师法》第七条规定，教师享有下列权利：（一）进行教育教学活动，开展教育教学改革和实验；（二）从事科学研究、学术交流，参加专业的学术团体，在学术活动中充分发表意见；（三）指导学生的学习和发展，评定学生的品行和学业成绩；（四）按时获取工资报酬，享受国家规定的福利待遇以及寒暑假期的带薪休假；（五）对学校教育教学、管理工作和教育行政部门的工作提出意见和建议，通过教职工代表大会或者其他形式，参与学校的民主管理；（六）参加进修或者其他方式的培训。材料中并没有体现严老师影响了教育教学工作，只是校长单方面的看法。因此答案选 A。

【考点定位】 教育法律法规——有关教育的法律法规——《中华人民共和国教师法》——第七条“教师权利”

【难度系数】 ★

6. **【答案】** B

【解析】 本题考查《学生伤害事故处理办法》第九条“学校承担责任”、第二十八条“学生及监护人的责任”。案例中小李打伤了小王，他们是五年级学生，为未成年人，《学生伤害事故处理办法》第二十八条规定：未成年学生对学生伤害事故负有责任的，由其监护人依法承担相应的赔偿责任，因此小李的监护人承担赔偿责任。第九条第十款规定：学校教师或者其他工作人员在负有组织、管理未成年学生的职责期间，发现学生行为具有危险性，但未进行必要的管理、告诫或者制止的，学校要承担责任。题干中老师上课接电话不在现场，学校对该事件应承担相应赔偿责任，但注意老师不直接承担赔偿责任，学校可以向老师追责。因此答案选 B。

【考点定位】 教育法律法规——有关教育的法律法规——《学生伤害事故处理办法》第九条“学校承担责任”、第二十八条“学生及监护人的责任”

【难度系数】 ★★

7. **【答案】** B

【解析】 本题考查《中华人民共和国教育法》第四十三条“学生权利”。《中华人民共和国教育法》第四十三条第（一）项规定，学生享有“参加教育教学计划安排的各种活动”的权利。考试对于学生来说是一种正常受教育的活动，因此不让考试侵犯了学生的受教育权。因此答案选 B。

【考点定位】教育法律法规——学生权利保护——学生作为受教育者享有的权利——《中华人民共和国教育法》——第四十三条“学生权利”

【难度系数】★

8.【答案】A

【解析】本题考查《中华人民共和国未成年人保护法（2020年修订）》第九十四条“长期监护”。《中华人民共和国未成年人保护法（2020年修订）》第九十四条规定，具有下列情形之一的，民政部门应当依法对未成年人进行长期监护：（一）查找不到未成年人的父母或者其他监护人；（二）监护人死亡或者被宣告死亡且无其他人可以担任监护人；（三）监护人丧失监护能力且无其他人可以担任监护人；（四）人民法院判决撤销监护人资格并指定由民政部门担任监护人；（五）法律规定的其他情形。第九十二条规定：具有下列情形之一的，民政部门应当依法对未成年人进行临时监护：（一）未成年人流浪乞讨或者身份不明，暂时查找不到父母或者其他监护人；（二）监护人下落不明且无其他人可以担任监护人；（三）监护人因自身客观原因或者因发生自然灾害、事故灾难、公共卫生事件等突发事件不能履行监护职责，导致未成年人监护缺失；（四）监护人拒绝或者怠于履行监护职责，导致未成年人处于无人照料的状态；（五）监护人教唆、利用未成年人实施违法犯罪行为，未成年人需要被带离安置；（六）未成年人遭受监护人严重伤害或者面临人身安全威胁，需要被紧急安置；（七）法律规定的其他情形。因此选项BCD都属于临时监护，只有选项A可长期监护。因此答案选A。

【考点定位】教育法律法规——有关教育的法律法规——《中华人民共和国未成年人保护法（2020年修订）》——第九十四条“长期监护”

【难度系数】★★

9.【答案】C

【解析】本题考查《中华人民共和国教师法》第三十九条“教师申诉”。《中华人民共和国教师法》第三十九条规定：教师对学校或者其他教育机构侵犯其合法权益的，或者对学校或者其他教育机构作出的处理不服的，可以向教育行政部门提出申诉，教育行政部门应当在接到申诉的三十日内，作出处理。因此答案选C。

【考点定位】教育法律法规——有关教育的法律法规——《中华人民共和国教师法》——第三十九条“教师申诉”

【难度系数】★★

10.【答案】B

【解析】本题考查《学生伤害事故处理办法》第三十二条“学校对学生伤害事故负有责任的法律责任”。《学生伤害事故处理办法》第三十二条规定：发生学生伤害事故，学校负有责任且情节严重的，教育行政部门应当根据有关规定，对学校的直接负责的主管人员和其他直接责任人员，分别给予相应的行政处分；有关责任人的行为触犯刑律的，应当移送司法机关依法追究刑事责任。因此答案选 B。

【考点定位】教育法律法规——有关教育的法律法规——《学生伤害事故处理办法》——第三十二条“学校对学生伤害事故负有责任的法律责任”

【难度系数】★

11.**【答案】**D

【解析】本题考查《中华人民共和国宪法》第一百二十四条“组织架构”。《中华人民共和国宪法》第一百二十四条规定：中华人民共和国设立国家监察委员会和地方各级监察委员会。监察委员会由下列人员组成：主任，副主任若干人，委员若干人。因此答案选 D。

【考点定位】教育法律法规——有关教育的法律法规——《中华人民共和国宪法》——第一百二十四条“组织架构”

【难度系数】★★

12.**【答案】**A

【解析】本题考查《中华人民共和国预防未成年人犯罪法（2020 年修订）》第二十八条“不良行为”。《中华人民共和国预防未成年人犯罪法（2020 年修订）》第二十八条规定，本法所称不良行为，是指未成年人实施的不利于其健康成长的下列行为：(一）吸烟、饮酒；(二）多次旷课、逃学；(三）无故夜不归宿、离家出走；(四）沉迷网络；(五）与社会上具有不良习性的人交往，组织或者参加实施不良行为的团伙；(六）进入法律法规规定未成年人不宜进入的场所；(七）参与赌博、变相赌博，或者参加封建迷信、邪教等活动；(八）阅览、观看或者收听宣扬淫秽、色情、暴力、恐怖、极端等内容的读物、音像制品或者网络信息等；(九）其他不利于未成年人身心健康成长的不良行为。选项 A 属于严重不良行为。因此答案选 A。

【考点定位】教育法律法规——有关教育的法律法规——《中华人民共和国预防未成年人犯罪法（2020 年修订）》——第二十八条“不良行为”

【难度系数】★★

13.**【答案】**B

【解析】本题考查关爱学生。老师要关心爱护全体学生，尊重学生人格，平等公正对待学生。对学生严慈相济，做学生良师益友。保护学生安全，关心学生健康，维护学生权益。不讽刺、挖苦、歧视学生，不体罚或变相体罚学生。题干中刘老师的行为是错误的，最主要的错误是他不应该对学生进行言语打击和挖苦。因此答案选 B。

【考点定位】教师职业道德——教师职业道德规范——《中小学教师职业道德规范（2008 年修订）》——关爱学生

【难度系数】★

14.【答案】D

【解析】本题考查教师与同事关系。教师在集体中共同完成教育教学工作，若想实现一定的教育目的，就必须与同事进行协作，维护团结，相互理解，相互支持。题干中两位老师赛前毫无交流和讨论，也没有经验分享，缺乏协作精神。因此答案选 D。

【考点定位】教师职业道德——教师职业行为——教师在教育活动中要处理好的几大关系——教师与同事的关系——协作

【难度系数】★

15.【答案】A

【解析】本题考查终身学习。终身学习是教师专业发展的不竭动力，要求崇尚科学精神，树立终身学习理念，拓宽知识视野，更新知识结构，潜心钻研业务，勇于探索创新，不断提高专业素养和教育教学水平。喻老师任教多年还坚持学习，体现了终身学习理念。因此答案选 A。

【考点定位】教师职业道德——教师职业道德规范——《中小学教师职业道德规范（2008 年修订）》——终身学习

【难度系数】★

16.【答案】A

【解析】本题考查《中小学班主任工作规定》第十四条“班主任工作量”。班主任工作量按当地教师标准课时工作量的一半计入教师基本工作量。各地要合理安排班主任的课时工作量，确保班主任做好班级管理工作。因此答案选 A。

【考点定位】教师职业道德——教师职业道德规范——《中小学班主任工作规定》——第十四条“班主任工作量”

【难度系数】★

17.【答案】D

【解析】本题考查中国古代文学。选项 ABC 是孟子的思想，选自《孟子》。选项 D“知之者不如好之者，好之者不如乐之者”选自《论语》，是孔子的思想。因此答案选 D。

【考点定位】文化素养——文学常识——中国古代文学

【难度系数】★★

18.【答案】A

【解析】本题考查新中国科技成就。1964 年 10 月 16 日我国第一颗原子弹爆炸成功。1967 年 6 月 17 日我国第一颗氢弹空爆试验成功。英国的弗莱明发现了青霉素。所以③表述有误，④属于世界科技成就。因此答案选 A。

【考点定位】文化素养——科技常识——新中国科技成就

【难度系数】★

19.【答案】A

【解析】本题考查美术常识。选项 A 中图片显示是印度的泰姬陵，选项 B 是澳大利亚的悉尼歌剧院，选项 C 是法国的凡尔赛宫，选项 D 是柬埔寨的吴哥窟。因此答案选 A。

【考点定位】文化素养——艺术常识——美术常识

【难度系数】★

20.【答案】A

【解析】本题主要考查生活中的科学。“听音识人”是因为每个人的音色不同，音色是指不同声音表现在波形方面与众不同的特性。不同的物体振动都有不同的特点，不同的发声体由于其材料、结构不同，则发出声音的音色也不同。所以我们可以根据不同的音色来区别不同的人。因此本题选 A。

【考点定位】文化素养——科技常识——生活中的科学

【难度系数】★

21.【答案】D

【解析】本题考查美术常识。阎立本代表作有《步辇图》《历代帝王图》《萧翼赚兰亭图》。《送子天王图》为吴道子代表作。因此答案选 D。

【考点定位】文化素养——艺术常识——美术常识

【难度系数】★★

22.【答案】C

【解析】本题考查古代传统节日。这首诗出自杜牧的《九日齐山登高》。诗句描写了九月重阳节会友登山的情景。“菊花”也是重阳节常见的意象。因此答案选 C。

【考点定位】文化素养——文化常识——古代传统节日

【难度系数】★

23.【答案】B

【解析】本题考查生活中的科学。胃酸分泌较少，可以适量食用醋，增加胃酸，使身体健康，选项 B 说法正确。因此答案选 B。

【考点定位】文化素养——科技常识——生活中的科学

【难度系数】★

24.【答案】A

【解析】本题考查外国近代文学。列宁称列夫·托尔斯泰为“俄国革命的镜子”。因此答案选 A。

选项 B：契诃夫是俄国批判现实主义作家，世界三大短篇小说巨匠之一，其代表作有《变色龙》《套中人》《樱桃园》等。

选项 C：马克·吐温是美国作家、演说家。其代表作有《百万英镑》《汤姆·索亚历险记》《竞选州长》《哈克贝利·费恩历险记》等。

选项 D：都德是法国作家。其代表作有《磨坊书简》《小东西》《小弗洛蒙特和大黎斯雷》《最后一课》《柏林之围》等。

【考点定位】文化素养——文学常识——外国近代文学

【难度系数】★★

25.【答案】C

【解析】本题考查成语典故。“有志者，事竟成，破釜沉舟，百二秦关终属楚”描写的是楚霸王项羽；“苦心人，天不负，卧薪尝胆，三千越甲可吞吴”描写的是越王勾践。韩信是刘邦手下，夫差是吴王，被勾践大败。因此答案选 C。

【考点定位】文化素养——文化常识——成语典故

【难度系数】★

26.【答案】B

【解析】本题考查 PowerPoint 的应用。在 PowerPoint 中加入超链接，链接的内容不能是幻灯片中的某一个具体的对象。因此答案选 B。

【考点定位】基本能力——信息处理能力——PowerPoint 的应用

【难度系数】★

27.【答案】A

【解析】本题考查 PowerPoint 的应用。运用母版功能可以让所有幻灯片的外观风格都统一起来。因此答案选 A。

【考点定位】基本能力——信息处理能力——PowerPoint 的应用

【难度系数】★

28.【答案】D

【解析】本题考查概念间的逻辑关系。蹴鞠和足球是全同关系。选项长安和西安也是全同的关系，长安是西安在古时的名称。因此答案选 D。

选项 A：状元是科举考试中第一名，探花是第三名，二者是并列关系。

选项 B：河南和洛阳是组成关系，洛阳属于河南的一部分。

选项 C：教师和党员是交叉的关系，有的教师是党员，有的党员是教师。

【考点定位】基本能力——逻辑思维能力——概念——概念间的逻辑关系

【难度系数】★★

29.【答案】B

【解析】本题考查的是数字推理。相邻两数之差为 5、7、9，三数构成等差数列，推理得出 26 与括号中数字之间的差为 11，则括号里面应该填入数字是 37。因此答案选 B。

【考点定位】基本能力——逻辑思维能力——经典逻辑推理——数字推理

【难度系数】★★

二、材料分析题

30.【参考答案】

陈老师的行为符合素质教育的教育观、“以人为本”的学生观和新课程背景下的教师观，值得我们学习。

（1）素质教育观要求促进全体学生的全面发展。教师要关注班级的所有学生，强调在教育中使每个人都得到发展，实现学生的德、智、体、美、劳等方面的全面发展。材料中，面对班级学生考试作弊的情况，陈老师通过对全班同学进行道德教育，培养学生成为诚信的人，促进了学生的全面发展。

（2）以人为本的学生观认为学生是发展中的人。学生是具有发展的潜能，教师要允许学生犯错误，看到学生的发展潜力，创造机会激发学生的潜能。材料中，陈老师相信同学们会改正行为，给了同学们写作反省的机会，看到了学生的发展潜力，促进了学生更好的发展。

（3）新课改背景下的教师观从教师与学生的关系看，新课程要求教师从知识的传授者转变为学生学习的引导者和学生发展的促进者。教师不仅仅是向学生传播知识和社会规范，更要关注学生人格的健康成长与个性发展，真正成为学生发展的促进者和人生的引路人。材料中，陈老师没有严厉地批评同学们的作弊行为，而是循循善诱，用一句名言引导同学们认识到自己的错误，促进了学生的发展。

陈老师的处理方法得当，践行了教师的职业理念，值得我们学习。

【考点定位】职业理念——教育观、教师观、学生观——素质教育的实质、“以人为本”的学生观、新课程改革背景下的教师观

【难度系数】★★★★

31.【参考答案】

材料中周老师的做法是错误的，违背了教师职业道德中的关爱学生、教书育人、为人师表、爱国守法的要求。

（1）教师职业道德要求教师做到关爱学生。关爱学生要求老师关心爱护全体学生，尊重学生人格，平等公正对待学生。不讽刺、挖苦、歧视学生，不体罚或变相体罚学生。材料中，周老师喜欢成绩好的学生，不喜欢成绩差的学生，以及对小华的格外关注，这些都表明了周老师没有做到公平对待每一位学生。并且周老师采取了体罚以及辱骂等行为来处理学生没有背诵课文的事情，没有做到关爱学生。

（2）教师职业道德要求教师做到教书育人。教书育人要求教师遵循教育规律，实施素质教育。

循循善诱，诲人不倦，因材施教，不以分数作为评价学生的唯一标准。材料中，周老师对于英语成绩差的学生问问题并没有采取合适的教育方法，说着说着就骂起来了，导致学生没有听懂。这些表明了她教育教学上并未进行深入的研究，并没有针对不同的学生采取不同的教育形式，没有做到因材施教，违背了教书育人的相关要求。

（3）教师职业道德要求教师做到为人师表。为人师表要求教师作风正派，廉洁奉公，材料中，小华妈妈送给周老师几套衣服和购物卡，她欣然地接受了，表明周老师没有遵循为人师表的相关要求。

（4）教师职业道德要求教师做到爱国守法。爱国守法要求教师全面贯彻国家教育方针，自觉遵守教育法律法规，依法履行教师职责权利，不得有违背党和国家方针政策的言行。材料中，周老师拿木棍抽打学生手心实际上是侵犯了学生的生命健康权，违背了相关法律规定，没有做到爱国守法。

因此，周老师违背了教师职业道德中爱国守法、关爱学生、教书育人、为人师表的相关要求，需要我们引以为戒。

【考点定位】职业道德——教师职业道德规范——《中小学教师职业道德规范（2008 年修订）》——爱国守法、关爱学生、教书育人、为人师表

【难度系数】★★★★

32.**【参考答案】**

（1）巷子的文化特点包括：①平民化、平淡、宁静；②恒守传统文化、远离政治；③充满人间烟火味，重视亲情乡情；④遗世独立、超然物外；⑤受文人崇尚赞美、寄托美好。

（2）作者的写作思路：

① 第 1 段对文章进行了总体概括，点出巷子的符号化作用，写出了巷子平民化的特点，为下文做了很好的铺垫。

② 第 2~7 段揭示了巷子的外在和内在特点：平淡、宁静，重视传统节日，重视儿女常情，远离喧嚣，文人赞叹等。特点是过渡自然、结构严密、起承转合、收放自如。

③ 文章最后一段运用了比喻的修辞手法，将巷子比作一朵静心的莲花，进行了总结，同时与文章开头相呼应，起到了点题的作用。

这样写的好处有：可以让文章脉络清晰，读者能被吸引，也能让文章更生动。

【考点定位】基本能力——阅读理解能力——筛选并整合主要信息及重要细节、理解关键概念、分析观点态度

【难度系数】★★★★

三、写作题

33.【参考范文】

初心仍在 万事可待

初心如同冬日的暖阳，给我们带来寒冷中的希望；初心如同潺潺的溪水，滋养干涸的河床；初心如同夜空的明月，照亮黑暗的迷茫。“不忘初心，砥砺前行”，短短的一句话，蕴含着无穷的力量。它激励着多少有志之士，实现心中理想，成就人生辉煌！吾辈当自强，吾辈当心怀初心，积极向上，怀揣教育梦想，实现人生荣光！

不忘初心，恪守梦想之初的坚定，怀揣不变的信念为之披荆斩棘，成就辉煌。伟大领袖毛泽东从青少年时代起就立志救国，献身革命。他在中学念书的时候，同学们称他“身无分文，心忧天下”。他在离家求学前夕改写了一首诗留给父亲：“孩儿立志出乡关，学不成名誓不还；埋骨何须桑梓地，人生无处不青山。”1914 年，毛泽东在长沙第一师范学校学习期间，全部费用只有 169 元钱，而且其中三分之一花在订报上，铺盖和衣服则非常寒酸。但他从不以此为念，常常和朋友互相鼓舞，念书要有理想，要有“以天下为己任”的鸿鹄之志。毛泽东“以天下为己任”是一种大志向、大胸怀，更是他人生前进的方向与动力。通过不懈奋斗，他最终取得成功。作为未来的教育者，我们是教育梦的筑梦者，更要坚定自己当初的初心，用教育托起伟大的“中国梦”。

不忘初心，坚守梦想之初的信念，怀揣敢于奉献的心怀为之劈山开海，成就辉煌。“春蚕到死丝方尽，蜡炬成灰泪始干”。作为开国将军之妻，龚全珍先是陪丈夫来到偏僻山村，扶贫扶智，老伴走后，依然坚守。在平凡的教师岗位上，几十年如一日，感动中国。“只要还有一口气，就要站在讲台上”说的是云南丽江华坪女高校长张桂梅。为了改变山区女童命运，她励精图治创办了全国第一家免费的女子高中，帮助 1000 多名女生走出大山上大学，同时她还是 54 名孤儿的母亲，“儿童之家”的院长。长期积劳成疾，但是面对困难，她不忘初心，勇于担当，从未退缩和放弃，将自己的一生献给了教育。在构筑教育梦的路上正是一个个“龚全珍”和“张桂梅”不断激励着我们要勇于承担和无私奉献。

不忘初心，谨记吾辈之初心愿望，怀揣崇高道德之利剑为之开天辟地，成就辉煌。“师者，所以传道授业解惑也”作为未来的教育者，担当教育大任，为“中国梦”献力。“学高为师，身正为范”吾辈当时刻以师德规范严于律己、以身作则，不管是对未来的同事还是即将要培育的祖国“花朵”，都要真正做到为人师表。社会发展，万物更换，作为未来的教育者更应当树立“危机”意识，要本着“终身学习”的理念，不断提升自身专业知识与技能，提高自身业务水平，做到“给学生一碗水，我们必须有一桶水”。作为未来教育者，践行师德规范，教书育人，为教育发力，实现自我价值，成就人生辉煌。

初心仍在，万事可待。纵使前路充满荆棘与火海，我们亦充满雄心，充满信念。披荆斩棘，越过火海，不忘初心，坚定最初的那一份渴望。做好新时代教育梦的筑梦者，成就祖国新辉煌！

【考点定位】基本能力——写作能力——写作方法——审题立意、结构布局

【难度系数】★★★★★